U0102413

活着，就要一意孤行

李苦禅 吴作人 等著

回忆

徐悲鸿

中国文史出版社

百年中国记忆·文化大家

主 编： 刘未鸣 韩淑芳

执行主编： 张春霞

编 辑： （以姓氏笔画为序）

卜伟欣 牛梦岳 李军政 李晓薇

赵姣娇 高 贝 徐玉霞

箫声（油画1926年作）

静物·水果（1928年作）

田横五百士（油画1928年——1930年作）

九方皋（局部）

九方皋（中国画1931年作局部）

逆风（中国画1936年作）

风雨鸡鸣（中国画1937年作）

巴人汲水（中国
画局部1937年作）

愚公移山（局部）

愚公移山（中国画1940年作）

新生命活跃起来（中
国画1939年作）

白梅（中国画1944年作）

徐悲鸿穿工作服照（1930年）

自画像（1926年作）

人物写生（1943年作）

泰戈尔（素描1940年作）

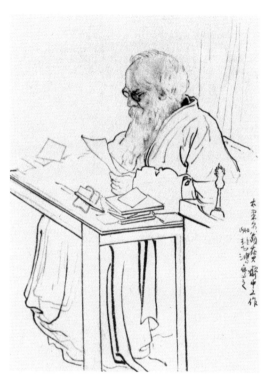

甘地（速写
1940年作）

马（素描）

漓江春雨（中国画1937年作）

1933年徐悲鸿赴法举办中国画展与欢迎他的留法学生合影

1935年徐悲鸿与张大千在黄山合影（三排右一张大千、二排右一徐悲鸿）

1938年徐悲鸿与吴作人、吕斯百合影（后排右一吕斯百、右二吴作人、右三徐悲鸿）

1942年徐悲鸿在新加坡举办抗战画展后回重庆中大艺术系与师生合影（前排右四结黑领带的是徐悲鸿）

1948年徐悲鸿与齐白石、吴作人、李桦合影（右一徐悲鸿、右二吴作人、右三齐白石、右四李桦）

1951年徐悲鸿在绘《鲁迅与翟秋白》画

1951年春节徐悲鸿与吴作人、宋步云、廖静文、萧淑芳等人合影（左
后二徐悲鸿、左三廖静文、右四萧淑芳、右一吴作人、右三宋步云）

CONTENTS 目 录

第一辑 故人情怀：高世之度非偶然

追忆徐悲鸿先生 吴作人_3

情深谊长 盛 成_14

记徐悲鸿在上海的一段经历 黄警顽_30

忆悲鸿先生 李苦禅_39

一个艺术家的高尚品格 李 桦_41

与徐悲鸿先生相处的日子 李瑞年_46

尽精微 致广大 沈左尧_51

第二辑 师恩难忘：画坛无悔铸桃李芳华

循循善诱 言传身教 艾中信_57

一代巨匠 艺坛师表 冯法祀_68

亲身经历的几件事 王临乙_85

仰之弥高 钻之弥坚 宋步云_90

1

既有硬功夫　又有正义感　夏　林_99

我的老校长　侯一民_105

终生难忘的情谊　曾善庆_113

永远怀念我敬爱的悲鸿老师　杨建侯_123

患难之交　画坛之师　蒋兆和_132

求师学画记　卢开祥_139

勤奋出天才　卢伯衡（洛夫）_150

人不可有傲气，但不可无傲骨　潘懋勋_152

各有灵苗各自探　刘寿增_154

双猫竹石意绵绵　俞云阶　朱怀新_157

第三辑　亲人追忆：此生只好墨韵悠长

致《徐悲鸿一生》的读者　廖静文_161

爸爸和我　徐静斐_165

我的叔父徐悲鸿　徐焕如_208

附　录

悲鸿自述_225

徐悲鸿年表_243

第一辑

故人情怀：高世之度非偶然

追忆徐悲鸿先生

吴作人

自从徐悲鸿先生逝世以后，国内外有多少他的艺术知音，他遍天下的桃李，他的亲人、朋友，莫不在缅怀着这位代表一个历史时期的杰出画家。从20世纪20年代起，他就以振聋发聩的大声疾呼来力挽已经积赢将有两三个世纪，陈陈相因、停滞不前的中国绘画。有许多人写过许多文章来纪念他，特别是阐述他在20世纪中国美术发展进程中的几个关键时刻，坚持主张以客观生活为艺术创造依据的现实主义。我们经常想起20世纪20年代他同上海颓废派的文人以及20世纪40年代他同北平国民党反动派利用的保守派所进行的有关艺术的论战。这一切都说明了徐悲鸿先生对有悠久历史的中国美术传统的继承，和吸收外来艺术的优点，从而为中国现代艺术的发展开辟了前景，并为繁荣社会主义艺术做出了卓越的贡献。因此，中国人民纪念他，他将在中国社会主义艺术的发展上长期起着应有的作用。

这30年来，我和许多其他同志一样写过一些文章来回忆徐悲鸿先生；最近我在全国政协文史资料研究委员会编印的《文化史料》第五辑发表了《回忆南国社时期的徐悲鸿和田汉》一文。这里我再补充对徐先生的回忆，把我所知道的徐先生的事迹，按照徐先生的性格，力求避免华丽辞藻，如实地记录下来。

　　徐先生和田汉先生为了艺术革新运动——这是一个带有进步意义的艺术革新运动，为了一个共同的理想而走到一起来了。在上海，当二三十年代间，有的人打着形形色色的自命"维新"的艺术旗号，在美术方面也有人将西方各种现代流派同思想上的先进混为一谈。但是徐、田两先生则主张艺术要以形式完美为手段，用以达到表达思想的先进为目的。正由于这个艺术观的一致，他们建立了共同奋斗的基地——南国艺术学院。当时所谓"南国精神"，不论在文学上，在戏剧上，在美术上，正如田汉先生所说过的："……我们在求美、求善之前，先得求真……"1928年春，当南国艺术学院成立不久，美术系被反动势力所砸毁时，他们两人曾有过一次长谈，我相信他们之间，已就各自的艺术观和在艺术活动相互支持上有了默契，这是为此后的一些事实所证实了的。（见拙作《回忆南国社时期的徐悲鸿和田汉》一文）我自己在1930年春去巴黎，对国内的情况了解甚少。1935年我回到南京时，徐先生首先告诉我田汉先生出狱的消息，并要我快去探望刚由他和宗白华先生（当年的南京中央大学哲学教授，现在北京大学的哲学教授）保释出狱的田汉先生。这些细节都见上述《文化史料》第五辑，和1982年出版的廖静文著的《徐悲鸿一生》一书。我深感徐、田两位先辈的情谊是极其深厚的，因为当时在白色恐怖时期，以身家担保的事，即使骨肉之亲尚难免趋避。1953年9月，徐先生刚在北京医院辞世之顷，在侧的几位老友中田先生沉恸独切，这是不无缘由的。徐悲鸿先生从来没有对田汉先生这位诤友在1930年所写的《我们的自己批判》（见1932年《南国月刊》第2卷第1期）中对他的求全责备，流露过一点微词。这篇文章发表的时间、地点，处在"左"的压力普遍存在的时期（见《戏剧论丛》1981年第4期第4页陈白尘《中国剧坛的骄傲》一文）。此后南京的营救，武汉的支援，桂林的重逢，尤其是北平解放前夕，田先生冒险密晤徐先生以完成中央交付之重托，亦都足以印证（详见《文化史料》第五辑）。

徐悲鸿先生待人直爽真诚，不以小不舍而弃大义。1948年的年终前后，解放军已指出北平的前途和国民党的去从，问题就看傅作义将军最后的抉择。傅在一次邀宴北平学者名流数十人的席后茶余，向大家提出关于北平"战"、"和"的问题。这不是一个一般的问题，因为当时傅将军还举棋未定，意向未明，而蒋介石还在叫嚣反共到底，在这种情势下说话的人是要担风险的。当时谁也不敢发言，经过长时期的冷场后，徐先生首先发言，他说："时至今日，傅将军还有什么值得对蒋先生抱幻想的！？……（大意）"徐先生发言之后，在座的才相继纷纷表态，赞成和平解决北平问题。这件事是徐先生参加傅宴后回来，亲自给我讲的，我为之深感欢欣。同时在北平和平解放前夕，当徐先生和田先生会晤之后，徐先生坚决保护学校，不使学校受到国民党特务的破坏，他还表达了拒绝南迁的鲜明立场。这是由于党的指示和关怀，使徐先生产生了无限的勇气和力量。

在艺术教育上，徐先生主张对学生要进行严格的基础训练。他要求尊重客观事物，要以一丝不苟的诚实态度来认识客观存在，并加以提炼和提高。他认为要加强造型的表现力，就要删去烦琐的细节，强调塑造形象的统一性。他还认为学生从开始学画，就应当力求刻意勾画；宁方毋圆，宁拙毋巧，要以直线求曲线，以平面求圆面，基本功要做到眼、手、心相协调，"尽精微"以"致广大"。

我由于得到徐先生的支持和鼓励才能赴法学习。到了巴黎，当时我的第一件事就是如何找到工作（用以维持生活和参加学习）；又由于徐先生预先的安排，有不少在巴黎的老朋友热情地来照顾我，其中有一位名叫张宗禹的，1928年我们曾共同在中央大学徐先生开的夜课旁听过，他收到徐先生的信得知我将到达巴黎，曾给了我许多帮助。我考取了巴黎国立高等美术学校西蒙教授班，入学时的学费和其他费用，都是由张宗禹先生替我向他人借贷的。我在巴黎生活拮据的日子里，李有行先生曾帮助我找零活干，他和徐先生也属师友之交。除此之外，徐先生还函托了在比利时任公使的谢寿康先生给我关照，由于他的协助，我又考进了比利时皇家美术学院，并获得了助学金，从此我才有了比较稳定的生活，保证了正常的学习。

我还记得徐先生在给我们这些国外学美术的学生的信件中，时常提醒我们要坚持现实主义的治学态度，要向西方美术盛世时期的优秀传统学习，不要被那些资本家豢养的大小画商的巧言令色所迷惑而走上歧途，从而回国后无以交代。

我在法国和比利时所接触到的前辈画家，许多人都知道徐先生的卓越的艺术造诣。他在欧洲所举办的宣传中国艺术的中国画展览会（1932—1933年），曾引起当时欧洲的文化界对中国现代绘画的浓烈兴趣。在这些中国现代画家中突出的并为西方各界人士所重视的就是齐白石先生的作品。我回想起在1929年春天，徐先生曾到北平住了两三个月，当时他发觉北平艺术学院的国画教学基本上是掌握在保守派的手里，而他素来主张对陈陈相因、泥古不化的所谓“传统”，要进行改革。他的大胆吸收新的以写生为基础训练的主要教学方向，是不见容于当年画必称“四王”[①]、学必循《芥子园》[②]的北平艺术学院的。尽管还有少数有新意的画家如陈衡恪、姚芒父等人，但他预见到他在北平是孤掌难鸣的。他在北平住了不到三个月就束装南回了。徐先生在北上之前，为了不让我们的学业由于无人主持而被耽误，就先向我们说：“我这

---

①　清初画家太仓王时敏、工鉴、王原祁及常熟王翚，皆擅山水，人称“四王”。他们的作品在技法方面，功力较深，但崇尚古人，意境很少创新，趋于程式化。

②　指清代广泛流传的中国画基本技法图谱《芥子园画谱》。

次去北平时间不会长的，是去看看，也许不久就回来。在我走后，你们的功课由上海的张聿光先生和苏州的颜文梁先生暂代，你们要尊敬和听从这两位先生的指教，要特别努力学习，要和我在时一样。"

我们做学生的，对徐先生的离去都有依依之情，对张、颜两位先生，持以尊师重道之礼。张、颜两位老师是先后来中大代课的。张先生，在model休息的时候，爱和我们聊天，讲些上海早期美术教育界活动的故事，从中我知道了一些民国初年上海美术界几位先驱者（到现在几乎被人遗忘了的）是如何艰苦经营美术教育的情况。颜先生则总是鼓励我们说大家画得很好……张先生在早些年已经逝世了，颜先生今年91岁，去年中国美协还特派代表到上海给他祝90岁大寿。

当时大家都有共同的疑问，就是徐先生北上时，说"不久就回来"，是真的还是安慰我们的？我只感到时间过得太慢。可竟然，我们翘首北望的徐先生终于回到班上了。由于平时老师对学生的鼓励，学生对老师爱戴，使全班顿时又热烈起来了。大家围绕着徐先生，想听听他北上的情况。徐先生素来是不喜欢说场面话的，开头就说他这次去北平，最大的收获是结识了几位很有艺术才能的画家，他们有坚实的绘画基础，也富有创新的精神，其中最重要的一位是多才多艺的齐白石先生。

他赞扬齐白石先生在艺术上多方面的成就，他认为齐白石最突出的表现是在艺术上的独创性。与此同时，徐先生还带来了齐老的画给我们看。说实在的，我那时才学了不到一年的基础素描，要懂得齐老作品的高明是不可能的。但是对我来说，这一件意外的事（直到我在十几年后去敦煌莫高窟巡礼临摹，给了我对中国画传统以惊雷似的冲击之前）竟成为我认识和热爱中国绘画的一节"序曲"。

1933年徐先生在西欧各国、苏联举办中国画展，都着重介绍齐白石的作品，从此以后，齐白石终于从被北平的保守派长期鄙视而成为举世闻名的中国当代画坛巨匠。徐先生生前二十多年来始终不渝地关怀齐白石先生和介绍他的作品，协助处理齐白石的生活。1953年9月徐先生不幸逝世，我们都不敢向齐老提起这件事，以免使他受到震动和引起悲恸。那时齐老已是九十多岁的老人了。开始的一些时候，他还常问起："徐先生怎么不来看我？"左右的人都告诉他徐先生因为有事，出门去了，时间一久了，老人也有点将信将疑，过些时，他也不再问了。老人心里是无时不在怀念着徐先生。有一次，那是离老人去世（1957年）不久前，我去他家探望，他一反平日沉默寡言的习惯，忽然对我说："我一生最知己的朋友，就是徐悲鸿先生！"我们没有说更多的话，但感到黯然神伤，相对无言。

徐先生的感情——对朋友的关怀，对受委屈的人的同情，对因敌寇铁蹄蹂躏而流离失所的千百万同胞的悬念，无时不在他的诗、画、文章、通信中流露着。1938年，他热情满怀义愤填膺地投身到在周总理领导下、郭老主持下的武汉军委政治部三厅的抗战工作。当时田汉是艺术处处长，他们重逢之后，同心同德，一致抗敌。可是当他同政治部主任陈诚晤见时，陈对徐先生反蒋的宿怨未消，给徐先生以冷遇，徐先生拂袖而去。到了重庆，徐先生对我说："难道我是为了想当一官半职去武汉的？我是要使我的艺术为抗战服务！不过，田先生那儿需要搞美术的青年，可以……"我接着说，我们正想组织几个年轻人去台儿庄战地作画。他说："这很好，你们早点出发，你们可以到武昌县华林政治部三厅去找艺术处的田先生，他会给你们帮助的。我已经决定带着自己的作品去南洋办画展，将全部售画款捐献给国内因日寇入侵而流亡的难民。"

我们和徐先生分头奔向各自的目标。徐先生在新州、槟城一带办画展期间，屡次给我写信，对我当时家破人亡的遭遇寄予父兄般的慰勉和同情。与此同时，徐先生自己也经历着颠沛流离、无家可归的严酷的现实生活。他的思想发展，是从正义感走向痛感社会改革的必要，又进而逐渐认识到共产党人是我们学习的榜样。他在给我的一封信里说："……吾人虽非共产党人，但他们的'先天下之忧而忧，后天下之乐而乐'的精神实足钦佩……（大意）"记得这封信是从新加坡寄给我的，时间是在1940年至1941年之间。他的谆谆教导（加上老同学郑君里的规劝），使我在将近一年的目疾痊愈之后，增添了勇气和信心，又背起画箱，提起画笔，由重庆出发，时而去成都、青城，时而去兰州、青海、敦煌等地作画。当我辗转回到重庆时，已是抗战胜利的那一个新年（1945年）。在没有严冬的重庆，我假重庆江苏同乡会举办了三天个人回顾展，展品内容包括近期的西北边地写生创作和30年代初期我在学生时期的大部分作品。这次画展只有三天，其时徐先生因肾脏病卧床数月，新愈身体还衰弱，仍不顾病体不胜疲惫，坚持进城来看我的画展。他虽然清癯，但神采还很好，认真地看了展室所有的画。我劝他不要太累了，他对我说："这几年你没有把时间浪费了，我虽然病刚好，还是第一次进城，但我决定回去后写一篇短文来介绍这个画展，望你继续努力！"他这一席语重心长的话，使我实在太受感动了。

1940年我的目疾经过诊断是由于过度消耗体力，体质下降，引起视网膜发炎。按医护的要求，需要在相当长的时间内戴黑眼罩，让病目得到休息，而且还要坚持内服药物。这时我虽然不能作画，但住在附近的几位青年画家（其中以李宗津最热情），每天晚上，在城里我新居的一间大屋子里画速写、素描，还和我共研艺术，他们对我的情谊、关心和鼓励，使我难于忘怀。我也是决不向命运屈服的。在那些年月，内忧外患，我们这些艺术青年之间，憎恶、爱好几乎是共同的，都是胸怀坦率，各无城府，彼此间十分融洽。可是好景不长，刚过半年，敌人的空袭把我的住处夷为瓦砾，然而我们之间的友情是炸不毁的！之后，我们各自西东，我去西北，在兰州我和董希文又相逢了。这几年中，我们还常在艺术实践方面互相商榷。1946年初，我从重庆回到上海，首先去看先期到上海的张光宇和小丁（丁聪），在他们的《清明》编辑室里，我们筹划组织上海美术作家协会，用以团结在上海沦陷时期没有"下水"的进步画家，并乘刚复员时期国民党反动势力所策划的"上海美术会"尚未成立之前，举办一个联合美展，把炮打在反动派的前头。这次美展轰动了上海社会。李宗津正赶上参加我们在4月间举办的上海美展。他告诉我他刚从南京来，在南京见到了徐悲鸿先生，徐先生要他打听我回到上海没有，徐先生有事要找我。两三天后，李宗津又回南京去了。6月间，李宗津再次来上海时，带来了徐先生给我的一封手书，并说要注意这封信。我捧读徐先生这封让我回到教学工作的言简意赅的信，开始尚有点犹豫。因为在西北诸省的几年中，我觉得过去教书，隘于一隅之地，一旦走出来，眼界放大了，看到了新的生活。当初我和司徒乔（我们对艺术的态度比较一致）先同在西北，后来又同在成都，曾经相约今后再不要当教师。其实在那些年代里，学画必然的出路，就是教书，以为职业画家如何理想，其实也不过是理想而已。（司徒乔在20世纪50年代从美国回来，也和我一样当了中央美术学院的教授。）我终于为徐先生6月的短笺所触动。这是徐先生的一封对于进步艺术思想、进步艺术教育表态的信，虽然这封信已在1947年2月我于紧急的情况下离开北平去英国的前夕付丙，但我当时曾反复读过几遍，至今虽相隔36年，依然能回忆信中的词句：

作人吾弟：

　　吾已应教育部之聘，即将前往北平接办（日伪的）北平艺专。余决意将该校办成一所左的学校，并已约叶浅予、庞薰琹、李桦诸先生来校任教。至于教务主任一职，非弟莫属。务希允就，千祈勿却。至盼！

　　　　　　　　　　　　　　　　　　　　　（签名）

我曾一再地想，徐先生的艺术思想已明确地站在进步艺术的一边了，他提名的这几位先生，都是当时就已知名的进步画家，他决意要办一所左的学校，我决不能为了自己的"理想"，忍负徐先生更有远虑的"理想"。第二天我就写了复信，托即将回南京的李宗津面呈徐先生，表示受命北上共襄此举。

1946年7月末，徐先生约同在大后方所拟聘的一些青年画家，经上海取海道北上，到达北平已是8月初了。这时先期到北平的国民党反动力量早已安排好控制北平艺专的阵势（控制训导处和设立三青团），就看以徐大师为首的"离经叛道"的艺术家是否能在他们手掌心中就范，而徐先生要实现他的理想，就必须在自己的阵地上取得优势。为此，他采取以下的措施：首先在原有敌伪时期的学生中，凡学业优良的，因思想进步而被训导处除名的，一律恢复其学籍；再则将原有的教员中，凡落水失节者，一律停聘。在这些问题上徐先生立场是鲜明而坚定的，有一些人反复托情关说，徐先生拒之再三；无奈时，也观其才学批准两三名不占名额的兼任教员。当时有某"教授"，在法国留过学，术业无成，但他却是国民党反动派特务组织的成员，恃有靠山，多次找徐先生，强词夺理非要当一席教授。徐先生坚持不同意，他竟上告到南京。可是徐先生没有被他吓倒，说这位既无才又无学，靠反动特务组织吃饭的"党棍子"，我们决不能拿教授做"人情"。此人终未得逞。

当我们刚到北平时，就了解到反动派正在策划成立一个"北平美术会"。于是我们又按照在上海的经验，即时成立了"北平美术作家协会"，也和上海一样，是同反动派针锋相对的。我们将计划向徐先生谈了，他立即同意，并答应任名誉会长。协会在组成后借人家的报纸办了自己的期刊。徐先生挥如椽之笔，草拟"论战"文稿。"协会"举办的画展，也得到徐先生的支持。到了新中国成立前夕，"北平美术作家协会"的内部成员，起了泾渭之分，我们就在1948年12月7日，另外组织了"一二七艺术学会"（这是部分进步成员组织成的组织，其成员还包括音乐、舞蹈等方面），在徐先生的直接领导下迎接北平解放。解放初期我们还以这个学会的名义在当时的《进步日报》上，继续办了一年副刊——《进步艺术》。

当我们进入北平艺专之初，训导处那一伙就已感到徐悲鸿先生是不容易推倒的。1946年12月，训导处那一伙人借助学金分配问题，鼓动三青团的打手掀起"倒吴作人"风潮。一个早晨，在校园内，贴满轰我下台的标语，我走进教务处办公室，想了一下，觉得非立刻反攻不可，我即"单枪匹马"地到训导处，并单刀直入地质问训导主任："这次风潮究竟是怎么回事？是谁指使的？意欲何为？"我还责成其立即叫为首闹事的学生到教务处见我，并要他们"保证以后不再发生这样的事"。他们没有料到我出其不意地反攻，只是唯唯诺诺。我说完就走了。当三青团学生中的两个骨干来到教务处时，我晓以国家发给助学金的意义，并斥责其不法行为，要他们保证以后不再干这一类事。他们悻悻而退，很快就把校园内的标语冲刷干净。但斗争并没有结束，后来训导处的国民党极端反动分子，勾结一些人联名诬告徐悲鸿任用以吴作人为首的"民盟危险分子集团"，并扬言要撤职查办（当时民盟是在被取缔之列，我当时没有参加任何组织）。

恰在1947年初，英国文化委员会邀请我到英国做为期三个月的考察访问，我即征求徐先生的意见。鉴于当时的斗争十分激烈，他为了保护我，毅然劝我出国访问，他说："你出国一下，可以暂避其锋，我在这里比你安全些。李宗仁是我当年的老友，傅作义也和我熟识，那些人是不敢随意动我的，过去蒋介石不敢杀害蔡元培，而杀害了杨杏佛。你去吧！你到英国之后再转回来。我有三件事托你替学校办一下：一、在国外给艺专图书馆买一些美术图书及画册；二、邀请在巴黎久居的滑田友回国任教；三、到鲁弗尔宫临摹德拉克洛瓦的名画《但丁游地府》。"徐先生又说："在你回国路过香港时，专程访问一下我的朋友中华书局舒新城先生，把我寄存在那里的《八十七神仙卷》带回来。"

我于1947年2月离开北平，前往英国，后又转往西欧各地举办画展。徐先生在我出国前所委托的几件事，除因世界大战结束不久，博物馆正开始整理，一些名画尚未展出，因之临摹优秀名画一事未能如愿外，其他我都照徐先生所交代的完成了。

1948年1月，我又辗转地回到了艺专。徐先生扼要地讲述了过去一年里在北平艺专所发生的许多事，包括艺术思想方面的斗争，政治方面的斗争。他巍然屹立，顶住反动派的攻击、诬告，并揭露他们的阴谋，他据理力争，保护了被反动派迫害的师生。继上一年的"国画论战"之后，徐先生亲自主持了一次规模宏大的"美术联合展览会"，这就是由北平美术作家协会、中国美术学院、北平艺专等三个单位联合举办的画展。这次画展轰动了北平社会。徐先生还收集了反动派的黑文字罪证，累牍盈尺，解放后呈交给来接管艺专的军管会代表——闻名的诗人艾青。党对徐先生在北平与反动派短兵相接的斗争是很了解的。

中华人民共和国成立后，在党中央和国务院的关怀下，我国艺术事业得到蓬勃的发展。党和人民非常敬重像徐悲鸿先生这样有极高的艺术造诣，对中国文化艺术的发展事业有不可磨灭的建树，一贯热爱祖国，同情人民疾苦，坚决站在国家和人民利益的立场上的艺术家。特别在反动派威逼利诱下，他冷然对之以浩然正气，不为所动，而在革命发展的关键时刻，他忠心耿耿，挺身而出，怀念及此，令人肃然起敬。

1953年，在第二次文代大会期间，他坚持担当大会执行主席的任务，又参加外事活动，以他多病之身，终以脑溢血不治逝世！他终年刚58岁。正当艺术上、思想上成熟有为的时刻，竟不幸离开了我们！三十年来（经过许多社会变动之后），人民没有忘记他，他给人民留下了艺术硕果。在艺术教育方面的重大收获是满天下的桃李，他们继承着他可贵的艺术事业。

情深谊长

——一个老同学、老朋友的回忆

盛 成

我与徐悲鸿是1915年在上海相识的，迄今已经过去68年了，但是我同悲鸿相处的日日夜夜仿佛就发生在昨天，震旦同窗，海外求学，握笔执教，共赴国难，一幕幕令人难忘的生活经历常常清晰地浮现在我的眼前。我和悲鸿知己知彼，无话不谈，当年，我俩有时兴致勃勃地探讨艺术领域中无穷的奥秘，有时也为一些意见分歧争论不已；我为他在艺术上取得功绩而欢欣，也为他曾遭遇过多的挫折而惋惜。

悲鸿是个强者，他那不屈不挠的进取精神，使他在最后的岁月里找到了光明，把他杰出的绘画艺术奉献给了祖国和人民，我为他的归宿感到骄傲。

悲鸿，在黑暗的旋流中摸索奋斗了大半生，他自始至终地把握生命的航船，达到了光明的彼岸，他一生所追求的目标，也是我们同辈人共同向往的。漂流四海的我，终于也回到了母亲的怀抱中，为她的繁荣富强，献上自己一份微薄的力量。我相信，悲鸿如能得知，一定会含笑九泉的。

一、震旦相识

1915年我和悲鸿是上海震旦大学预科的同学。当时震旦的校本部就坐落在"法租界"的吕班路上，从电力公司下车向右行，就可以见到这座带有强烈殖民主义色彩的教会学校。学校当年包括预科和本科，设有文、工、医、电机等诸科专业。

震旦的学生宿舍也分为两种，一种是在校本部内为教会学生建造的宿舍，一种是为安排非教会学生食宿的宿舍，盖在学校的对面。

一幢不大的两层灰色楼房，拥挤着三四百名不信教的学生。当时我住在底层朝楼门口的一间屋子里。1916年2月、3月间，悲鸿来到震旦读书，就住在这座楼二层最东面的一间宿舍里。他的同屋是我的几位扬州老乡。

一天我上楼去看望他们，第一次见到了悲鸿，几位老乡见我们彼此还不认识，就热情地向我介绍：

"这位是画家，叫黄扶，江苏宜兴人士。"

我和悲鸿握手寒暄了一番，大家一起聊了起来。

悲鸿当年之所以改名换姓来到震旦读书，据说因他离开家乡来到上海后，生活极其困难，是得到了两位姓黄的朋友的帮助，才渡过了难关。一位名叫黄警顽，一位名叫黄震之。前者虽然只是商务印书馆的一位小职员，但为人慷慨大方，助人为乐，非常愿意帮助落入困境的文人学者，每每做到无微不至的程度。关于黄震之，只知道他是位经商的买卖人，其他就不太熟悉了。

悲鸿是位画家，出于共同对艺术的酷爱，我们在一起时常讨论一些如何看待和发展中国书画艺术的问题。当悲鸿每次谈到中国的绘画自明末以来渐渐僵化，落入到一成不变的抄袭套路中，就感到非常气愤，对我不止一次地说："我宁可到野外去写生，完全地拜大自然做老师，也决不愿抄袭前人不变的章法。"

他常对明末的董其昌，清初的"四王"等馆阁体派的画家，狠戳其脊梁骨，尤其痛斥他们把民众当作"视盲"的谬论。

他的这些言论和想法在我的脑海中引起了强烈的共鸣。我从小读书写字，最不喜欢停留在临摹颜柳欧苏和王羲之诸字体上，以为这样一味地模仿是不会表现个性和有所创新的。书画自古即有相通之处，悲鸿在许多方面不与过去社会遗留下来的封建残余同流的决心，和我真是所见略同，不谋而合。

1916年的中国，"五四"运动尚未发生，一切文化艺术领域中轰轰烈烈的大改革更谈不上。在当时的上海，帝国主义侵略压迫、奴役中国人民的罪行到处可见。中华民族的土地上，殖民统治肆意横行。

最初的中国学生运动发生在上海，而上海最初的学生运动发生在震旦和复旦。我记得震旦预科有位三年级的同学，叫杜恩浦，淮安人，他的民族意识、斗争意志十分坚强。在我们的宿舍里，他召集全体非教会的学生开会，经过了激烈的讨论，决定成立震旦大学学生会组织。不料，此事被当时的法国巡捕房察觉了，他们探听到这个消息后，如坐针毡，认为中国学生竟敢搞起学生运动，真是大逆不道，并极力加以破坏。

徐悲鸿虽然没有直接参加这次斗争，但他对同学们的正义要求非常同情。"五四"以前，知识界中首先掀起了男女恋爱自由、婚姻自主的革新浪潮，悲鸿在这个时期，挺身而出走在斗争的前面，成为震旦学堂中开婚姻自主先河的第一人。

悲鸿17岁时由父母包办与一女子结婚，他从心里厌恶这种害人终身的封建恶习，改名寿康为悲鸿。不幸的结合使悲鸿痛心彻骨，毅然离家出走，为展他一生宏愿飞出了"牢笼"。那位可怜的女子婚后不久也因病故去了。

蒋碧薇小姐出身于著名国学大师之家，却也无法摆脱羁绊。父母决定将她许配给苏州的查家，得此信后，她每日惶恐，身心受到极大损害。

悲鸿在那封建礼教根深蒂固的恶势力包围之中，勇敢地冲破了令人窒息的十里洋场和封建牢狱，和蒋碧薇一起，毅然出走东洋，自由地结合了。这个婚变消息轰动了震旦和上海。

当时，我听到悲鸿的"新闻"后，由衷地佩服悲鸿的胆量和魄力。我自小已由祖母做主指腹为婚，定下了一位姑母的女儿，我反对，我厌恶这桩婚事，几次要求家庭解除这害人的婚约。所以对悲鸿做的抉择，心中不仅有同感，而且真诚地支持他。悲鸿的婚变发生以后，我的退婚虽然没有轰动上海，却在家乡仪征掀起了不小的波澜。

从1916年初到1917年5月悲鸿偕蒋碧薇双双东渡去了日本。我和悲鸿在震旦一起度过了一年多的学生生活，由于共同的志向，相同的命运，使我和悲鸿成了知心朋友。悲鸿远走他乡了，以后每当我拿着他为我亲笔画的折扇，他的形象就浮现在我的面前。

暑假过后，我从震旦预科毕业，北上赴京开始了新的生活。1919年又加入了去法国勤工俭学的行列，踏上了赴欧的征程。震旦的生活化作了记忆，记下了我和悲鸿的友谊。

二、南京风波

和悲鸿分手后不久，我去了北京。直到轰轰烈烈的勤工俭学运动掀起后，我才听说悲鸿和蒋碧薇从日本回国后，来到了北京，又在1919年3月20日跟随第一批赴法勤工俭学的学生们，同船离开了祖国。我自己也在同年11月22日乘船取道英国伦敦赴法勤工俭学去了。

那时，悲鸿是得到北洋政府公费资助的留学生，我们这些勤工俭学的学生们大都从心理上对官费生没有好感，在法度过的十年中，我没有去找过悲鸿。

1929年底我回国，住在上海一品香楼上，一天黄警顽来看我，笑着说：

"悲鸿现在住在南京，他很想见到你。"说着便把悲鸿的地址告诉了我。

不久，我也到了南京，住进了欧阳竟无先生主办的支那内学院，安顿停当后，我就依照黄警顽留下的地址去拜访悲鸿了。

见面之后，大家非常高兴，彼此畅谈了离别许多年来各自的经历。他对我说：

"你在法国写的《我的母亲》一书真是太精彩了，连登甫特先生都说由于读了你的大作，使他们认识了中国的文化和礼教。"

他一本正经地问我成家了没有，我给了他一个否定的回答。他一听连忙说道：

"中国的情形与法国不同，在法国单身生活不足为奇，在中国可不行，很不方便。我给你介绍一位最得意的学生，她叫孙多慈。"他向我介绍孙小姐的身世。孙多慈的父亲是位国民党的左派人士，被老蒋关押在安庆监狱里很长时间了，孙小姐思念父亲，写了不少诗词，她将其中一首送给了悲鸿。他拿给我看孙小姐的诗作，对其中的"不知天地外，尚有几多愁"，我非常赞赏。

悲鸿告诉我明日他为孙多慈画像，碧薇去宜兴了不在家，请我一定过来聊聊。

第二天，我如约来到了丹凤街中大宿舍的悲鸿寓所，一上楼见悲鸿正在给孙画像。因为昨日同悲鸿通了消息，我就坐在一旁，注意观察孙多慈的言谈举止，但直到结束，我对她也没有产生什么好感，至少我感到她是个没有个性的人。头脑中产生了第一个印象后，我就起身告辞了。第二天没有再去丹凤街。

过了很长时间，我从北京回到南京，还住在欧阳竟无先生那里。悲鸿来看我们，谈话间欧阳竟无先生提出很想观赏一下悲鸿新近创作的画，悲鸿也很高兴，约定翌日在中大等我们。

第二天早上，我陪同欧阳竟无先生坐车来到丹凤街见到了蒋碧薇，我们邀请她一起去中大参观悲鸿的画室，她欣然表示赞成。到了中央大学，一行人先参观艺术系的画室，里面放着不少悲鸿的作品。11点左右，欧阳先生说希望看看悲鸿刚刚完成的新作《田横五百士》。悲鸿一面答应着，一面从口袋里掏出了钥匙，蒋碧薇上前一把拿了过来，转身向后面的画室走去，我跟在她后面也走了出去。打开后面画室的门，蒋碧薇一步跨进去，四下寻找，发现了那次悲鸿为孙多慈画的半身像，还有一幅题着《台城月夜》的画，蒋碧薇的脸色一下子变了，把两幅画抓在手里。我一见这种情形，赶紧向她讲：

"碧薇呀，这幅画是悲鸿为我画的，他已答应把它送给我了。"

她抓住不放，我正要动手向她抢，欧阳先生和悲鸿一行人进来了，我见悲鸿的气色很不好，只得放手作罢。

我们又陪着他们回到了丹凤街，稍坐片刻后，我和欧阳竟无先生一起回支那内学院去了。

第二天，我去看望悲鸿，一上楼蒋碧薇就对我讲："悲鸿病了。"

"哦！在哪儿？"

"在他房间里。"她板着面孔答道。

我疾步来到悲鸿的房间，他一见我就拉着我的手，像刘备托孤诸葛亮的情景一样，开始唠叨孙多慈如何如何之好，对这些我感到无力去劝解他，只得支吾其词，将近一点钟的光景，我退了出来，对碧薇说：

"你们不要再闹了，这件事都怪我。"

"这里哪有你的事体！"她硬邦邦地顶了我一句。

我听她的话头不对，马上离开回家了。

从那以后，我赴京北上，在北京大学红楼及农学院（在罗道庄）两处任教，不久结识了北平女子大学毕业的郑坚，在我们准备结婚以前，悲鸿来到了北京。在我们的住处，他告诉我李石曾准备让他带着中国近代名家的绘画到欧洲去开个巡回展览，并答应支付川资路费，他激动地说：

"这次出国举办巡回展，决不能再做以前的那种人财两失的蠢事。我以筹款购买的方式到国内四处收集各位名家的佳作，现已收得三十幅了，这样可以免得将来中国的画家们受损失。"

听完他的一番话，我心里也极赞成，因为多少年来外国人对中国伟大的绘画艺术了解得太少了，此行的确不失为一次极好的机会。不过转念一想，李石曾吹的大话极少兑现，悲鸿如寄希望于他，万一事后出了岔子，弄得悲鸿来去不得，那将如何是好？想到这，我婉转地对悲鸿说：

"此事当然很好，想必也是你多年奋斗的愿望，可是你还不了解李石曾这个人吧，他是极端靠不住的，你务必小心谨慎才是啊！"

望着他陷入沉思的表情，我考虑了一下，继续说：

"请放心，悲鸿，我写两封信给你带到法国去，一封交给大文豪瓦莱里先生，一封交给他的志愿秘书于连·莫诺先生，他们既是我的恩师，也是我的朋友，你万一遇到困难就去找他们，肯定会得到帮助的。"

我向悲鸿详尽地叙说了法兰西科学院院士，大文学家瓦莱里先生当时支持我这样一个年轻的中国青年跨进法国文坛，并在我写的《我的母亲》一书前写了一篇长达十六页的序言，给予了很高的评价，之后又在银行家、瓦莱里作品及艺术品收藏家于连·莫诺先生的慷慨赞助下，此书得以顺利出版发行，取得了极大成功的经过。

接着我又向悲鸿介绍了这些朋友的为人品格，他听完后，默默地点了点头。

我对他坚定地表示："过几天（1月19日）我和郑坚就要结婚了，既然你和碧薇定好22日出国，我一定在婚礼结束后，马上赶往上海为你们送行，亲自交给你这两封信。"

20日一早，我和郑坚搭上了南去的火车，终于在悲鸿赴欧的那天赶到了上海。在码头上，我把写好的两封信亲手交给了徐悲鸿，然后登上了这艘法国轮船找到了船长，请他无论如何在海上好好照顾一下这位中国著名的画家。船长是个开朗豁达的人，满口答应一定照办。

不出所料，他们到达法国以后，李石曾许下的诺言不过是张空头支票，经费没有了，但画展的消息却已经传出，悲鸿陷入了进退两难的困境。没有了经济后援，如果画再卖不出去，即使开了画展，返回故园也无望了。

他们急忙写信给当时的教育部，求得了一笔款项，使预定的展览会得以如期举行，不过更有力的帮助还是来自法国的友好人士瓦莱里和莫诺。他们收到我写去的信后，立即前往中国近代绘画展览会参观，不仅对这一幅幅出自中国近代画家手绘的佳作极为赞赏，瓦莱里还在悲鸿1926年画的一幅蒋碧薇肖像画《啸声》上欣然题了两句诗。此事一下轰动了法国艺坛，各界人士纷纷前来参观，画展受到了很大重视。展览会取得了成功，并卖出了十二幅画，这才解决了悲鸿一直为之苦恼的经费问题。

1934年底，我准备第二次出国赴欧，去上海坐船的途中，在南京住了几天。悲鸿来看我，一边感谢我为他欧洲之行所给予的帮助，一边拿出他亲画的一幅《马》送给我（后来齐白石先生在画上加题诗句，我至今还非常珍爱它）。悲鸿又拿出一幅广东名家经亨颐画的《水仙》，请我务必带到法国送给瓦莱里先生，以表达对他的感谢之情。

1935年秋回国后，我和妻子郑坚举家搬到南京居住，先住在大光路，后又搬到湖南路，这地方与悲鸿傅厚岗的新居相隔不远。

来南京后，一直耳闻悲鸿的家庭纠纷从未平息，而且愈演愈烈了。我深知悲鸿性格倔强，认准了一条路就不可改变地走到底，担心之余，一天我对妻子郑坚说：

"你有没有办法帮助悲鸿调和一下？回国后我见他的身体不好，又不知蒋碧薇到底做如何打算，我很替悲鸿担心。"

"我试试看！"郑坚自告奋勇地答道。

当时，虽然悲鸿一家已搬进了傅厚岗的新居，但是他受不了家庭中没完没了的争吵，独自住在中国文艺社里。

郑坚邀请了丁玲、方令孺、悲鸿和我同去安徽滁州地界的醉翁亭过了三天，一返回南京，大家就拥着悲鸿径直回到了傅厚岗，郑坚笑着对蒋碧薇说：

"我们替你把悲鸿送回来了，你看看一点不差。"

没想到，蒋碧薇嘴角一动，露出一丝嘲讽的微笑，大声回了郑坚一句：

"有人陪悲鸿玩呀，也有人陪我玩。"话音之外，大家悟到了所言之人是何许人也，都闭口不言了。

在南京的日子里，我们和悲鸿还去了黄山、苏州和上海，我们每个人都真心希望能轻松一下他那紧张的身心。然而这一切的努力都没能平息悲鸿家庭的风波，在阴险卑鄙的小人暗中破坏下，越发不可收拾了。

不久以后，悲鸿告别南京去了桂林。

三、湘漓朝夕

1936年，我来到了湖南长沙，接到悲鸿从桂林寄来的信，信中邀我到他那里去，我考虑了一下，决定动身前往桂林看看这位饱经风霜的老朋友。

悲鸿来到广西后，担任了当时广西省政府的顾问。他单身一人独居于桂林，有时也去阳朔走走。令我感动不已的是他在烽火遍地的动乱中从未放下手中的画笔，创作了不少传世的佳作。

我在桂林前后共住了两个星期，和悲鸿相隔咫尺，彼此你来我往，接触频繁，畅叙别后之情和共同关心的学术问题。这期间，悲鸿陪我游览了广西的青山秀色，令人陶醉的漓江碧波，美不胜收的阳朔山水，如入仙境的芦笛岩、七星岩……我们一起品尝了远近驰名的月牙山豆腐。

很凑巧，我到桂林的那一天，正是震惊中外的西安事变，而我和悲鸿分手的那天，恰恰又是蒋介石从西安被释放的12月25日。蒋介石迫于全国民众强烈要求抵御外侮、收复家园的正义呼声，不得不接受了共产党和张、杨两位将军提出的八项抗日主张，全国上下为之沸腾。

抗战时期，悲鸿有时住在桂林，我自己也没有去"陪都"重庆，再次来到了漓江边，在广西大学任教。悲鸿和我患难相逢，见面的机会很多，你来我往相互照应。一直无法彻底了结家庭纠纷的悲鸿，偶尔去过几次重庆探望在那里避难的家人，但从他归来后布满愁云的脸上，我看得出来他的家庭问题已经到了最严重的阶段了。

他有个朋友叫沈宜甲，也是首批赴法勤工俭学的学生，我也认识他。沈是个从不出好主意，成事不足、败事有余的庸人。他替悲鸿在《广西日报》的第四版上登了一则同蒋碧薇脱离关系的启事，忘乎所以地拿着报纸跑去看望当时住在桂林的孙多慈的父亲，他自以为得计，心想此举定会马到成功。没料想，孙多慈的父亲闻听此事，大发雷霆，把沈宜甲痛骂了出来。后来听说孙氏父女一起离开桂林，移居浙江丽水去了。孙多慈后来与许绍棣结了婚，婚后一起去了台湾，孙多慈在台湾师范大学艺术系执教，直到去世。从南京时期就婆婆妈妈论个不休的这段公案到此告一段落了。但是悲鸿的身心受到了极大的损伤，身体一天比一天虚弱了。

事隔不久，蒋碧薇的父亲，著名的国学大师蒋梅笙老先生在重庆北碚的复旦大学逝世了。消息传来，我们都很悲痛，悲鸿表示一定要去奔丧，我知道他与岳父蒋老先生的关系非常好，所以极其赞成他回渝奔丧之行，我安慰了他几句，送他登上了去重庆的飞机。

悲鸿离开桂林之前，我写了两封信，一封寄给华林，一封寄给王平陵，请他们借悲鸿为其岳父奔丧之机，从旁再为悲鸿和蒋碧薇的关系调和一下，以解脱悲鸿多年来独身飘零之苦。

华林先生看过我的信后，茫然不置可否，因为他清楚地知道徐、蒋之间的裂痕已不可能弥补，作为一位朋友、旁观者，是无能为力的，所以他只好按信不动。王平陵则不然，接到信后，拼命四下奔走，全力以赴想利用这个机会缓和徐蒋之间已成为势不两立的矛盾，结果一切努力都付之东流，徒劳无益。悲鸿只身返回了桂林。

悲鸿曾悲切地向我讲述了他此次回渝的情况，说他在守丧时和蒋碧薇谈了许多，彼此很坦率，蒋碧薇表示不必再调解了，既然事情已经到了这个程度，只有请法律来解决了。

悲鸿和蒋碧薇终于分道扬镳了，这起婚变案又轰动了一时。在律师沈钧儒、端木恺的参与下达成了协议，由悲鸿给蒋碧薇一百幅画，并且任蒋亲自挑选，还要一百万元赡养费作为离婚的条件。大家闻讯后，不少人感到不可思议，然而悲鸿想尽快摆脱这条缠身十余年的羁绊，毅然接受了蒋碧薇提出的全部要求。事过之后，悲鸿在桂林告诉我，他把自己珍藏的一些名画也送给了蒋碧薇。悲鸿一生中持续最长的第二起婚变案终于结束了。

四、独树一帜

悲鸿是中国绘画艺术家中达到炉火纯青的一代巨匠。

记得我们在南京时，曾一同到郊外尧化门一带游览。那一带是我国古代梁朝的陵墓，路旁矗立着一些高大的石人石马。他对这一切宝贵的历史遗迹非常注意，一边逐一认真观赏，一边细心地从各个角度揣摩着。他叫我把这些文物拍成照片，尤其要拍好各式各样的浮雕和雕刻作品，以便将来能够仔细地研究。

悲鸿是把西洋绘画技巧糅进中国传统绘画艺术中的先行者。他的画笔，达到了出神入化的境界，这不仅是他一生刻苦努力作画的结果，而且是和他注意自然界中一切事物的本质分不开的，尤其是他对浮雕与雕刻的艺术更是潜心钻研。

中国自古以来书法与篆刻是同辙一道的，所以古代挥洒丹青、造诣精深的书法大家都会绘画刻字，这在当时被称为必学之学。

古人写字用笔，没有毛笔之前用刀，称作刀笔，后人转其义而用之的"刀笔吏"即源出于此。不过，既然用刀，就要用力，腕力之功是十分重要的，就像刻图章一样，一式一动都须全神贯注，力聚于尖。刀功用在浮雕与雕刻的艺术创作中，更须有娴熟精湛的技巧；即使古人改用毛笔书写作画时，每根线条都溢出这种传神之功的。

悲鸿有古人写字的功力，他对书法中"努、勒、剔、撑、环、领"六义真言有着精深的研究。他不仅坚韧不拔地刻苦练字，而且大胆力求创新。他把苦练《黑女志》及其他碑帖的功力溶化于他的绘画艺术之中，开拓出自成一体的艺术风格。悲鸿不满足于已经取得的成果，更反对停留在模仿明末以来业已僵化的绘画技巧上。他置身于大自然的怀抱，从成千上万的写生素描中得到了极大的好处。终于使他笔力千钧，千变万化，一扫旧画坛中无骨缺肉的人物形象，塑造出的一幅幅人物鸟兽真实可信，惟妙惟肖。这是悲鸿在绘画技巧方面能与前人不同而独树一帜的原因所在。

提起悲鸿学习书法、诗词，不能不讲到他在上海震旦的一段经历。当时，悲鸿常常去上海的哈同花园，同学们都晓得他与哈同花园订了画约。

哈同花园搞了个中国仓圣明智大学，把古代的仓颉抬了出来，并且聘请清末大文人康有为进园任教（1916年康有为被清朝余孽张勋弄到徐州，又一起到了北京搞什么"宣统复辟"，复辟被粉碎以后，康有为逃进了荷兰使馆躲避，以后又辗转回到了上海，正是在这个时候，悲鸿认识了他）。康有为见悲鸿多才多艺，非常喜欢，有意收悲鸿做弟子，给他看了许多古代名家的字画，教授悲鸿作诗写字，后来悲鸿刻苦书写《黑女志》、《爨宝子碑》以及《爨龙彦碑》，都是康有为亲手传授于悲鸿的。

1935年，我从欧洲回国后，和妻子住在南京大光路上一幢很小的楼房里，地点距南京的故宫很近，因为房间狭小，我开玩笑地给这幢栖身的小楼起名"卷庐"。悲鸿过来看望我们，我笑着对他说："欢迎来此'卷庐'一顾。"他一听，一本正经地冲着我说："我要替你画一幅画。"

悲鸿一生中画石头的时候是不多的，因为一般认为石头是画中难绘之物。可是第二天，他兴冲冲地带着画好的一幅画给我送来了。我开卷一看，画中是块石头，上面有行悲鸿亲笔题字："吾心非石不可卷也。"意思是说：我的心不是块石头，是不能卷起来的。我们彼此心领神会，扑哧一声都笑了起来。

以后别人见到悲鸿送我的这幅画，都对画上题字感到迷惑不解，苦思冥想不知其然，纷纷猜测悲鸿此句题词是用了什么典故，但又不知出于何处，因为《诗经》中并无"吾心非石不可卷也"的典故呀！听到这些人的议论，我在一旁笑了，感慨地说：

"这正是悲鸿的一大优点，他有自我作古的气概，他可以自己编个新的'典故'，而且这个'典故'恰恰适合于我的'卷庐'，就是这幢小楼。"

诸如此类的游戏，我觉得我和悲鸿倒是有些气味相投的。

我们和悲鸿一起到过黄山、苏州和上海，路上有时我俩同出游逛，一时赶不上"大队人马"，索性落在后面边走边谈，所谈内容皆是有关山水树木方面的。记得到了苏州以后，我们参观园林胜景。当时外界人士都认为悲鸿是学西洋画的，不大理会山水草木，其实则不然，他不仅对苏州每一座园林那巧夺天工的艺术布局赞叹不已，而且对山水草木的艺术设置也非常注意，看得极为精细，每个角度、每个角落都仔细地观察。他感慨万千地说：

"苏州园林的装饰布局就是我们中华民族整个艺术的合成体，活生生再现出来的最佳之作。"

我完全同意悲鸿的看法，我说道：

"对苏州园林我有一比。"

他急忙问我相比何物。我继续说：

"同戏剧中的京剧比。京剧是摆在舞台上表现中华民族的文化艺术，而苏州的园林是摆在空间，空间园林的伟大之处在于它并非静止不动，而舞台艺术的伟大之处也正在于它在舞台上动。所以尽管各自的表现方式不同，却都有其异曲同工的长处。倘若大家深入其境，亲身体验，就知晓各自之妙了。"

悲鸿在绘画艺术的探求中，受到过舞台表演艺术家梅兰芳大师的很大影响。他听完我的话后，拍手表示赞成。看着他那副神色，我感觉到悲鸿师古不泥、标新立异的探求精神是多么强烈啊！

五、一首译诗凝情谊

抗战之前，我和悲鸿还有过一段令人难忘的经历。

悲鸿从苏联开完画展归国后，就参加了组织中苏文化协会的工作。协会的总会就设在南京，悲鸿首先来到我家，邀请我参加文化协会，和我谈了许多有关协会活动的设想，又征求我对协会建设的意见。我毫不犹豫地向他表示同意加入协会，并说出了自己的看法。不久，悲鸿邀我同去上海成立中苏文协上海分会，我们再次做伴来到了黄浦江边。

这一年正值俄国伟大的现实主义诗人普希金诞辰一百周年，上海文化界的朋友们一致商定出版一本普希金百年诞辰纪念册。

我找到悲鸿，告诉他我有意翻译普希金的一首描写流浪民族吉普赛人的小诗《茨冈》，悲鸿听后非常高兴，他晓得我曾经在意大利有名的波希米亚人集居地生活过三个星期，认为我的这段经历可以同普希金当年到茨冈人社会中去相比。当我告诉他这首《茨冈》俄文诗已经被译成法文时，悲鸿迫切地要求我无论如何也要把它译成中文。

我在上海一家法国图书馆里找到了这首诗，立即着手翻译，我找到一家白俄人开的公寓住下，每天专心致志翻译普希金的诗作。待全诗译完后，我就拿去请教久居哈尔滨，又留学苏联的秦氏夫妇。秦太太精通俄文，我同他们一起对照原文又逐字逐句推敲，最后他们肯定了我的这篇译稿绝对没有错误，不仅俄文味道浓，而且普希金的味道也很浓，我这才放了心，兴高采烈地立即通知悲鸿译稿已经完成。

这本纪念册出版以后，抗日战争爆发了，我转移去了后方，所以始终未能见到普希金纪念册的全集。1978年底，我从欧洲回祖国定居，在北大图书馆找到了这本全集，我异常高兴，随即把这首《茨冈》诗复印了下来，珍藏在我的身边。每当我见到后，眼前就浮现出和悲鸿为成立中苏文协上海分会和为出版普希金纪念册而到处奔波的情景。

悲鸿为人耿直，在他的一生中，对待朋友，尤其对待志同道合的知心朋友是襟怀坦白，肝胆相照，而对他个人不喜欢的人也是爱之欲其生，恶之欲其死，这是他的性格，一位艺术家特有的性格。凡同他情投意合的朋友，无不认为悲鸿是不可多得的好朋友，但是他那根深蒂固的好恶自我的性格，也常常使他被那些心轨不正的伪君子所利用蒙蔽。我静心回想悲鸿的前半生，这种特殊的性格是他在事业上不断追求奋斗的动力，也是他在崎岖的人生道路上常常落进暗礁险滩的"祸根"。

悲鸿故去三十年了，我作为悲鸿的老同学、老朋友，感到有责任真实记下上述的往事。所过者化，所存者神，如若悲鸿有知，我想也会同意的。

（许天方　笔记）

记徐悲鸿在上海的一段经历

黄警顽

　　徐悲鸿（1895—1953年）是中国近代杰出画家，在中国美术史中占有很高的地位。1953年9月23日他在北京逝世的时候，还只有58岁。

　　我从1915年和他相识，直到他在中央美术学院岗位上去世时为止，相知近四十年。据我所知，现在已经很少有比我认识他更早的朋友。我们共过患难，同过生死，特别是在1915年他初次来到上海以后，在他一生中关键性的年月，彼此有过极亲密的关系，对他了解得较清楚、较详细。我从1947年起，由于他的邀请，参加国立北平艺术专门学校工作（这个学校新中国成立后改建为"中央美术学院"）。记得在他逝世前半年，他曾约我到院长室谈过一个多小时，他提到当年这段经历时，说："如果我先死，你给我写出来，如果你先死，我给你写。"我的平凡的一生没有什么值得写的，他这位在凄风苦雨中成长起来的大艺术家，才应该把事迹留下来给后人知道。现在我已年逾古稀，身体虽尚健实，但记忆力却已一年不如一年，因此有必要及时地把徐悲鸿这一期间的事迹记录下来。由于这一段事迹离不开同我的关系，有些地方很容易形成喧宾夺主；但我毕竟是个配角，我保证不夸大、不渲染，尽量保持真实。

1915年夏末，正是商务印书馆发行所供应开学用书最忙碌的时刻，我接待了一位由宜兴来到上海的青年。他穿了件蓝竹布长衫，白布袜，一双白布鞋，后跟上缝了一条红布，这说明才死了尊长；对分的头发披拂在前额上，手里拿着个纸卷儿，年龄同我仿佛，大约20岁左右，但显得有些瘦弱悒郁。他从内衣口袋里摸出两封信，一封是介绍他去拜访复旦大学校长李登辉的，另一封是介绍他来商务印书馆找《小说月报》主编恽铁樵的。介绍人是徐佩先[①]，被介绍的持信人，就是这位当过小学图画教员的徐悲鸿。

《小说月报》编辑部在宝山路商务印书馆编辑所里。我代他打电话给恽铁樵，恽叫人代答说："今天有事，请他明天下午下班前到编辑部会客室等一下，下班以后会他。"

徐悲鸿很高兴，向我道谢后就走了。第二天，他带着兴奋的表情前来看我，说："恽先生看过我的画了。商务出版的教科书需要插图，叫我画几张样子看一下。我现在就回梁溪旅馆画画去。"这样，我才知道他是个青年画家。

可是徐悲鸿没有在上海多住几天的准备，而且没有带画具，显得有些为难。我借了一副笔墨给他，说："如果有别的困难，我们大家想办法。"

两天以后，他带着画稿来看我。我看画得还不错，但担心能不能符合编辑所的需要。他上编辑所去了，兴冲冲地回来说："恽先生说，我的人物画得比别人的好，十之七八没有问题，叫我等几天去听回音。"我问他："有什么为难没有？"他支吾了一下说："没有什么！"这时我有别的事，大家分手了。

————————

① 徐佩先，字子明，江苏宜兴人，法国留学生，曾任北京大学文学教授。

过了几天，他又来看我，说："恽先生说，还得等几天。可是我等不下去了，没有带这些盘缠，我得回去一趟，再见！"原来他在过去几天里已经花得一文不剩，现在得卖掉东西才能回到宜兴，可是他没有对我说。

大约过了两个星期，他又来到了上海。年轻人认为商务印书馆的事情已经十拿九稳，回去在亲友那里拼凑了一些钱，连简单的行李也带来了，仍旧住在梁溪旅馆。他上编辑所回来说："恽先生说，国文部的三位主持人——庄百俞、蒋维乔和陆伯鸿还没有开会审定，过几天再去。"等了几天再去时，恽铁樵告诉他："蒋陆两位通过了，庄百俞不同意，说线条太粗……我是不在其位，不谋其政，爱莫能助。"

第二天一早，发行所刚下排门，徐悲鸿就带着沮丧、憔悴的神情走进店堂来，把经过情况对我说了，又非常难受地说："我无颜见江东父老！在上海，我举目无亲，只有你一个朋友，永别了！"说完，便快步走出门去。最初，我还不很介意，过后一想："糟了！他不会去自杀吧？"我感情一冲动，连假也没有请，就跟了出去，由四马路向外滩赶去，怕迟了会出事。我在外滩找了好久，才在新关码头附近找到了他。他正在码头上不安地来回走着，连我走近他身边都没有发觉。我一把拉住他的手膀说："你想干什么？书呆子！"徐悲鸿一看是我，禁不住掉下泪来，接着，我们俩抱头大哭，招引起好些人围着看。

徐悲鸿头脑一清醒，便听从了我的话，跟我回发行所。还好，我离店不到一个小时，上级未发觉，因为我的职务是服务员，不是在柜台里做买卖，而是在店堂里招待顾客，经常在楼上楼下走动。在路上，徐悲鸿告诉我，他因欠了旅馆四天房钱，老板在两天前就不许他继续住宿，并把箱子扣下了，铺盖已经当掉，他没有地方容身，只好在旅馆门前的台阶上过夜，还常常受到巡捕的驱逐。昨夜通宵风雨，他饥寒交迫，想马上自杀，但想到我多次诚恳招待他，这才来向我告别。如果我不赶上去，很难说他最后准备怎样安排自己。

我那时只是一个小职员，每月挣十多元钱，住在南市九亩地的宿舍里。我决定要帮助徐悲鸿脱出困境。我人缘不坏，跟同房间的两个同事和看门的商量好，让他每天晚上同我们一起住宿。我们俩睡一张单人床，盖一条薄被子。伙食的问题这样解决：中午他到发行所楼上饭堂坐在我的位子上跟同事们一桌吃，我熟人多，轮流上朋友那里吃。早点和晚饭呢，我每天给他一角钱，也就过去了。

徐悲鸿每天到发行所店堂里来看书，除了看有关美术的书籍以外，在一个来月里，看完了全部林（纾）译小说，使他对外国文学有了概括的认识。有时，就上商务印书馆对门审美馆去看各种彩印图画，既有名家作品的复制品，也有各种屏条、仕女月份牌等等，使他对当时的商品绘画有了些了解。

我是基督教青年会会员，下班后，代他借上一张会员证，就一同上青年会听听演讲和音乐，或者洗个热水澡，有时还在温水游泳池里游泳一会。在这里，徐悲鸿认识了一些青年朋友。我们常在9点钟光景走出青年会，步行五六里路回宿舍休息。

我也是精武体育会会员，那时正在提倡拳术，大家爱学"谭腿"，可是缺少像学习西洋体操时用的那种挂图。我给徐悲鸿想出了一条生财之道，我上中华图书馆找经理叶九如（他是上海书业公会会长），建议他出版一套《谭腿图说》的体育挂图，还自告奋勇写解说，并推荐徐悲鸿的绘图。叶同意了。从此，每天我一下班就赶回宿舍，摆架势，让徐悲鸿照样构图，我给画好的图写说明。不多几天，就画好了全部一百多幅图。交稿后，叶九如给了三十元稿酬，我全部转给了他，这是徐悲鸿一生卖画的第一笔巨额收入。后来中华图书馆把这些印成一本三十六开的小册子，但上面并没有印出是谁画的图。

接着我又同审美馆的高剑父、高奇峰兄弟谈起徐悲鸿能画的事，希望他们买几幅。他们是广东人，到日本学过美术，归国后开了这座专门印售美术图片的铺子。他们让徐悲鸿画一张月份牌试试，可是徐悲鸿最讨厌月份牌，连试也不愿意试。他画了春夏秋冬四幅五彩花鸟屏条，还在上面落了款。这四幅画既不同于复制品名家手笔那样传神阿堵，也不同于世俗画工的作品那样容易讨好小市民。他们勉强收下了，给了二十元钱。

虽然如此，徐悲鸿到底拗不过我的劝说，为了渡过难关，同时也为了练习一下人物画的技法，还是画了两幅月份牌用的仕女图。这一次，高氏兄弟没有通融收购。我们把这两张画分别捐赠给了孤儿院和聋哑学校，这两个得主又把它各自义卖给了画片店，后来也印出来了，徐悲鸿没有在画上落款。此外，他还画过一大幅水墨钟馗像，一幅素描的观音；后者是作为样品的试笔，有一本名为《天下太平》的书，把它印在封面的左上角，也都没有署名。

那时，上海有一位叫周湘的油画家，是江苏嘉定人，不太著名，可能是个天主教徒，是附属于徐家汇天主堂的土山湾油画馆的出身。徐悲鸿很想向他请教。我转托商务印书馆美术部画家徐永青介绍，由我陪同登门拜访。

周湘看上去还不到50岁，对于这位青年画家一见如故，初次见面，就畅谈了整个下午。第二次拜访时，他带去了自己的几幅中国画和西洋画。周湘很赏识这些作品，说表现技法已经具备成功的条件，只要再下苦功，在不久的将来，一定会成为一鸣惊人的画家。周湘对欧洲美术史、法国和意大利的各派绘画大师的生平和作品都非常熟悉，读得很多。他让徐悲鸿欣赏了他的收藏和自己的历年作品，使这位青年画家大开了眼界，体会到了一个画家的成功，必须付出艰巨和长期的劳动。

徐悲鸿虽然只向周湘请教过四五次，却得益不少，把他当作老师看待。周湘后来曾把他的一套四本的西洋画册送给徐悲鸿，那是他的一个学生、上海著名绸布号协大祥的老板丁方镇代他印的。秋末冬初，我介绍他认识一位名叫阮翟光的商人。他是南通人，在北京路盆汤弄集益里开了一家不大的坐庄，贩卖棉布和照相器材。他看到徐悲鸿的画，很佩服，知道他住在我那边不很方便，邀他到商号里去住。阮翟光又介绍了一个姓高的钱庄老板的儿子和几个钱庄学徒跟他学画，每星期三次，每月有十多块钱的收入。

接着，他又认识了湖州丝商黄震之。这个富商在偶然的机会看到了徐悲鸿的一幅山水画，极口称赞。知道了他的遭遇以后，便邀徐到他主持的一个俱乐部"暇余总会"去住。这是一个富商们抽烟聚赌的地方，上午很清静，他可以看书作画；下午到深夜都很嘈杂，于是他出去逛书店、溜马路；晚上上附近的寰球中国学生会去补习法文，作为一旦留法的准备。到夜深人静的时候，他就回总会，在鸦片铺上打开被盖来过夜。

可是好景不长，黄震之在市场和赌场上双双失利，差点儿破产，"暇余总会"不再由他说了算了。过了春节，徐悲鸿再也待不下去了，决心投考法国天主教会主办的震旦大学，攻读法文，准备有机会时去法国深造。这所学校学费便宜，每学期只需四元，由我付，伙食费是黄震之担负的。这时黄震之的景况一落千丈，四十元的膳杂费一下子没有凑齐，第一次只交了三十多元，不足的几元是后来补交的。

记得报名那天，他在报名单上姓名的一栏上填上"黄扶"①两字。当法国老神父问起他的身世，说起作为老画家的父亲刚死不到一年，是朋友们帮助他进大学的时候，他不禁流下了眼泪。

暑假期间，我听说哈同花园②正在找人画画。前几年，哈同花园为华北

---

①　悲鸿在震旦大学正式读了半年法文，但在震旦大学的学生名录里并没有他的名字。他所以用"黄扶"的化名，是由于先后得到黄警顽和黄震之对他的扶助之故。

②　这是在上海发迹的犹太富翁哈同和他的中国妻子罗迦陵的宅第。这座花园的另一个风雅的名字叫作"爱俪园"。

七省赈灾会开放时，商务印书馆曾在园里摆过书摊，还由我编写了一张特刊，把哈同夫妇的照片刊登在上面。因此我见过罗迦陵，同这个花园的总管姬觉弥也相熟。现在罗迦陵心血来潮，要在园里办一所仓圣明智大学，委姬觉弥担任校长，请一些前清遗老，像康有为、王国维、陈三立、沈美叔、冯恕等来讲学，有二百多名学生。他们觉得尊崇孔子还不够，推出了创始文字的仓颉来奉之为圣。可是有史以来还没有见过仓颉的画像，只是从史书上知道他是"四目灵光"。现在正在物色一位画家来画仓颉像。

我把这个消息告诉了徐悲鸿，叫他"创作"一张仓颉像。我说："要是这幅画能够选中，你可能一步登天，甚至上法国的梦想也可能成为事实。"他姑妄听之，花去几天的工夫画成了一幅三尺多高的仓颉半身像。画上是一个满脸须毛、肩披树叶的巨人，眉毛下各有上下重叠的眼睛两只。我看不出他是"圣"，倒有些像"神"，可是大头宽额，神采奕奕，足够代表一个有智慧的上古人。我真佩服他的想象力。

这幅画被姬觉弥和仓圣明智大学的一些教授们通过了。罗迦陵过目时，听说那些文人学士都叫好，当然也提不出什么意见来。她叫姬觉弥通知我带徐悲鸿进园去见一见。

罗迦陵在金碧辉煌的戩寿堂里接待我们。这里真像是帝王的宫廷，使我们这两个穷青年显得更寒碜。姬觉弥把徐悲鸿做了一番介绍以后，罗迦陵问了几句，他也很恰当地回答了几句，而我却当了翻译员，因为她真听不懂宜兴话。最后，她看了看我们带去的一幅山水画，用上海话连声说："蛮好！蛮好！"又把姬觉弥招到身边低声说了几句，我们便一起告辞了。

走出哈同花园的大门以后，我挽着他的手臂说："悲鸿，你真的一步登天啦！"他放慢了脚步，严肃地说："不管我到了什么地方，我还是'神州少年'、'江南布衣'①。"接着又说："他们是有钱的犹太人，办学校，弄风雅，只是闲来无事的消遣罢了，兴致过去，就会风流云散的。你不要以为我会打算在园里待一辈子，我有我的打算。"

不久，姬觉弥通知徐悲鸿可以搬进园里去住。过了一天，我送他进园，姬觉弥把他安排住在"天演界"②旁边的一排向阳的客房里。房间宽大，陈设古雅，同仓圣明智大学其他的教授一样，他受到很周到的接待。姬觉弥叫人送给他200块钱，让他采购一切绘画用品。

徐悲鸿在园里住定，就开始绘制仓颉像。他计划再画七幅，凑成八幅，其中有半身的，有全身的；有立像，也有坐像；有在山洞里的，也有在旷野上的；每幅的主题都跟创造文字有关。但结果他在几个月以后离园时为止，只勉强完成了四五幅，其他三四幅仅仅勾了个底子。正如他所说的，这些画后来果然随着仓圣明智大学的风流云散而不知下落了。

徐悲鸿在园里结识了不少人，尤其是因为受到康有为的青睐，使所有的人对他刮目相看。康有为在那时本来已经很少收门弟子，但是仍收了徐悲鸿。拜师礼是在新闸路辛家花园康宅举行的，又是我陪他去的，眼看着他在地毯上对康有为叩了三个头。

从此以后，徐悲鸿不仅在那些老先生那里学到美术以外的知识，主要是国学方面的知识，又有机会饱览爱俪园中大部分珍藏，包括古今中外的图书、绘画、金石、古玩、碑帖、雕刻等等。这使他如入宝山，目不暇接。他忙着看，抢着临，可以说到了贪婪迷醉的程度。在这期间，他不仅绘事精进，书法也有了显著的进步。他临摹了好些外间罕见的碑帖。

徐悲鸿在爱俪园中不久就建立了威信，姬觉弥同他很表友好。他知道仓

---

① 这是徐悲鸿青年时代用过的两个别号。

② 这是哈同花园里的剧场，类似颐和园里的乐寿堂。

圣明智大学正在扩充，需要师资，给姬介绍了几位家乡的名士，都一一被聘用了。这些人里面，有一位叫蒋梅笙的，原是名举人，对国学很有研究，家住在哈同路民厚里，现在同徐悲鸿只有一墙之隔。自从他进园以后，就得闲去探望这位老举人。

老夫妻有一位二十来岁的女儿，名唤碧薇，长得丰容盛鬋，温婉多姿，国学根底很好，尤其喜爱吹箫。她看到这位21岁的青年画家能够成为爱俪园中的座上客，并且把自己的父亲也介绍进园里去教书，对他印象很深。颠沛流离了多年的徐悲鸿一旦步入顺境，外貌变了，心情也变了，对于这位可以入画的姑娘也触发了一发不可收拾的恋情。遗憾的是对方已经在早些时许配了人家。

不待完成八幅仓颉像，罗迦陵已经由于姬觉弥的进言，答应给1600元，帮助徐悲鸿留法深造，同时，徐蒋之间的爱情也发展得很快，蒋碧薇决定不顾一切，愿与徐悲鸿结为夫妇。但是情况虽然急转直下，他却不想立刻就上欧洲。一个原因是欧战的烽烟还没有熄灭，另一个原因是"有钱的犹太人"靠不住，如果贸然去了，一旦后援不继，结果不堪设想。因此决定在动身前扬言去法，暗地里买了长崎丸的两张四等舱船票，先上日本去观光一下，打一些基础。他把希望寄托在北洋政府身上，希望能有机会获得官费出洋，比较可靠。

在他离开上海那天，只有蒋碧薇的母亲和我两个人到黄浦路日本轮船码头送别。蒋梅笙对这件事装作不知道，蒋太太是悲喜交集。我同徐悲鸿虽然还只有一年多的交情，却是他的一部分坎坷、曲折的命运的见证人，握别时双方都有一种难舍难分的心情。可是那时他应该不悲了：一个画家已经成长起来。他同蒋碧薇在舱门向我们招着手，消失在黄浦江上的晨光中。他们从此乘风破浪，双双踏上了艺术生命的新阶段。

（张功良　整理）

忆悲鸿先生

李苦禅

徐氏悲鸿先生，江苏宜兴人也。少时家贫，攻读不怠，且人品高尚。曾于西湖偶遇康南海（有为），南海闻其谈吐非凡，乃奇其才，援为少年挚友。尔后悲鸿先生之气度、书法颇近南海，且有六朝之风，诚非偶然也。

徐公文思博赡，艺诣宏深，以整顿改造传统绘画并创立新派为己任。徐公避流俗，去陈腐，尝语余云："文至八股，画至四王，皆入衰途。"一生致力于将中西绘画精微融为一炉，而领异标新，直如昌黎文起八代之衰矣！先师齐白石翁敬其志，作《访徐熙图》亲赠徐公，称其为"近代徐熙"也！

徐公《九方皋》、《愚公移山》、《徯我后》等杰作，倾尽其爱祖国怜苍生之深情，为世所共睹，足堪传诸千秋。

徐公雅好交游，齐白石、张大千、高剑父与赵少昂等先生皆其艺友也。

徐公一生，慷慨慈和，仁厚之至，且爱惜人才，谆谆善教，遂于画坛不负德高望重领袖群伦之名，身后亦不愧丹青巨擘与美术教育家之盛誉焉。1919年，长余三岁之徐公乃余西画开蒙师也。

数十年来，徐公事迹吾辈固铭于心，然后世能知否？近闻其传记正在出版，纪念馆亦已落成，余积虑消矣！唯惜恩师益友悲鸿先生鸿才未展，即逝于知命之年矣！然其音容笑貌时在心际，感慨所系，谨书如上。

一个艺术家的高尚品格

——记我和徐悲鸿先生的交往

李 桦

　　我和徐悲鸿先生认识很晚。虽然早在广州市立美术学校学习时，我就知道徐悲鸿先生，但自从我参加了木刻运动后，便很少与油画界和国画界往来；抗战期间我没有到过重庆，更谈不到和徐悲鸿先生有接触的机会。但是似乎徐先生这时是知道我的，他在一篇文章中提到了我。

　　1942年10月，中国木刻研究会在重庆举办"全国木刻展览会"，徐悲鸿先生去看了，回来他写了一篇热情洋溢的短文，发表在《新民报》上，其中有这样一段话：

　　　　我在中华民国三十一年10月15日下午三时，发现中国艺术界中一卓绝的天才，乃中国共产党中之大艺术家古元。……平心而论，木刻作家，真有勇气，如此次全国木刻展中，古元以外，若李桦已是老前辈，作风日趋沉练，渐有古典形式，有几幅近于Dürer……

这是偶然出现的小事，并不能因此说我与徐悲鸿先生已经很熟悉，只可以说他已知道有搞木刻的李桦。那时节，木刻被大师们认为是"雕虫小技，不登大雅之堂"，同时又认为它是"洪水猛兽"，不可接近的。而徐先生却取另一种态度，他既重视木刻，也不怕共产党，他说古元"乃中国共产党中之大艺术家"，"是他日国际比赛中之一位选手，而他必将为中国取得光荣的"。可见他对木刻这门革命美术毫无成见，胸怀坦荡，在国民党的反动统治下，这样的表态是要有勇气的。徐先生很了解中国的木刻运动，他写道："毫无疑义，右倾的人，决不弄木刻（此乃中国特有的怪现象），但爱好木刻者，决不限于'左'倾的人。"他就是后者那类人，对于左派美术，只要是好，也是拥护的。他那种爱艺术、爱人才的正义感，已经超脱了当时的一般政治偏见，显出他是一个有进步思想的艺术家的本色来。

　　抗战胜利后，我于1946年来到上海，主持中华全国木刻协会的工作。当时我在《时代日报》主编了一个《新木刻》周刊，除创作木刻外，也写了不少文章。那时，徐悲鸿先生去了北平，担任国立北平艺术专科学校校长，他对吴作人和冯法祀说过，他"准备把它（指北平艺术专科学校）办成一所左派学校"，所以他到任后，即广延人才，又在天津《益世报》办了一个《艺术周刊》，由冯法祀主编。因我与冯法祀是旧交，他向我约稿，我便寄去了几篇评介中外近代画家及其作品的文章，都给发表了，这样，徐先生便知道我的下落，坚决要我来"艺专"教书，我便应聘来了北平。

　　我于1947年9月到达北平，那时暑假已过，新学期已开始，生活还没有完全安顿好，就准备上课了。一星期后，冯法祀带我到东受禄街16号"蜀葵花屋"去看望徐悲鸿先生，这是我们第一次会面。我被引进后院里，记得徐先生躺在一张躺椅上，在树荫下休息。当时给我一个最奇怪的印象是，徐先生额上戴着一个金属箍（我还不知道这是一种治疗高血压的医疗器械），后来才了解徐先生患高血压，常要戴这个"降压器"。我们不便多谈，只是客气一番，他问了我些旅途情况，便分手了，此后见面时也不多。

我初到"艺专"任课，颇为狼狈，因为我看到送来的授课时间表，才知道我教的是西洋美术史，一下把我吓坏了。我不是美术史专家，手上又没有现成教材，学期已开始，连备课的时间都没有，我怎能空着手去讲课呢？但既来了，就得干，于是我放下行李就编起讲义来。在来"艺专"的头一个学期中，我几乎除上课外，大部分的时间都是在图书馆里过的，我自然没有工夫去看望徐先生。

1948年的新年很热闹，是我来北方首次度过的新年，自然觉得特别新鲜。元旦，我和一些同事去"蜀葵花屋"拜年，和徐先生谈得很欢。我们谈到北平国画界的情形，及国画改造的问题。我知道徐先生反对复古，批评老国画家中的一些人的保守思想，迫切主张改造国画，从内容以至笔墨都应有新的创造。尤其是人物画，必须刻苦学习人体写生，然后才能达到形神兼备。一谈到这些问题，徐先生便滔滔不绝了，这也引起了我的兴趣。我说，我虽然不是中国画家，没有学过传统的笔墨，但近年来也画了些水墨画。我是南方人，初到北方，对北平的风土人情特别感兴趣，所以常去天桥，画了一些人物画。由于我学过人体写生，又没有传统画法的束缚，用我自己的画法创为一格，现在我画天桥人物，不知这能否说是新国画，还要请徐先生指教。他听见我也画国画，突然兴奋起来，表示一定要看看我画的天桥人物画。

谈起这些画，那还是我初来北平后不久的事。我发现天桥是北方民俗色彩最浓厚的地方，那里有卖艺的民间艺人，还有小贩和要饭的，这些人都引起我的同情，于是每星期天我都去天桥写生，收集形象资料，经过两三个月这样的劳动，我便着手构思，创作一套《天桥人物》的组画。我画时每幅都数易其稿，甚至反复重画十几张，终于在年底选了十八张装裱成册。但并不打算出以示人。

　　1948年3月的一个下午，徐悲鸿先生忽然出现在我们的宿舍里，他一见到我，劈头就问："李先生，你在天桥画的画完成了吗？可以给我看看吗？"我说："当然可以，但画得不好，还未能完全表达我想表达的东西，故不好意思拿出来给大家看。"接着我把装裱好的《天桥人物》摆在桌子上面，徐先生坐下来一幅一幅地细看下去，却没有说出一句话。我屏息站在他的身旁，感到他有一种兴奋的表情，似乎在想找一句恰当的话还没有找到似的，终于说："你画得太好了。在这里看是不够的，可否让我带回去细细地欣赏呢？"于是，我将画册包好交给他，说："请不要客气，给指教！"

　　大概半个月后，我去看徐先生，征求他对《天桥人物》的意见。他拿出那本画册还我，说："还未看够，以后还要借来欣赏。我肯定只有画好人体写生才能画好人物画，你的《天桥人物》可以作为证据。你用笔流畅，更注意刻画人物的精神和动态，所谓'传神阿堵'，真是佳作。这就是新中国画的道路了。"我打开画页一看，使我惊喜的是，看到徐先生在篇末主动为我题了一篇跋文，如下：

　　　　几个南腔北调人，各呈薄技度余生，

　　　　无端落入画家眼，便有千秋不朽情。

　　　　李桦先生早以木刻名世，频年以还，益潜心墨画，所写风景人物，无一不精。此为先生教授北平艺专时，课余画平市掇拾之小人物写影，刻画入微，传神阿堵。尤于人物之性格动作表情，俱细微体会，而出之以极简约之笔墨，洵高雅之杰作也。以此而言新中国画之建立，其庶几乎。

　　　　三十七年四月廿七日

　　　　　　　　　　　悲鸿题于北平桃华庵（印）

这段跋文表达了徐先生的喜悦心情，及其改造中国画的决心与途径。他在各种场合都反对某些画家的"师古"思想，强调"师造化"，所以他主张改造国画须重视写生，尤其是人物画。他对《天桥人物》甚感兴趣，恐怕理由可在此找到。但是，今天回忆起这件事来，我对徐先生的厚望甚感歉疚，因为此后我没有再向中国人物画方面发展，一定会使他失望的。

为了满足徐先生的要求，我选了几幅裱余的《天桥人物》送给他，他高兴极了。大概这几页画现在还保存在"徐悲鸿纪念馆"中。

与徐悲鸿先生相处的日子

李瑞年

徐悲鸿先生给我的印象是非常深刻的，以至对我一生所走的艺术道路有着很大的影响。徐先生在绘画和艺术教育上都卓有特色。他一生劳作所留下来的业绩，不仅仅是数以千计的绘画作品，他的艺术思想、艺术理论，也都是宝贵的艺术遗产，而他作为一个艺术家的人品，更是值得后人学习。徐悲鸿先生在艺术上的成就，为今天和未来我国美术事业的发展，增添了一分力量。

1942年，徐悲鸿先生在重庆创办了中国美术学院，并准备将它办成一所研究院。我通过吴作人先生的推荐，做了研究院的副研究员，在那里我认识了徐先生。以后，徐先生又荐我担任了中央大学艺术系的教授。在与徐先生相处的过程中，我在艺术生活上得到他的帮助和引导，在教学观点上受到他的启发和熏陶，并且为他辛勤作画的精神所感动。

当时我们同住在重庆磐溪石家花园的石家祠，中国美术学院的校址就设在这里。这是一所修建在山上的房屋，分上下两层，我住在下层的石屋里。沿梯而上，是一个小院落，两侧各有一座两层的小楼，隔亭相对而立。徐先生就住在其中一座楼上。学校设在沙坪坝，白天我们去中央大学艺术系上课，课后我经常与徐先生一同步行，从沙坪坝回到磐溪，中间要过嘉陵江，上上下下走过两段曲折山路，待回到住处已是很疲倦了。然而，往往在我回到石屋，洗完脸后，漫步走到上层的小院中稍作休息时，看到徐先生早已在楼上开始画画了。久而久之，我们这些在他身边工作的人也都深受影响，懂得了一个美术家的成就只能来自于他长时期的勤奋劳动。

徐悲鸿先生一生艰苦地从事着美术工作，作为一个画家，他珍爱一切艺术作品，既尊重自己的劳动成果，也同样尊重别人的劳动成果。按理研究院是有权收集研究员作品的，而徐先生每提出要画的要求时，总是那样的慎重，他深深懂得一个艺术家劳动的价值，也懂得他们对自己比较满意的作品所持有的特殊感情。

在四川时期我画了许多风景画，得到徐先生的赞赏，他鼓励我走研究风景画的路子。记得那时，他很喜欢我画的一幅《枯树》，并对我说："瑞年，把你的《枯树》临摹一幅给学院吧。"凡是画画的人都知道，即便是自己的画，临摹效果也会比原作差得多，因此我回答道："临摹不会比原作好，如果是您想收藏那幅画，就送给您好了。"他却说："那幅画你留着有用，临一张给我就行了。"后来，又经过许多天的商谈，我坚持说："画留在学院里比放在我自己手里还好。"这样才算把那幅原作留给了学院。

1946年徐悲鸿先生任北平艺术专科学校校长，我也随之在北平"艺专"任教。那时一个年级分为两班上课，我担任了其中一个班的教学。有一次，徐先生对我说，有几个学生要调到我的班里，由我给"治治病"。当时我体会到，他所说的"治病"，就是要调整一下学生画画的思路。他说话常常是含义很深的。从此我也更深一层地领会着徐先生的教育思想和教学方法。

徐悲鸿先生善于发现人才，并且善于用其所长。他组织起的一支美术教育队伍，几乎集中了所有当时在社会上有名望的画家。他认为教师队伍中绘画风格的多种多样，势必会开阔学生的眼界。他决不以某一位教师的风格去限制学生，而主张每人都应有自己独特的风格，并在学生学习期间，尊重每个学生的个性特点，注意培养和诱导学生发现自己的特长，根据各自不同的条件，走出自己的道路。

徐先生在艺术教育中非常强调基本功的训练。他认为素描是一切造型美术的基础，因此十分重视素描。对于素描教学，也有他鲜明独到的见解。他参照我国古代画理中的"六法"，根据西欧绘画造型的基本法则，编写了素描教学的"新七法"，概括了他在美术教育中的主要观点。

徐先生的"新七法"，不但为素描教学所适用，也为色彩画、创作画和其他各种画所适用。因为他提到的不是一个死的方法，而是一种绘画的思路，是怎样培养正确地观察、分析、综合对象并把它生动地表现出来的一种思想方法。在他的教学中很少把着手去教，而总是启发学生，因人制宜，因材施教，将学生引上正确的思路，让他们自己去钻研、探寻。

比如他提到怎样处理明暗调子和黑白层次时常说，要觅得对象中最暗与最亮处，以为标准，然后再顺次安排其他调子。这里给学生的就是一个比较的观察方法，不是直接告诉学生这儿应该多黑，那儿应该多亮，而是把这个方法教给学生。有了这个方法，学生自会去比较、去观察、去分析、去思考每个具体的部位应该怎样处理。又比如，他对学生提出：宁过毋不及，宁方毋圆，宁拙毋巧，宁脏毋净。意思是要外圆内方，拙中求巧，反对因任何修饰而流于油滑。他是要学生不要追求表面的光鲜，粉饰画面，而要有求实精神，要寻求事物的内在妙理。其实，做人的哲理又何尝不如此。徐先生还强调学生要加强默写和自画像的练习。我没有听他说过这样的学习目的是什么，但依我理解，默写和自画像都不可能完全照着对象描绘，需要通过记忆，抓住对象的特征，经常这样练习，就会使自己思维敏捷，同时可以在头脑中积累更丰富的形象，为将来作画能够达到资料充实、得心应手、形神兼备，做好长期的准备。

徐先生每个阶段的教学思想和教学安排，都不是各自孤立的。他已形成了一套完整的美术教学体系。他把练功和创作联系起来。他不像有些人强调色彩造型，相对地就忽略素描基础；或者反之重视素描，又轻视了色彩练习。他认为素描和色彩要求应当完美地结合。在他所主办的美术专科学校里，学生入学后并不先按画种分班，而是合班上课，共同学习美术的基础知识和技能，培养认识和分析形象的能力，然后才分别学习不同的画种。他自己是杰出的油画家，也是杰出的国画家。他把各类美术统一在一起，但又不使之划一。他沟通了中国和西欧的画理，而又使其不失各自的特色。他在自己的艺术道路上是这样做的，也把这种思想充分体现到他的美术教学中。所以，回忆徐悲鸿先生，研究他的艺术思想和办学思想，对于发展我国的美术事业将会有很大的益处。

　　注：因为在各种美术理论书籍中很难找到徐悲鸿先生所编写的《新七法》全文，现特附录于后。

　　一、位置得宜（Mise en place）。即不大不小，不上不下，不左不右，恰如其位。

　　二、比例准确（Proportion）。即毋令头大身小，臂长足短。

　　三、黑白分明（Clair-obscur）。即明暗也。位置既定，则须觅得对象中最白与最黑之点，以为标准，详为比量，自得其真，但取简约，以求大和，不尚琐碎，失之微细。

　　四、动作和姿态天然（Movement）。此节在初学时宁过毋不及，如面上仰，宁求其过分之仰；回顾必尽其回顾之态。

　　五、轻重和谐（Balance de la composition）。此已指成幅之画而言。韵乃象之变态，气则指布置章法之得宜；若轻重不得宜，则上下不连贯，左右无照顾。轻重之作用，无非疏密黑白感应和谐而已。

六、性格毕现（Caractere）。或方或圆，或正或斜，内性胥赖外象表现。所谓象，不外方、圆、三角、长方、椭圆等等；若方者不方，圆者不圆——为色亦然，如红者不红，白者不白，便为失其性，而艺于是乎死。

七、传神阿堵（Expression）。画法至传神而止，再上则非法之范围。所谓传神者言，喜怒哀惧爱厌勇怯等等情之宣达也。作者苟其艺与意同尽，亦可谓克臻上乘。传神之道，首主精确，故观察苟不入微，弗克体人情意。是以知空泛之论，浮滑之调，为毫无价值也。

此皆有定则可守，完成一健全之画家者也。其上则如何能自创一体（Style），独标新格（非不堪之谓），如何能寄托高深，喻意象外，如何笔飞墨舞，游行自在，如何能点石成金，超凡入圣，此非徒托辞解，必待作品雄辩。造型美术之道，贵明不尚晦，故现于作品之Expression不足，即不成为美善之品，纵百般注释，亦属枉然。

尽精微　致广大

沈左尧

大领结

　　1942年春，听说徐悲鸿先生要回到重庆中央大学艺术系执教，全系的老师和学生们都异常兴奋，准备了隆重的欢迎会。刚散去浓雾的沙坪坝校舍前，洋溢着节日气氛。这是我第一次见到徐先生。当他迈着大步来到时，首先映入我眼帘的是他胸前的大黑领结。那时教师们穿西服的也不少，但系那样像围巾似的大黑领结却只有徐先生。世界上有些著名艺术家系这样的领结，这也正是我们学生心目中的大师象征。悲鸿先生还经常在浅色西服外罩一件深色旧长袍，敞襟露出大领结。长袍的纽扣是镀金的，熠熠发光。这亲切的形象深深地刻在我的脑子里，至今记忆犹新。

　　徐悲鸿先生这种潇洒而随便的装束，西服大领结加中式长袍，恰好象征着大师在艺术上融会古今中外，开创一代画风，建立了震惊中西画坛的丰功伟绩。

背　画

悲鸿先生的一个教学方法是要求学生"背画"，就是在完成一幅写生画之后，离开模特儿，凭记忆把这幅画"背出来"，即重画一遍。这是难度较大的。徐先生认为只有这样才能锻炼记忆力，促进基本功，为创作做准备。

"画是用脚画的！"

这是悲鸿先生在教课时说的一句话。他让学生在教室里支画架离墙远一些，以便写生时从同一角度随时后退观察。作画不仅要掌握物体的轮廓，还必须掌握物体在光线下的明暗变化。徐先生讲过：在画石膏像时，只有一个点最亮，可以留出空白；只有一个点最暗，可以画成黑色，其他部位都是中间色。其中受光面的最暗部分不能比背光面的最亮部分更深；反之，背光面的最亮部分也不能比受光面的暗部更浅。只有训练出敏锐的观察力才能分辨石膏体各部分明暗的细微差别，画出石膏像的立体感，使物体"结实"。在画维纳斯石膏像时，既要显出石膏体的质感，又要表现原雕像的大理石坚硬感，还要体现石雕所表现的人体的柔软感，是很复杂又很细致的功夫。在画面近处只能看清局部，必须退到一定的距离看整体，与实物对比，方能观察入微。悲鸿师指出：作画要"多看少动笔"，为此，就需要不断地前后来回走动。这就是"画是用脚画的"这句名言的含义。先生经常给人题词："尽精微，致广大。"就是鼓励学生从精微处入手，首先刻意求工，然后才能收到博大的效果。

竹和马

宣纸铺展在画案上。悲鸿先生用一把大板刷先濡湿清水，再在刷毛的两头蘸上墨，一端多些，一端少些。然后卷袖舒臂，用刷子在纸上横画，一根根粗壮的、富于立体感的毛竹竿出现了。一次我见徐先生连着画了几张竹竿，最后选了一张加竹叶完成，其余的都被扔掉。先生画竹看似轻易，实际上是十分经心的。

多年后，一天我去北京东受禄街看望悲鸿先生，他正在作画。我一眼看到案旁纸篓里塞满了揉皱的宣纸，上面都画着马。我惊讶地问："先生，这些马怎么都扔了？"他笑笑说："画坏的，不要了。"原来先生画马也是稍不如意就丢弃。这说明先生在艺术创作中的严肃认真态度，决不任意挥几笔草草了事。后来我与友人谈起此事，友人十分惋惜地说："如果当时把大师弃于纸篓的画马留下来也是宝贵的艺术品啊！"

"谢谢！"

一次我在悲鸿先生书室里见他坐在画桌旁，叫当时才三四岁的庆平去别屋取来一件东西，先生一边接一边说了声："谢谢！"这是我有生以来头一次见到对自己的小孩道谢，给我的印象特深。这既是先生的礼貌习惯，又是对孩子的言传身教。悲鸿先生平时待人和蔼温雅，谦虚诚恳，谈吐幽默，从不摆大师架子，以普通人自居，这正是先生人格的伟大之处。

第二辑

师恩难忘：画坛无悔铸桃李芳华

循循善诱　言传身教

艾中信

　　1933年至1934年间，徐悲鸿先生在欧洲举办中国美术展览。我在上海的许多报章杂志上看到他在国外活动的报道和照片，其中最吸引我的是他所创作的富有时代感的中国画，这是我以前没有见到过的。从此，我常常浮起到徐先生门下学画的愿望。

　　当时的社会舆论，大都认为学艺术无助于救国兴邦，个人前途也属渺茫，所以做家长的无不勉励子弟学理工科，希望他们学成后有工作，有出息。我进高中以后的目标是学理工，毕业后入了大学理科；奈性所不近，深感格格不入之苦，故不时想着要转学别的专业，但始终不敢下决心学美术。我想了很久，折中的办法是改学建筑，建筑是工科，又是一门艺术，学这个专业可以两得其全。于是于1936年投考南京中央大学建筑系。但是，当我提笔填写报考表时，犹豫了很久，究竟是考建筑系呢？还是填考艺术系呢？正在这决定专业志愿的关键时刻，徐悲鸿先生创作的国画，突然间在我眼前翻翻浮现，它好像照亮了我前进的方向，我似乎获得了什么精神力量，毅然下决心在报考表上填上了"艺术系"。

　　我虽然自幼爱好美术，但那时只画过一些漫画，既不会速写，更谈不上素描基本练习。考素描那天，我到"伯敏堂"（艺术系的素描大教室）看到那么多的大石膏像，使我开了眼界。考试就在这里进行，考场中央放着维纳斯的"身段"石膏教具，这对我来说实在是一个难题。加上我第一次使用木炭条作画，不懂得用砂纸把它磨扁，也不会用馒头当作橡皮来擦，只好粗略地勾了一个单线的轮廓交卷，能否考取，只能听凭命运安排了。

出乎意料之外，半个月后得到通知，我竟然被录取了。入学以后，我慢慢了解到，被当时的某些社会舆论称为"学院派"的徐悲鸿教学体系，其实并不是那么学院派的。我的同班同学曾宪七是武昌艺专唐一禾先生的学生，他投考"中大"时的素描基础已相当不错，我的那幅"简笔单线素描"只比他少五分。从入学试卷的评分标准来看，徐先生的素描造型观，决不像有些人所想当然的是所谓纯"学院派"；如果我真的碰上一个学院派来评卷，恐怕是进不了艺术学府之门的。

这年秋天，徐先生到广西桂林创办美术馆去了。我的启蒙老师是吴作人，吕斯百先生。陈之佛先生教我们图案，美术史和技法理论。

我见到徐先生已是"七七事变"之后，那是1938年初，当时"中大"艺术系已迁到沙坪坝。同学们听说徐先生从桂林到了重庆，当天就要来到学校。那天上午，大家很早就站在嘉陵江畔的松林坡上等候他。我们都选择比较高的地方，有的站在大石块上，这样老远就能看到他。徐先生在吕斯百先生的陪同下来到了，他戴着一顶宽檐的黑呢帽，蓝布长袍，西服裤，个子不高，可是走路步子很大，走得很快，像流星似地从环山路上转了过来。他走得急匆匆的，没有看一下周围的嘉陵江景色，直奔艺术系的教室而来。他向站在坡上欢迎他的同学们举手打了一个招呼，没有进艺术系办公室去休息，便径直走进教室里去了。我们鱼贯跟随着，注意他的每一个动作、每一句话，只见他目不转睛地一幅一幅地看着同学们的作业。当他看到我画的一幅老人头像（油画）时，注视稍久，指着额头那里说，这里缺少一个tone（指色调）；看了我的一幅石工开山（水墨画）时说，这个构图应该画竖幅。他说得很简要，没有多余的话，让人通过自己的思考去理解他的意思。这是悲鸿老师给我上的开门见山第一课。

徐先生到重庆后，经常住在学校的宿舍，白天总是在教室，教室就是他的家，到了晚上才回宿舍去。很小的宿舍里，有一张办公桌，一张双层床，他睡在下铺，助教顾了然先生睡在上铺，屋里既不能画油画，也不能画大幅的中国画，所以他常常在教室作画。

徐先生起得很早，一清早还没有吃早饭就到教室了。他经常比我们早到，当我们比他先到时，他就很高兴。有时我们从环山路这边上教室，他从那边去教室，他三步并作两步和我们比赛，抢先到达，很有风趣地在教室门前等着我们。如果谁经常到得很晚，他虽然不责备，但是只要注意他那严肃的脸色，就会知道老师有点生气了。所以懒散的同学很怕他，其实只要有所检点，用功上进，他对学生是很宽厚的，非常和蔼可亲的。

徐先生非常勤奋，在我的切身体会中，他首先要求学生的是勤奋，他以身教，也以言教。他说，人不怕笨，就怕懒。他曾多次对我们说，他自己并不是天才，但从来不敢偷懒，平时最痛恨的是懒惰，"笨鸟先飞"，成绩是从勤奋得来的。如果哪个学生不用功，不求上进，他有时也要声严色厉地提出警告：这是你的危机罢！

清早他到教室第一件事是磨墨，边磨边看书报。我们也帮他磨，但是他要求很严，不能把墨磨斜了，也不能把墨水洒到画桌上铺的毡子上。接着他就临帖写字，最喜欢临魏碑，每天要写一个多小时。见到别人有好的碑帖，还要用毛边纸蒙着一丝不苟地双勾下来。有时在临帖以后用余下的墨写些条幅（他非常节俭，从来不浪费颜料，磨的墨必须用完），这时谁只要拿纸请他写一张，总是有求必应的。我现在还保留着1938年初他给我写的一张横幅，写的是他当时作的诗《登独秀峰览桂林全景》，诗曰："山水清奇民气张，雄都扼险郁苍苍。洞天卅六神州上，应惜区区自卫疆。"和一副对联："明耻教战，杀敌致果"，表达了他对抗战救国的决心和信心。另一条幅写的是达·文西的语录："美术者乃智慧之运行。"

在徐先生的带动下，许多同学很早就到教室自习，或者作画，或者临帖、看书，由自己来安排。我有时在早上替校刊或墙报画漫画，徐先生也很鼓励，还替我在构图和人物动作上改正缺点。有一次我画了一个战神，它的黑大氅罩住整个地球，自以为很有画意，满以为徐先生看了一定高兴，谁料到他对我说：你这是和平主义思想。当时我对和平主义还不甚了解，他也没有进一步说明，后来才慢慢想通了。在日本帝国主义入侵我国、全民族奋起进行正义战争的时刻，笼统地提反战口号是会起消极的作用，把世界战争归罪于"战神"也是混淆视听的。徐先生平时不大讲文艺思想和文艺理论上的问题，但对于艺术实践中发生的思想情况，却非常敏感，而且一下就抓住要领，一针见血。他在1936年画过一幅《灭虾夷》（指日本帝国主义）的漫画，发表在南京的报纸上，他画一只大手捏牢一把"虾子"，鲜明地表达了消灭日本侵略者这个主题。

有次我在早上替学生会抄写布告，徐先生耐心地站在边上看，从章法和行距疏密等方面给我指导；还说最好不要写行书，免得让人看不清。我没有想到他竟一直看到我写完，大家都去吃早饭了，他还在看，对这种普通的工作他也极其认真。

徐先生常常不到食堂吃早饭，和我们分吃一点烧饼充饥。他很喜欢吃烤红薯，称赞它是"天下第一"（这是他赞美最好的东西的口头语）。他从小过着艰苦朴素的生活，所以对它很有感情。有一个时期，我和曾宪七索性带了红薯、烧饼之类，和徐先生一起在教室就着开水吃，因为徐先生不懂得照顾自己，食堂离教室又比较远，他嫌来回耽误时间，宁可挨着饿给我们上课，也不愿去食堂用餐，一直到中午。午饭以后他也不休息，他是从不睡午觉的，经常是午间在教室看书报。

徐先生有时也在早上画画。1938年春间，他画了几幅含义很深的狮子，如《侧目》、《负伤》，都是在教室里创作的。有一天清早，我很早就到教室学画狮子。我在一方高丽纸上画了三头狮子的构图，用木炭条勾稿，改了又改。当我正想上墨的时候，突然听到徐先生在我背后说，这样还不行；告诫我不要着急，还得修改一下狮子的形象。原来他不声不响地在我背后已经看了好一会了，看到我拿中狼毫画狮鬃，才制止了我。说着，他便拿起木炭条先修改雄狮的侧面形象，一边画，一边讲道理，既讲造型结构，又讲怎样表现神采，同时还讲了狮子头部、眼睛、鼻子包括鬃毛在透视中的变化等。然后他教我怎样用毛笔上墨，只几笔浓墨勾勒，便把雄狮表现得神采毕现。此时，同学们都已陆续来到教室，大家围着看，窗外还围着外系的学生。由于徐先生在全校同学中很有威望，这天他们都以能看到他画狮而感到幸福。焦墨刻画，浓墨淡墨披漓，大局已定，徐先生问我，你不敢接着画下去了吧？我回答他不敢画。我想，要是我接着画下去，肯定要把这幅画弄糟的。徐先生便继续画其他部分，接着上色，一直画到完成。

这件作品虽然最初由我构稿，并画了几笔鬃毛，其中的母狮和幼狮，是按徐老师的画稿移植的，而且是他在"危局"中把它"挽救"过来的。最后徐老师题字，并将此画交我保存。此事距今将近50年了，我每次观赏此画，便不禁回想起这一堂值得永远纪念的中国画课。此情此景，将永志不忘。

我在中学念书的时候，就听到有人说，徐悲鸿主张画模特儿，因此说他是学院主义，连美术界中也有人这样说的。入学后，徐先生对我们说，我国自有美术专门学校以来，没有不画模特儿的，不过画模特儿的目的和要求不同。他的主张是强调在画人体习作中锻炼造型基本功，而且在这方面的要求是很严的。当然他也不否认人体美也是艺术，但他在教学中只是作为造型基础训练课程来安排的，所以他称模特儿为"范人"——人体造型的标准范本。他在教学中常常运用外来美术术语，唯独要把已经流行的"模特儿"这个专门名词称为"范人"，是可以看到他的用心所在的。到四川以后，为了进行正常的教学，徐先生为找"范人"费了不少心。有些老顽固从中阻挠，社会风气也有抵触。徐先生为了使模特儿得到应有的尊重，决定和她同桌吃饭，并要我们几个同学也一起吃，还嘱咐我们帮助她学文化，不要让人瞧不起。

1938年春夏之交，徐先生和武汉政治部三厅联系组织了以吴作人先生为首的战地写生团。他的原定计划是想组织几次，分期分批到各战区体验生活，画写生，收集素材回来进行创作。这是一个很有远见的措施，他是想把全民族抗战这个伟大的历史事实用绘画形式记录下来，用以教育后代。他知道我和曾宪七也想去，而这个计划能否实现还在未卜之数，所以要求我们两人先等一等。他说，你们现在是二年级，让孙宗慰先去，前方很紧，你们在后方仍应安心学习，同时也可以画些宣传画。吴作人先生行前，交给我们两幅宣传画稿，我和曾宪七给他放大在白竹布上，由吴先生带去武汉。那些日子徐先生在教室有点坐立不安，老是在等武汉的消息，一时听说这个计划不太顺利，主要是国民党从中作梗，不给经费。徐先生曾对我说，他早就料到，并气愤地说："人而无信，不知其可也。"昙花一现，战地写生团的长远计划未能实现，徐先生每次讲起此事时，总感到十分遗憾。

1939年至1940年间，徐先生在印度及南洋等地举办画展，筹款赈济在抗日战争中受难的人民，同时创作了代表一个时代的杰作《愚公移山》。他在海外为宣传坚持抗战，竭尽心力，《愚公移山》的创作，在意识形态领域，用美术发挥它的功能，为团结抗战做出了贡献。我现在还保存着徐先生从新加坡寄到艺术系的一张《南洋商报晚报》（1939年3月16日），是《徐悲鸿画展》的画刊。徐先生在画刊的说明旁注了几个小字："此时已过一万一千。"（指筹赈款数）他身在海外，心在国内，经常写信给吴作人、吕斯百先生，关心艺术系的教学工作，询问情况，提出措施，并嘱托他们培养好学生。同学们也听到了徐先生在万里之外传来的谆谆教诲。此时先后到艺术系任教的有傅抱石、庞薰琹、黄君璧等先生，张书旂先生到1941年才离开。艺术系的学生虽然不多，但徐先生总是千方百计聘请名师来授课，礼贤下士的精神，令人敬佩。

徐先生的美术教育思想，特别重视表现人——人在生活中的一切有意义的活动和人的精神世界。大型中国画《愚公移山》便是他的这一主张的雄辩的范本。他到四川后，住在滨临嘉陵江石门附近的沙坪坝和磐溪两处，每天在中渡口上沙坪要登几百石级，体会到担水工人的辛劳和水的珍贵。在渡口上的茶座喝茶时，他说，谁知杯中水，滴滴皆辛苦。于是构思成《巴人汲水》这幅中国画立轴长卷。他那时还创作了拾柴火的《贫妇》，也是从身边的生活中汲取的题材。他对艺术系在沙坪坝及柏溪分校办学比较满意，因为那里接近生活，利于进行创作。我在学生时期画了一些嘉陵江纤夫、开山的石工和卖柑子的小孩等反映一定生活的作品，虽然有的只是草图性的东西，徐先生看了总是给我鼓励，要求我不断努力。他亲自主持艺术系，在教授油画课的时候，除了要求同学画好人体练习和默写人和马的肌肉和骨骼解剖图（常常亲自当堂测验，同学们往往做不好这个作业）等技术课程，还必须定期交构图（创作稿）。有时他命题，有时同学自选题材。1941年至1942年间，徐先生从南洋回国后，居住在磐溪他所创办的中国美术学院，那时他患肾炎，身体很弱，但还常常往返于中渡口之间，主持着艺术系的教学和美术学院的院务。我此时在系里当助教，他几次要我过江为同学布置构图的题目，大约两个星期要画一个小草图，同学们总是完成得不好，他便对我讲人物构图对学习美术的重要，不嫌其烦地给我讲中外美术史上的现实主义作品的艺术价值，以引起我的重视，要求我替他布置构图作业时把他的要求讲清楚。他那时常卧床不起，一片忠诚于美术教育事业的赤诚使我十分感动。我深深地感到像他那样以培育青年为天职的美术家，在中外美术史上并不是很多的。像徐先生这样在美术创作上和美术教育上建立卓越功绩的大师是不可多得的。

我在当助教时画了一幅草稿，是读了艾青同志的《青纱帐》以后引起的构思。徐先生看了以后，觉得很有意义，给我起了《枕戈达旦》的画题。我国有"枕戈待旦"的成语，徐先生只改动了一个字，意义就不同了。"待旦"是等待天亮的意思，有点被动；"达旦"是积极的，比较符合游击战的实际情况。在这幅油画的创作中，徐先生给我多次指导和鼓励，并吸收我进中国美术学院当副研究员。

进中国美术学院以后，我遵照徐先生的教导，主要在生活中写生作画，酝酿创作题材。我于1943年冬天先到川西，后又转赴湖南安江前线写生。在战地写生中和国民党新六军联系时，凭我的一张中国美术学院的聘书，竟得到许多方便，这是与徐先生的名望有关的。日本投降后，我又凭一纸聘书得到军部的批准搭飞机于9月中到了南京。我写信告诉徐先生去南京的目的，是想参加日本投降仪式。我当时以为如果能画一幅日本投降的历史画将是有意义的。但是等我到南京以后，这个想法立即破灭了。曾任"中大"校长的顾毓琇（他此时正在南京负责筹备受降仪式事宜），他看了我的证件（聘书），不同意发给我入场券。我从《大公报》记者获悉，日本在南京投降是表面文章，此时日蒋正在加紧反共，苏北形势已很紧张。我到南京的当天晚上就去凭吊经过八年战乱的"中大"旧址（此时已改为国民党的一个机关），使我大吃一惊的是在旧"中大"校门口竟有日军站岗，他们根本不让我进去。对这个不可理解的奇怪现象，我是到后来才慢慢明白的。

画日本投降仪式的历史画不成，于是我回到上海，后来得悉徐先生、吴先生等短期内还不能东下，经过我的哥哥艾中全介绍，我暂时先到姜椿芳同志主编的《时代日报》（上海地下党办的报纸）编辑《艺术》副刊。我将上述情况写信告诉徐先生，得到他的赞成，并在看到头两期的文章后，对我在刊物上宣传中国人物画、反对八股山水表示高兴。

1946年春夏之交，徐先生接掌北平艺专，我也随同到北平继续做教学工作。此时徐先生聘请了李桦、叶浅予、李可染、董希文、高庄、李宗津、周令钊等同志和他的学生冯法祀、齐人等同志共筹教育大计，阵容之大，为前所未有。这个时期，蒋介石积极发动内战，徐先生除了忙于教育工作外，又积极支持北平美术作家协会的工作，并对付国民党文化特务的捣乱。徐先生以他的崇高的威望，用学术自由的名义和国民党训导处做公开合法的斗争。他写了"艺术至上"四个大字挂在校门口，用以维护进步同学的反蒋爱国活动；他以学习绘画业务的名义支持《阿O》漫画墙报；他以加强文艺修养的名义支持了反饥饿、反迫害的演剧活动；他还挺身而出，保护进步师生，保释被捕学生。他仗义执言，爱校爱生，受到师生的爱戴。

徐先生的正义行动，使国民党反动派视为眼中钉，于是掀起了一场以"国画论战"为导火线的"倒徐运动"。徐先生革新中国画的教学主张，是从"五四"运动以来始终不渝的。他"独持偏见，一意孤行"，一直站在革新的立场，与被反动派所利用的保守势力相周旋。他傲骨凛然，见义勇为，当仁不让，堪称一世师表。

1948年冬，北平被围时期，徐先生团结绝大多数师生保护了学校。他以万分迫切的心情企望着解放的曙光。"徯我后，后来其苏！"30年代他在创作《徯我后》时的心情，现在更加强烈了，他真如"大旱望云霓"一样，向往着共产党早日解放北平。

中华人民共和国成立后，他被任命为中央美术学院院长。他虽然血压很高，仍经常在额头上戴着散热器主持学校的工作。他第一个主动向党组织提出全校师生参加土地改革运动。他还亲自动员我参加京郊土改，以利于今后的教学工作和创作。他对我说，生活在变化，必须去了解，才能跟着时代前进。搞创作好比酿酒，只有到生活中去才能把酒酿得浓浓的。搞创作而不深入生活，就好比在酒里掺水，搞出来的东西必然淡而无味。我接受他的教导，先后在六郎庄和万寿寺（现在的紫竹院）两个村子参加了两期土改。大多数教员都先后分批分期参加了京郊和其他地区的土改运动。

他看到了老解放区的美术作品非常赞赏，对老解放区的美术教育也很向往，于是派当时最高班的同学到东北鲁艺去见习。全国英模大会期间，他请英雄模范来校做报告，他亲自招待，带头听讲，还组织教师为英模画像，他自己也画了素描和油画。

徐先生对美术教育忠心耿耿，数十年如一日。当他病重时，还经常到校视事，并于1953年暑期指导中央美院和华东分院部分油画教师的进修学习，直到参加最后的进修总结。他对于共产党事事讲总结十分赞赏，嘱咐我们既要勤于作画，更要忠诚教育，总结出我国美术教育的好经验来。这是永远值得我们怀念的最后一次教学活动，在我的脑海中，至今翩然浮念着他在总结会上正襟危坐的形象和因为病弱而略带颤音的最后一次发言。

徐先生耿直、勤奋、笃学，责任心强，又自奉极廉。他在教学中事事要求我们节约。他的学生都知道他有一句风趣的话：肚子可以饿着，颜料一定要吃饱。意思是说在画面上的色彩笔触要饱满，不能让人看出"穷相"。但是他用颜料极省俭，从不浪费一点，每天结束时，画板上的颜料正好用完，使得大家惊奇。谁如果浪费颜料，他看到了一定要训斥的。

有　次他到他的学生韦江帆画室，看到一条纸飞落在地上，他一边捡起来，一边说，太可惜了，于是拿起笔来，画了一幅《柳鸦图》。韦江帆此后逢人就说这件感人的事。此画由吴作人先生在诗塘题了字，由韦江帆保存着。

新中国成立以后，中央美术学院招收第一期新生，徐先生知道我要回上海老家，嘱我在上海招收十名。他批给我一百元经费，一切由我一人去筹办。当时高庄同志在旁边听到就说，招生大事，一百元不够吧？徐先生很直率地说，中信本来要回家，路费自己出，不能假公济私。我到上海后，拿着徐先生的几封介绍信到处奔走，终于办成了。这一期新生中现在已有不少是美术战线上的中年骨干。

1951年，徐先生抱病去山东导沭整沂工程工地体验生活，为民工和劳动模范画像，收集素材，准备创作巨幅油画，以反映新中国的建设面貌。在构图期间，突发脑溢血，半身瘫痪，但仍扶病挥写奔马，寄给战斗在抗美援朝前线的战士，以表敬意。

徐悲鸿先生在58岁那年就因脑溢血复发过早地去世了，但是他以短促的生命为我国的美术事业做出了卓越的贡献，我们将永远怀念他。

一代巨匠　艺坛师表

冯法禩

一幅画把我引进艺术的征途

20世纪30年代初，我在南京中区实验中学师范科读书，热爱绘画，每逢上美术课的时候，我都是兴致勃勃的。美术课老师上课时，给同学们摆静物、石膏像，让大家去写生；有时命题作画，出《乘凉》、《游泳》之类的题目，让大家依据想象作画。课堂之外，凡是我接触到的图画，例如香烟盒里的洋画片、连环图画书和堂屋里悬挂的四扇屏条，我都拿来临摹。我临摹时十分认真，力求达到准确而乱真的地步。记得有一次，我临摹洋画片里的封神榜人物姜子牙，居然没有被人识破。我还临摹过育莱儿娥的《耶稣诞生在牲口棚中》（油画），尽力模仿原作光和色的效果。就在这个时期，徐悲鸿先生和颜文梁先生联合画展在南京励志社举行，我看到徐先生的巨幅油画《田横五百士》，这幅画给我巨大的震动，以致决定了我终生从事绘画的道路。那次画展，徐先生和颜先生各占两间画室。我先参观颜先生的展室，颜先生的画重写实，造型严谨，刻画细致。他的代表作《厨房》和《肉铺》，逼真的程度，使我这个热爱绘画的高中生，佩服得五体投地。但是，当我走进徐先生的展室，却产生一种意想不到的感觉，但觉眼前一亮，似乎在物象的真实以外，有一种力量在激动着心灵的深处。当时我并不了解《田横五百士》这幅画的故事情节，但能够感觉到眼前是一场生离死别的情景。画中众多的人物，同是在告别，各有各的离情，各诉各的衷肠，最终给人以鼓舞前进和奋发向上的情感。诸如此类的激越之情，又都是从精微的细节开始的。穿红袍的田横气宇轩昂拱手挺立向众人告别，佩在腰际的宝剑金光闪闪（疑是贴金，近视之，却都是脏颜色柠檬黄组成）。群众中蹲着的少妇，肤色细腻发光，犹如凝脂。持剑者的手臂，以宽阔的笔触挥写，显示出愤激和力量。颈部扭曲的战马和涌起的白云，以一当十的不对称的构图，预示一场不平静的事件发生。这幅画能够如此有力地激励着我，是同当时的环境，以及我的处境分不开的。那时帝国主义纷纷入侵中国，日军强占了东三省，军阀混战，人民处在水深火热之中。民族垂危，国家受欺凌，人民遭涂炭，真理何在？正义何在？有谁能为这种不平申诉？在这幅画中表现出的富贵不能淫、威武不能屈、贫贱不能移的精神，使我找到了精神的寄托。对于一个血气方刚的青年，如果能够画出像徐先生这样的画，为国家和人类申诉，该是多么崇高的理想。从此，我就格外喜爱绘画，有意识地去追寻绘画为社会、为人类申诉正义的道路。

热情赞扬苏联　宣传现实主义

　　1933年，我考入南京中央大学教育学院艺术科，徐悲鸿先生是艺术科主任。那时他正在国外举行画展。他在法国开画展时，同时收到英国和苏联等国请他去开办画展的邀请，他谢绝了英国的邀请，毅然赴苏联访问。有人将中大录取新生的情况告诉他，当他获悉此次新生的考试，许多具有艺术才能的青年，由于统考中理化等非专业课不及格而不被录取，十分气愤，同时他得知西画组只录取了一名学生，激动地说：兵不在多而在精，要以一当十。我听了这番话，很受鼓舞，觉得虽然未见到先生的面，闻其声，就觉得他是一个处逆境而不气馁的人。

1934年先生从苏联回国，在为他举行的欢迎会和学术报告会上，他极其兴奋地讲述苏联——这个新生的工人阶级当家做主的国家。他说，苏联的工人们热爱艺术，在寒冷的露天，排着长队参观画展。还说世界上唯有苏联是真正将文化送给工人享受的国家；苏联美术界重视反映劳动者的作品。当他们看到徐先生的《六朝人诗意》时说，中国的传统画幅中，很少见到画劳动者，而你的画中出现了推车汉。徐先生还说，俄罗斯杰出的画家列宾、苏里柯夫、赛洛夫、福禄贝尔是可以同世界上最伟大的画家并列的。当时苏联美术界对列宾认识不够，说列宾是小故事画家，徐先生对他们说，列宾可以比得上法国的德拉克洛瓦。徐先生的评价，使苏联美术界为之震惊。徐先生此行带回大批油画印刷品，分送给他的学生，如列宾的《伏尔加纤夫》、《不期而至》、《查波罗什人写信给苏丹王》、《伊凡杀子》，苏里柯夫的《枪兵临刑的早晨》、《莫洛卓娃的流放》等。这一大批现实主义的作品，使我们开阔了眼界，增添了对现实主义艺术的了解和信心。带回的图片中还有欧洲19世纪的作品，爱多尔、蒂托和赛冈帝利的画，我们就是在那时看到的。

教学上重视感觉和观察

徐先生从苏联回国，一到课堂就检查学生的作业，几乎将学生一年的所有作业都看了。他出国之前，曾将他的课委托给他最信任的人——颜文梁先生代上，那一年我就是在颜先生的指导下学画。颜先生严谨的造型和深入细致刻画的画风，对于一个初学者，十分有益。徐先生检查作业时，首先肯定学生作业中良好的开端，在这个基础上，他又提出向前进的要求。他重视感觉，善于发现在这方面表现较好的学生。他说，画人要注意手腕和脚胫部位的细微变化，即三寸铁灵骨之间的变化是否感觉到，对这一部位的细微变化有无感觉，可以断定一个人能否学画，学画是否有发展前途。

有一次，徐先生来到艺术科"伯敏堂"素描大教室上课。教室里摆着与人身大小相等的石膏像七八个，它们是维纳斯、阿波罗、掷铁饼者、斗士、奴隶、酒神等。这些世界上著名的雕刻复制品固定地放在那里，从来不轻易移动，不论哪个年级的学生，如需画素描，就来到这里写生。教室的四壁放着大浮雕，也是希腊、罗马时期的名雕。还有伏尔泰劳孔等石膏头像，陈列在四周。这许多教具，都是徐先生费尽心血，从巴黎定购运回国内的。凡是有志学画的人，一进这个屋子，就感到置身于艺术之宫，使人如进入了另一种境界。当他发现学生中有人漫不经心地在画幅上涂鸦，便十分严肃地问那个同学，你正在画的那个对象，哪一点最亮？那个同学一面用手划了一个圈，一面回答说，这一块最亮。徐先生有点生气似地说，我是问哪一点最亮！那个学生不得不仔细凝神地观察，然后回答出最亮的那一点。随后徐先生又问，哪一点最黑？那个同学仍然用手划着圈子回答说，这块最黑。徐先生更生气地说，我是问你哪一点最黑！那个同学这才凝神地观察，回答了问题。徐先生说，对了，就得这么看，你不观察，不比较，怎能知道哪儿最亮，哪儿最暗？又说，作画主要依靠感觉，而敏锐的感觉是从认真的观察和比较之中锻炼出来的。你不去认真地观察和比较，怎么能够判断哪一点最亮，哪一点最黑？认真地观察、分析和比较，是徐先生在教学中恪守不渝的最高原则。他这种观察事物认识事物的方法，同马克思的认识论中的反映论是一致的，是现实主义艺术的根本，是同主观唯心主义不承认客观存在的第一性对立的。

徐先生上课，理论和实践是交替进行的，说到做到，不尚空谈，既不是光练不说，也不多说而耽误学生实践练习的时间，使学生收不到效益。改画时，大刀阔斧，不死抠，不磨蹭。精微处，一线之差也不放过。由于要求严格，个别学生受不了，反而躲避他转入别的画室（当时潘玉良先生主持一个画室）。但对待学有成效的学生，徐先生是热情鼓励，那种热情是意想不到的。如一位同学叫林家旅，过去在苏州美专（即颜文梁先生主办的学校）学习过三年，来到中大又学了一年，素描画得极其结实准确。一次，徐先生看到他的作业，高兴地把他拥抱起来，激动地夸他：你的成绩，即使在巴黎美术学院，也要数第一名！由于他的素描成绩突出，每次留作业成绩，都选中了他的，因此，"伯敏堂"素描大教室，几乎是林家旅的作业陈列室。

徐先生是个爽快人，快人快语，说话斩钉截铁，是非分明，从不模棱两可，含糊其词，夸说好事就伸大拇指，诉述坏的就深恶痛绝。他走起路来健步如飞，常见他戴着黑色礼帽，夹着画夹子阔步行走，同他说话的人，小跑着紧跟还有点跟不上。平时说话，谈笑风生，有时一则笑话令人捧腹。风景写生时和学生们一道作画，边画边讲。我记得他说过一个县官赴广东某县上任催粮的故事：县官到任，说明来意，下属回禀，"如欲完百担粮，必先贴告示，贴了告示，才能完百担粮"，可是这个下属是广东人，用广东方言回禀县官说："老爷如果是王八蛋（完百担），必先吃狗屎（贴告示），吃了狗屎，才能王八蛋。"引起了哄堂大笑。

教学上认真贯彻"面向自然，对景写生"

1934年秋季，徐先生带领35届、37届学生至浙江西天目山旅行写生。一行二十余人爬上西天目山的寺庙，大家喘着气，汗流浃背，正在那里小憩。

这时已近黄昏，天色未黑，徐先生急匆匆地催促大家赶快睡觉，大家还不知道先生的意图，一个个整理床铺，相继就寝。睡到半夜，徐先生突然唤醒大家，起来！快起来！准备上山！这时，各人睡眼惺忪，懵懵懂懂，不知何事，直到清醒，才做出登山准备。朦胧的月色夹着秋夜的凉风，人们手执拐杖，一步步拾级登山，到达山顶，风更大，月色格外迷离。这时，徐先生领着大家，寻着一条山沟避风，点起篝火，又讲起他的故事。这次月夜登山，他最喜欢的一个学生——孙多慈没有来。孙多慈年轻聪敏，心灵手巧，学徐先生的画法学得最像，徐先生很喜欢她。下乡时，徐先生编导了一出戏，要我扮演一个被豹子咬伤的人，嘱咐我第二天不要起床，装病。回庙后，徐先生宣扬，说我被豹子咬伤了。当时我最年轻，大家呼我为"小弟弟"。我遵照徐先生的嘱咐，装扮这个角色。次日清晨，孙多慈信以为真，竟然走进我的卧室，到床前向我慰问。徐先生在生活中就是这样妙趣横生，活泼自如。我们一行二十余人在庙中的吃住，全靠徐先生卖画的收入支付。他给庙里的道士、住持画了很多国画，送给他们。道士们也用最好的伙食款待，在如此艰苦的高山之上，居然吃到了"锅巴肉片"这样名贵的菜肴。徐先生在这次旅行写生中，除指导学生上课外，自己还画国画。他主张"师法造化"，提倡革新。他看到西天目山特有的冲天柏树，甚是惊奇，于是尝试着运用中国画的纸张笔墨来挥写国画中从未尝试过的冲天柏树的画法，借以抒发胸怀。由于他对新的事物，时刻产生新的感受，因而随之产生新的画法。所谓"先有新意，后生新法"。他的国画是创新的，是富有生命力的。当时我迷恋于他的油画，喜爱他的油画写实力强，色彩丰富而有韵味，具有真实地再现现实的巨大感染力，对于他在国画上的创新和成就，一时认识不足，只是觉得他的国画磊落大方，与众不同，用笔豪放，挥写自如，而不知他在国画上创新的意义和贡献是巨大的。

短暂的旅行写生，很快就结束，我们又回到画室，搞基本功练习。那时，我刚是二年级学生，属于低班，本不够资格画人体，由于班上人数少，收了一个转学生徐荃，连同我才两个人，因此徐先生同意我们与高班合上人体课。课室内，都是一些年龄比我大得多的哥哥姐姐们，看到他（她）们是那样全神贯注地作画，使我初进课室时产生一种不知所措的紧张心情。通过作画过程，在聚精会神地观察之后，才逐渐平静，并习惯起来，心绪也进入画境。徐先生每周来课堂上课二至三次，那时二十多人济济一堂，徐先生总得在每个人的画前看一遍。他是动手改画的，几乎每个人的画上，他都要动几笔。同学们也都欢迎他改画，经过他动手摆上几笔颜色，画面立刻变了样，继续画下去的信心增强了。不过，遇到另一种情况，他是只动口不动手的。有一个同学名叫向德宁，他的色感特别强，有个性，徐先生走到他的画前说，你的画很有个性，很好，但是我不能给你改，你可根据自己的感觉和画法去画。还有一位叫沙耆的同学，是一个旁听生，用大笔、取块面表现的方法，色彩上是灰调子，与徐先生的色感完全两样，徐先生也是不动手，用言语鼓励他，循自己的画法画下去。对于用这种方法处理习作，那时我还不理解这是徐先生尊重同学的个性和感觉而进行教学。徐先生在课堂上，除掉讲解、改画，就腾出时间和同学们一起作画，这样的油画人体习作，至今还存留下来。徐先生的人体作业，画幅高不超过一米，大概由于他过去是个穷学生，经济条件差，买不起画布和颜料，或许是由于画室小，人数多，不可能画大幅。他的作业特点是：画幅小，画得精练而深刻，等到他画大幅时，仍能放得开而不空洞。例如《田横五百士》、《溪我后》这样的巨幅画，都是根据小幅素描稿画出来的，连一幅色彩练习都没有。徐先生在课堂上和同学们一道画模特儿时，我和许多同学，自动停笔，围在他身后，看他作画。他一般是用五号方头笔作画，将颜色调好，用笔把颜色撮起来放到画面，也就是用"摆"的方法组织色块，分面造型，塑造形象。他习惯在涂了脏颜色作底子的画布上作画，开始用绿色或蓝紫色勾形，上色时，东摆一笔，西摆一笔，寻找色调的深浅和冷暖的对比关系。这时的画面给人以乱七八糟，什么形象也没有的感觉，有些类似下围棋先布子，虽是调兵遣将，却完全看不见成果，随后再从局部着手。例如画人体，从胳肢窝开始，先摆几笔暗部色彩，看上去脏兮兮的，同泥土色差不多，等到他把亮部和中间色彩连接起来后，一个真正的实体，赫然呈现出来。他作画，中途离开时，总有较完整的形象（局部）留下来，犹如编织箩筐，有编好的部分，也有待编的部分。每次结束时，总是将调色板上的脏颜色，对付到画上去，这是一种绝技，我至今还没有发现有人这样做过。即使剩下有限的脏颜色，他也要把它们涂到新的画布上。

再次旅行写生

第二次旅行写生，是在1935年秋。徐先生再次带领学生到了黄山，同行的有张大千先生和吕斯百先生，同学有张安治、张倩英、文金扬、孙宗慰、林家旅、徐荃、顾汝磊、张振瀛等人。这次徐先生带着油画箱，也是我第一次看到徐先生运用油画工具进行风景写生。很凑巧，这次徐先生就在我的身旁选了一个景作画，我选的景是另一方向。徐先生选好景，构好图，进行写生。他迅速地将调好的颜色，一笔笔放到画面上，其调色的准确，运笔的速度是惊人的，我在吃惊之余，不由停下手中笔，看呆了。他画的是黄山秋景，近景的崖石和远山，还有篝火，由于用笔肯定，塑造坚实，呈现出苍莽浑厚的感觉。这幅画后来被误认为是天目山风景，其实徐先生去天目山时，根本没携带油画箱。这次作画，使我理解到对待视野广阔的风景，仍须严肃认真地观察，一笔不苟地画，才能收到较高的艺术效果。他不止一次地说过，作画如吃食，要把最好吃的一口留在最后吃，作画时，最精彩的一笔是最后放上去的。因为每吃一口，剩下的都比原先的好吃，才越吃越有味；每画一笔，剩下的都比原先的易画，越画才越有信心。徐先生在绘画上，提倡言之有物，力戒空泛之言、浮滑之调，曾向我们讲述一则"城乡两个蚊子请客吃饭"的故事：一次，乡里蚊子请城里蚊子下乡吃饭，它们飞越山冈和树林，终于在草丛中发现一个农夫躺在地上睡觉，裸露的大腿上尽是泥土，虽然不太洁净，勉强在这只腿上，饱餐一顿，虽不算美味，也还实惠。次日，城里蚊子请乡里蚊子进城吃饭，飞进城里，到处密布纱窗和蚊帐，无法进入就餐，这时饥肠辘辘，不得已，寻得壁上悬挂的相片，勉强落下来就餐，吮吸半日，乡里蚊子说，怎么没有人味？讲完后徐先生说：表面光滑、敷衍粉饰的画，看起来漂亮，其实是没有什么艺术趣味的。

艰苦朴素的生活

再次回到画室上课。一个细雨蒙蒙的阴天，午饭的时刻已到，徐先生急匆匆地从课室走出来，从怀中掏出两个铜板，让我出校门为他买几块白薯。我欣然从命，买到了白薯交给他，他就是这样吃完他的午餐。他喜欢吃白薯，不止一次，他要同学们给他买白薯就餐。他曾向同学们讲述自己在国外的经历：一次，他去博物馆临画，饿极，急忙从博物馆回家，路经一道臭水沟，气味腥臭无比，回家吃饱饭以后，外出散步，又经过这道臭沟，反而不闻其臭。徐先生说，人在饥饿时，他的感觉是敏锐的。

徐先生在国外博物馆临画时，常常带上两个面包，在馆里待上一整天，现在回到国内，仍然过着艰苦的生活。那时，同学们大都在学校附近的饭馆吃饭，一家"仁记"饭馆，一元钱买七张餐券，一张券吃一顿，可以吃上一汤一菜，炒虾仁、炒鸡蛋、豆腐汤都能吃上；"成贤居"饭馆，一元钱买九张餐券，一张券吃一碗汤面。徐先生的伙食，尚不及学生的伙食标准。

他在生活上的俭朴作风，还表现在使用颜色和锡管颜色牙膏上。将要用完了的颜色牙膏管，他必定用滚子将最后的一点挤出来才放手。1946年，有一次我在他家做客，他给了我一个苹果，我埋头用小刀去皮，这时我并不知道他用两眼盯着我，当我吃的时候，他批评我，说我把皮削得太厚了。1950年，徐先生曾用他的轿车，接送我的父母亲去颐和园郊游，他们和徐先生并排坐着，我母亲看到徐先生身穿夏布短衫，肩部有一个小补丁，回家后，母亲对我说：徐先生身为校长，还穿着带补丁的衣服。徐先生在生活上，自奉俭朴，但对人却十分慷慨，前面说到的，赠送学生们的名贵印刷品，资助学生颜料，赠书，以及收购字画等等，从不吝啬。

"爱画入骨髓"

我曾听说过不少爱财如命的故事，却不曾见过像徐先生那样爱画的事实。"爱画入骨髓"，这句话是徐先生自诩的。我也曾见过许多自命爱画的人，他们爱自己的画而不爱别人的画，他们爱画是爱一阵子，而不是爱一辈子，更不会舍命爱画，总之，不是真正的爱画如命。在我们同学中，有一位叫文金扬的，画了一幅野山兔的静物，放在许多同学的作业当中，徐先生前来评画时，发现这幅画，他来回走了几趟，目不转睛地盯着这张画，最后，他终于向文金扬提出，请他把这张画让给他，愿意用两张自己的画与之交换。文金扬受宠若惊，他对徐先生说，你如喜欢这张画，拿走就是了，何用交换？徐先生郑重其事地说：一定要交换，不能白拿。徐先生终于用自己的两张画，交换了文金扬的画。

另一次，在重庆，那是20世纪40年代抗日战争时期，徐先生从沙坪坝进城，夜宿中国文艺社。半夜暴风雨来临，吹开了窗户，把悬挂在墙上的一张画吹落下来，不巧磕在桌角而破裂了，这张画就是我1937年春画的油画《雁荡山》。徐先生急忙起来，连衣服也未及穿好，就捧起这幅画。次日清晨，徐先生亲自把这张画修补好。这件事是张倩英同学告诉我的，我听了后，感动极了。

徐先生在北平时，经常去琉璃厂购买旧字画。琉璃厂的书画店是要穿过几道房屋，才能走到悬挂字画的堂屋。徐先生从第一道房子大门，远远地看到他喜爱的字画时，便飞快地急步向前，一边走一边口中叫嚷："这张画好，我要了，我要了！"这时店铺的老板，根据徐先生的急迫情绪，立刻增加字画的价码，及至徐先生走到画前，售价已提高若干倍。像这样的情况，不知发生过几多次，亲友们怕他吃亏，相继劝告他，要他往后看到好画时，放在心里，不要喜形于色，甚至可以装着不以为意的样子，同样可以收购一幅好画。他听后表示接受，可是等到下次再去遇到好画时，依然情不自禁地叫嚷出来。徐先生这种赤诚、坦率的性格，闪耀着可贵的艺术家品质。他不惜任何代价，换取艺术珍品，《风雨归舟》、《折槛图》、《八十七神仙卷》等名贵藏品，就是这样收购得来的，现在都珍藏在徐悲鸿纪念馆里，供群众欣赏。

徐先生在昆明开画展时，失落了一幅他最心爱的画——《八十七神仙卷》，这件事使他烦恼到废寝忘食的地步，想方设法要找回这幅画。窃取这幅画的人名叫刘汉钧，他毛遂自荐，愿为徐先生效劳寻找，经过许多周折，徐先生花了二十万元才"找"回这幅画，对刘表示万分感激。事后，有人告以真相，徐先生不但没有追究，反而说，不论如何，即使这画确实是他偷的，他能使画完璧归还，我也对他感激万分。

民族危亡　忧心如焚

　　20世纪30年代初，徐先生和田汉先生在上海南国艺社共事，徐先生就表现出他强烈的爱国心和对民族危亡忧心如焚的感情。当时，田先生写了一个剧本《械斗》，表现"兄弟阋于墙，外御其侮"，隐喻强敌当前，国共理应停止互斗，共雪中华民族的公仇。可是该剧演出的卖座率很低，难于继续上演，因此大家的情绪消沉。当时徐先生写了一篇给田先生打气的文章，其中写道："垂死之病夫，偏有强烈之呼吸，消沉之民族，乃有田汉之呼声。其音猛烈雄壮，闻其节调，当知此人之必不死，此民族之必不亡。"

　　徐先生对蒋介石的反共亲日政策，强烈不满，他拒绝过为蒋介石画像，对蒋标榜的所谓"新生活运动"，侈谈礼义廉耻，无比气愤。1936年徐先生流亡广西，出发的那一天，他的家人和艺术科师生们都至下关车站送行。不久，我在京沪旅途中，从一张《新民晚报》上，看到徐先生写的一篇短文，文章的标题是为蒋介石的礼义廉耻诠注，文章写道："何谓蒋先生的礼义廉耻？礼者，来而无往，非礼也，日本既来中国，双手奉送东三省，此之谓礼也。义，不抗日，捐廉（上海方言钱与廉同音）买飞机，平西南。阿拉（我）不抗日，你抗日，你就是无耻。"不久，广西事件和平解决，为徐先生举行的欢迎会上，徐先生畅谈广西之行的印象，他说：省政府的墙壁上写的是"民耻教战"四个大字，而不是什么"不抵抗政策"。

　　徐先生有强烈爱国心，倾向进步，对学生的进步活动极力支持。33班同学徐荃搞木刻，这在当时的社会是犯禁的，徐先生不但没有阻止，反而热心介绍苏联和珂勒惠支的木刻作品给他看，给予他很大支持。1934年访苏回国，在南京举行的苏联版画展览，就是徐先生促成的。像法伏尔斯基《铁流》的插图，经他介绍而闻名。艺术科倾向进步的学生，在地下党领导的"南京学联"的引导下，占绝对优势，做了不少工作，例如：支持"一二·九"运动的绝食斗争，组织读书会，四个院校在"伯敏堂"联合举行座谈会，开展艺术观与世界观问题的讨论，以及演出《放下你的鞭子》等抗日的进步活动，这些也是和当时徐先生的进步倾向分不开的。

鼓励深入生活，画反映现实的画

　　1937年抗日战争爆发，正是我毕业的时候。毕业后走向何方，对于我是一个重大的抉择问题。当时我的家庭在经济上具备送我留学法国的条件，由于进步同学的鼓励，我选择了去延安的道路。徐先生曾写了一封长信鼓励我，热情赞扬我在八路军中丰富多彩的战斗生活。不过，当他知道我因不能将这种战斗生活反映成作品而苦恼时，他在信中说："倘若我非因身体不佳，决不令弟一人为中国美术事业受此艰辛。"直至我参加周总理直接领导的演剧四队，他仍时刻关怀我从事美术活动的状况。1942年，他从桂林给我写信，要我将几年来在演剧队画的画带给他看，我就遵照他的意思，把油画《木瓜村》、《靖西老妇》、《战地歌手》，炭精画《林中炊洗》等送给他看。当时他住在桂林孙仁林家里，自己在人家做客，还把我拉去，在他的朋友家住下。他一面看画，一面向孙仁林介绍说："他是真正科班出身的人。"这一次作业检查之后，他决定聘我为中国美术学院副研究员。他在给我的信中写道："我聘你为副研究员，你仍留在演剧队，每年缴画若干幅。"我体会他这样做，既鼓励我努力作画，又不让我脱离生活，这也是他的现实主义创作道路和艺术思想的体现。1943年，我将新作品《铁工厂》、《第一把锤手》、《开山》和战地写生画多幅，再次请他检查，他极其兴奋地肯定了这些作品，并提出新的要求。他说："这些画，群龙无首，你应选出一张画，进行加工创作。"他帮我挑选了《开山》这幅油画速写，要我立即着手大幅油画创作。为了进行这张创作，我在重庆北温泉待了一年。

1946年，演剧四队在重庆作抗战八年汇报演出和美术资料展览，徐先生亲临现场观看，事后，写了一篇热烈赞扬的文章，题名《民族艺术新型之剧宣四队》。他满怀激情地称赞演剧四队历抗战八年之久，行经地方之广，演出场次之多，受感动人数之众，事实本身就是"一首伟大而壮烈的史诗"；充分肯定每个队员都是竭尽心力，付出最高的智慧与超越之精神进行史诗般的工作，"队员们须克服一切艰难困苦之环境，历时既久，使个个如锻炼成之纯钢，光芒四射"；赞扬演剧队的音乐"音调刚毅，歌词锋利，直刺观众心弦，达到艺术的美满境地"；评价演剧队的绘画"题材新颖，做法深刻，为抗战中珍贵收获"；赞扬话剧演出最为精彩，手法巧妙，情绪紧张；赞扬演剧队的歌者与演员"演技之高绝非一般国内外学校应付几年所能学得到的"；称赞演剧队"有高贵之理想"，"今后将为团结统一民主而努力"，并寄予殷切希望。徐先生认为"凡此皆依逻辑之发展，都不足奇，所奇者乃光芒四射之剧宣四队固属于毫无文化政策之国民党之政治部"，将反共亲日的国民党奚落一番。徐先生在艺术上，极力鼓励和支持深入生活，走为群众服务的方向，和他在1942年热情赞扬解放区木刻是一致的。他对沈逸平、赵望云、孙宗慰等人的肯定，也是基于这个观点。

要把北平艺专办成一个左派学校

1946年徐先生主办北平国立艺专之前，受到周总理的嘱托。周总理鼓励他主持这一工作，希望他做好团结北平美术界的工作。这时我在南京，接到他聘我为副教授的聘书，演剧四队的魏曼青、舒模、李超等同志，支持我去北平，协助徐先生工作，还派了印家锋同志与我同行。我们两对夫妇，四口人，经南京从上海乘船，经海道至北平。到北平后知道徐先生聘吴作人先生为艺专教务长，尊他为第一把手。谈到办学，徐先生对我说："我要把艺专办成一个左派学校"，叫我帮助他物色教员。我就将叶浅予、李桦、周令钊、印家锋等人介绍给他。叶浅予先生是我在三厅认识的，那时他是漫画宣传队队长，后来在北温泉相处的时间较长，当时他的速写就画得很好，徐先生有意聘他主持国画系，开展改革国画的工作。通过我去联系，叶浅予夫妇不久便来到艺专。李桦同志是左联老木刻家，1943年我在长沙举行画展，与他相识，他提倡现实主义艺术，我们一见如故，他热心帮我举办画展，积极宣传现实主义创作道路。当时他在某印刷厂工作，从事国画的探索，来到北平后，运用中国画纸笔，画了一套天桥人物，深得徐先生的赏识，并为他题字。当时，请李桦同志来艺专，是讲授美术史课。周令钊同志是剧宣五队队员，具有艺术才干，来到艺专，徐先生请他绘制《水浒传》插图。印家锋是四队队员，酷爱绘画，来艺专后，群众关系很好，做了不少工作。除此之外，还请了一大批有才能、思想进步的教师。

一次不寻常的政治庇护

1947年5月20日，北平爆发了"反饥饿、反内战"的学生运动，国立艺专的部分教师和学生，参加了这次大游行。参加游行的教师有沈士庄（现名高庄）、齐振杞（病故）和我。学生中有侯一民、李天祥、程珊（现名华夏）、朱振芳、刘树萍（现名黄非）和张云先。事后，一天晚上，演剧二队的崔牛等二人，来到教师宿舍，通知我们说："今晚你们必须离开宿舍避一避，因为据可靠消息，国民党将要在各大院校对参加游行的师生，进行大搜捕。"怎么办？这么晚了，到什么地方去躲避呢？有人提议，到徐校长家里去。随即，沈士庄、齐振杞、我和张云先四人，乘坐来人雇来的汽车，到了徐先生家里。徐先生听明来意后，立刻给当时国民党的北平行辕主任李宗仁打了一个电话，他在电话中说："国立艺专没有共产党，叫他们（指国民党宪兵）不要来这里下手。"并且要求李宗仁保证艺专的安全。李宗仁一一应允。由于徐先生的声望和凛然正气，艺专的进步师生，得到了一次政治庇护，躲过了国民党的大搜捕。

事情不会这样顺利通过，艺专的训导处和支持他们的国民党当局，不肯善罢甘休，他们联名上告到南京教育部，教育部勒令徐先生，必须开除参加游行的学生，解聘参加游行的教师。为这件事，徐先生食不甘味，寝不安神，想不出解脱的办法。这时，有一部分教师和学生相继离校，教师沈士庄、印家锋和部分学生，投奔了解放区。为了保存实力，徐先生仍然为这件事在奔走。这时，教育部长朱家骅来到北平，他一面走访清华、北大，"慰问"参加"五二〇"游行的教师和学生，另一面却要求开除和解聘国立艺专参加游行的师生。后来徐先生告诉我，在一次有清华、北大教授参加的集会上，徐先生揭穿了朱的这个矛盾，朱家骅面红耳赤，不得不当众承认，艺专和清华、北大，一视同仁，决不让艺专开除学生和解聘教员的事情发生。徐先生回到学校，理直气壮地立即给那些参加游行的教员发了聘书。

徐先生在政治上要求进步，靠近共产党，从20世纪30年代拒绝给蒋介石画像，干犯"天威"，痛斥蒋介石的不抵抗政策，40年代赞扬解放区木刻，讽刺国民党无文化政策，参加反对内战的和平签名，直至新中国成立前夕履行他的诺言，要把国立艺专办成一个左派学校，他确实团结了一大批进步而有才干的人，把学校从黑暗的旧社会，完整地交给新中国和共产党。周总理曾高度赞扬徐先生"真正有点硬功夫"、"有骨气"，是从艺术和政治两个方面评价的。徐先生确实具备艺术上过硬的真功夫，留下了大量的传世珍品，称得上是一代大师和巨匠。至于他的政治品质，不论是在黑暗的"围剿"时期，或是抗日战争时期，解放战争时期，直至新中国成立初期，他始终和民族的安危、祖国的命运、人民的患难，生死与共，说他是艺苑师表，传之万世，也是当之无愧的。

亲身经历的几件事

王临乙

　　我是第一批接受徐悲鸿先生教育的学生，距今已有50多年了。悲鸿先生给我的印象很深，我总想把这些印象记录下来，却迟迟未能实现，心里很觉不安。今年是徐悲鸿老师逝世三十年，现在写一些回忆，以表达我对他的敬爱和怀念。

　　徐悲鸿先生是当代著名艺术家和教育家，是我们一代宗师。他留给我们大量的习作和创作——素描、油画、国画，现在陈列在徐悲鸿纪念馆中。有不少大幅油画，如《傒我后》、《田横五百士》等，是他回国初期画的。那时他生活在祖国动荡的岁月中，他用寓言和历史的题材，表达他对时代的看法。

　　在教学方面，他的一举一动、一言一行，都给学生留下深刻的印象。我的教学方法，就深受他的影响。他主张在学习美术的初级阶段，既需要极严肃地打好基础，又不要受课堂训练的束缚，才能发挥自己的特长。徐先生的作品，既是严肃、豪爽，又能轻描淡写，有独创性，体现了他的主张。

　　1926年春在上海，我初次认识徐悲鸿先生，是由蒋梅笙先生介绍的。我带去一幅用棕赫色画的单色油画，白色分层次，对质量感和光线明暗的要求，都是细致研究过的。徐先生看过以后，第一句话就说：你的画基础至少有两年的功夫。随即带我去看他的肖像画，是一幅为一对新加坡华侨青年夫妇所画的油画肖像，还有尚未完成的黄震之油画像等。

徐先生还带我到画家陈抱一家里去做客，记得当时丁衍庸也在座。不久，徐先生又去法国了。

1928年初春，徐先生回国，在上海待了半个月后，又回到南京，他约我到南京去求学，并供给我的生活费用。悲鸿先生在南京的画室，是在中央大学宿舍最后一排房的一间2米乘4米的小屋子。他的油画《徯我后》就是那时候开始画的。我没有课时，就在画室里看徐先生画画，使我得益匪浅。这幅画从开始做准备工作——打稿子，画构图，起草稿，单个人的素描稿，到风景、静物安排的全过程，我都亲眼看到。他在创作时，不直接用模特儿对着写生，而是事先画许多素描，画水牛，他曾写生达四五次之多。他说：要注意对象的特征，主要部分要强调夸张一些，使人容易记忆。

徐先生对色彩和形的基本功很深厚，要求很严格。他要求自己的人物素描稿，应用想象的符合客观的明暗色调。色调的冷暖及色和光的变化，他都胸有成竹。他画一个人的头部和衣服，只需要四五个半天。因此，不到半年时间，就画完了《徯我后》的第一遍颜色，由此可以看出他求学时的刻苦。《徯我后》初步完成之后，还有一些没有画上颜色的地方，需要精心思考，细心地填上去。他应用中国画的创作方法同欧洲的创作方法结合。

一个星期天的早上，我在教室里想画静物。徐先生教我如何研究形，观察光和色，教我要看准色调，不改一笔地画。这一次他用方块画苹果、香蕉等等，但并没有说非要用方形画。对用色的研究，他强调在学习的初级阶段要一笔一笔耐心地画，直到画完。徐先生教我的学习观察方法，语言虽然不多，对我的影响却很深远。他还告诉我初学油画时对形的主体的认识，对色彩冷暖和中间色的研究，要用正确的观察方法，不应涂改。通过这一次习作，使我明白了很多问题。我还把这种方法应用于素描对形的研究。我把这幅静物画当作珍贵的纪念品留在身边，曾经随身带到法国去，又带了回来，至今还保存完好。

1928年，在上海艺大（南国艺术学院）的一座小楼的亭子间里，徐先生起稿油画《田横五百士》；我首次见到吴作人，就是在放大《田横五百士》画稿的时候。后来这幅画移到霞飞坊徐先生家中的三楼上。徐先生苦于没有田横的形象，经介绍采用宋钟沅作为田横形象的定稿，又用他的学生肖像及手、脚等作为模特儿。与此同时，他还画了几幅小的创作如《三侠》等。

1928年，福建省教育厅长黄孟圭邀请徐先生去福建过暑假，并请他画"五三惨案"中被日军杀害的蔡公时烈士油画像。我陪徐先生同去。福建天气很热，短短两个月中，忙于应酬，徐先生没有充裕的时间作画。蔡公时画像画面不小，约1.8米×3.5米，徐先生用巧妙的方法构图。我见他画的素描草图上面，蔡公时的背影面对两个日本宪兵，地上翻倒着一个箱子，前景画一张长桌。我虽然没有见到完成的稿子，但这样的构图处理，在他的素描稿中还保存了下来。由于中央大学艺术系快开学了，我们就匆忙地回南京去。

关于送我留法的事，经过是这样的：记得是在福建期间，我住在教育厅小楼上的一间房子里，忙于画风景。这里的风景很美，是在长江流域没有见过的。鲜明的天色，湿润的气候，榕树、水塘、鲜红的荔枝、黄色的龙眼，到处都是。临离开福建前的一天早晨，徐先生来到我住房的门口，面有喜色，高兴地对我说，关于写信介绍吕斯百出国的事，已接到吕的回信，吕把想法都写在信上，这封信拿给黄孟圭先生看，黄已毅然决定给两个赴法留学的名额。徐先生又说，吕斯百去学绘画，你去学雕塑，这件事就这样决定了，你快把手中的风景画画好，赠给教育厅留念以表示感谢。我之能够去法国留学，要感谢徐先生出力帮助。

光阴如箭，我在里昂美术学校学习三年毕业后，得到里昂中法大学同意转到巴黎高等美术学校深造。经过入学考试，我以正式生的资格被录取。

当时国难深重，"九一八"事变后日军入侵东三省，我们身在国外的留学生无比愤慨。中国外长颜惠庆先生在日内瓦召开的国际会议上，揭露日本侵占东三省的事实，驳得日本外长无言答辩。各国同情中国，伸张正义，可惜没有实力做后盾。

1933年3月，徐先生赴法国举行中国画展。我见到他的时候，他已在巴黎租到一个住所，这是他过去留法时住过的地方，他要在这里筹备展览。这次中国绘画展览，展品有三百多幅，其中有几件展品是横幅，需要制作画框，徐先生亲自挂画，我在旁协助。画展4月15日开幕，场地在巴黎国立外国美术馆。开幕那天，法国教育部长、外交部长、中国大使顾维钧和夫人等都出席了，大诗人华勒利为画展目录写序，著名美术家郎度司纪和画家沙排对画展都极力赞扬。当时在巴黎的画家、艺术家约有三千多人先后参观了画展。大批评家加米勒莫克来在《费加罗报》和《民族之友》等报发表三篇评论赞扬中国绘画艺术（他的世界美术史再版达五次之多）。还有海蒙特在《时报》，特·尾史末在《美术周刊》，藏·加沙在《文艺周刊》，都先后发表文章，对中国画同声称赞，评价很高。由此可见法国文艺中心对这次中国画展极为重视。欧洲各大报也都发表画展的消息和评论文章。展期原计划一个月，由于观众很多，又延长了半个月，前后45天。接着比利时、德国、英国、意大利、苏联等国都邀请到该国展览。巴黎国立外国美术馆，原来只有日本画家的作品陈列，自这次中国画展之后，另辟了一间中国画陈列室，这样东方画才有中、日两国的作品陈列展出。这是徐先生在国外为介绍中国的美术所建立的功劳。这次展出作品的画家有七十多人，展览会后，法国收藏了中国近代佳作12幅，即徐悲鸿的《古柏》，张大千的《荷花》，王一亭的《达摩》，齐白石的《棕树》，陈树人的《芭蕉》，汪亚尘的《消夏》，经亨颐的《兰石》，张聿光的《翠鸟》，张书旂的《桃花》，方药雨的《小鸟》，郑曼青的《墨葵》，高奇峰的《帆船》。

在展览期间，巴黎的中国留法艺术学会的会员聚会，欢迎徐先生。在会上，徐先生介绍了举办这次展览的经过。他说，1930年以后，他曾委托友人在比利时首都和法国里昂大学举办了他的个人中国画展，引起震动，观众希望能在巴黎国立美术馆举行一次大规模的中国画展，因此，由少数友人协助，经过两年的时间，收集了各派中国画家的作品，尤其是具有代表性的画家的作品。协助这次展览的有中央大学、中法大学、中国画会、苏州艺专等。我们认为中国美术在巴黎大规模展出，画家和作品之多，是空前的。展出时期也是非常及时的。不久以前，在巴黎曾经举办过中国古代青铜器展览，把欧洲许多著名收藏家收藏的中国古代青铜器中的精品聚集巴黎展览，观众印象很好，赞叹不已。而今又举办这么大规模的中国绘画展览，宣扬中国画艺术，这是第一次，也是很成功的一次……

巴黎已是深秋天气，一天下午我有机会陪同徐先生去拜访法国国家学会院士倍难尔，他在法国歌剧院作的大天顶画和肖像画，都很有名望，对光和色有新的研究。当时老画家已经84岁了。蒋碧薇请他画速写肖像，徐悲鸿先生在旁画老画家速写，画完后，又谈了一些话，我们就告辞。不久，这位大画家去世，徐先生的速写成为老画家最后一次的速写像了。这幅画现在悬挂在徐悲鸿先生纪念馆，是一件很珍贵的纪念品。

仰之弥高 钻之弥坚

宋步云

1942年，我在重庆中央大学艺术系经傅抱石先生介绍，认识了徐悲鸿先生。光阴荏苒，岁月蹉跎，四十余年过去了。一个从坎坷道路上走过来的人，我早已是"春梦随云散，残花逐水流"了。然而，当年徐先生与我往来的书信，先生所赠之纪念册、合影照片等，我却一直珍藏着。每忆及往事，先生那深邃卓识的目光，刚直磊落的胸襟，潇洒的风度，严肃认真的治学精神，廉洁朴素谦虚的作风，一一浮现在我的眼前。虽则是几十年前的事，然而"中心藏之，何日忘之"。先生不仅是一代艺术大师，其道德情操更是后辈的楷模。

一

徐悲鸿先生当年曾在一帧赠送友人的条幅中写道："富贵不能淫、贫贱不能移、威武不能屈，此之谓大丈夫。"这些正好是对他品格的最好写照。一生之中，他的气节，他的铮铮硬骨，一直在学界广为人们所称道。

从"九一八"事变到抗日战争爆发以后，徐先生对蒋介石的不抵抗政策十分愤慨；抗战胜利后，他对国民党的黑暗统治更是深恶痛绝。傅抱石先生当年曾对我讲过一段真实的往事：1942年，蒋介石挂着重庆国立中央大学校长的虚职，徐先生当时任该校艺术系主任。那时，蒋介石常在校内坐滑竿（一种简易的竹轿）进出，马弁随从前呼后拥，以示威风。而徐先生每与蒋介石相遇，既不让路，也不打招呼，总是气宇轩昂，漠然视之。当时一些有识之士暗中把国民党的三民主义称为"三迷主义"，即官迷、财迷、色迷。国民党的上层则多是"心存高官，志在巨富"，中下层也多是攀高结贵，趋炎附势。徐先生那种清高傲岸的骨气实在难能可贵，令人肃然起敬。

在徐先生爱国气节的感染下，我在北平艺术专科学校工作期间，参加了党领导的进步活动。北平解放前夕，担任冀热察平北分区行署主任的蓝公武同志从解放区捎来口信，转达党挽留徐先生的诚意，同时，请他阻止学校南迁，保护校产、档案，迎接北平解放。一天晚上，我到徐先生家将蓝公武同志的意思谈了，徐先生笑着说："我原来就不打算南迁，我要留在北平，迎接解放。请你转告蓝公武先生，解放北平时，一定要保护好北平的文物、古迹。"在此期间，田汉先生也来徐先生处，徐先生对田汉讲："我不打算走，我等着北平解放。"徐先生把中国的光明和希望寄托在中国共产党人身上。国民党在崩溃前夕，企图把一些高等学校迁往南京，北平艺专接到南京拨来的一笔南迁专款。学校也按照统一的要求成立了所谓"应变委员会"，徐先生是当然的主任委员，我也是委员之一。我清楚地记得有一天徐先生把我找去商量如何应付学校"南迁"问题。徐先生坚决反对学校南迁，并要我在会上带头发言阻止南迁。之后召开的"应变委员会"会议上，我先陈述了反对南迁的理由，到会的进步教师争相发言，不同意南迁，徐先生当即表示支持大家意见，反对南迁，并要我们组织起来做好护校工作。徐先生就这样利用了"应变委员会"把进步师生团结起来，迎接解放。

北平解放了，新中国成立了，徐先生意气风发，壮志弥坚，立刻把全部的热情和心血倾注在新中国的艺术教学和工作之中。

二

中学时代，我酷爱美术，从那时起，我就久已仰慕徐悲鸿先生。"九一八"事变后，我随北平和山东的爱国学生请愿团到了南京，恰好住在先生执教的中央大学。徐先生当时在教育界以及社会上有很大的影响。我和抗日请愿团的王式廓等同学都想见见徐先生，听听先生对时局的见解。当我们得知徐先生早已离开南京，去广西与李宗仁先生等联名通电蒋介石，要求一致抗日时，我对先生更加敬佩。

我于1937年到日本留学，学习西画，1939年抗战全面开始后回国。不久到重庆中央大学艺术系工作，当时我与傅抱石先生往来较多。傅先生常对我谈到徐先生高深的艺术造诣以及他为人的至诚、大度、正直。我虽未见到徐先生，但他给我的印象早已很深了。

1942年春，徐先生由东南亚回国，艺术系全体师生举行了隆重的欢迎大会。徐先生身穿西服，笑容可掬地走进欢迎大会所在的教室，和到会的师生们热情握手寒暄。人群之中，徐先生一眼就看出我是个陌生人，立刻走到我的面前。当时，我又兴奋又不安。企望见到我景仰多年的徐先生，现在一下见到了，兴奋的心情是无法抑制的。不过当时我心目中的徐先生毕竟还是一位技艺高超的艺术大师，一位遐迩闻名的"大人物"，一般说来见到这样的"大人物"，总要有一种忐忑不安的感觉。然而，徐先生竟向我伸出手，询问起我的情况来。他清癯的面庞上那双炯炯有神的眼睛里，目光那么亲切，竟使我不禁握住他的手，把自己的身世和生活情况全部倾诉出来。我告诉他，我也和许多人一样，全家寄居在重庆当时几乎到处可见的碉堡里。徐先生爽朗一笑，诙谐地说："那也好，空气新鲜嘛！"我的不安心情这时竟不知不觉地烟消云散了。

当天晚上，我应徐先生之约，拿着我的水彩风景习作到他的住所求教。徐先生看过之后，开始侃侃而谈。他说，有些画虽然题材简单，但要注意表现出大自然的变化和壮美。他强调说，画好水彩很难，必须掌握好水分，要色调透明，笔墨淋漓，景致虽经概括，但不能失去真实感。他反复叮咛我，要想练就高度技巧，就必须深入生活，勤学苦练，除此之外别无捷径可寻。先生那天晚上的一席话，我至今记忆犹新，在我以后的艺术生涯中，成为我始终遵循的铭言。

从此以后，徐先生对我这初出茅庐的"新交"关怀备至，我也总是希望经常聆听先生的教诲，先生的为人渐渐成了我心中的楷模。我在绘画中的每一点微小的进步，都凝聚着先生的心血。记得1943年，徐先生得知我将举办一次个人画展，在我把拟展的画事先交给先生过目时，他微笑着说："画展我届时参加。"画展第一天，徐先生偕廖静文先生早早来了，先生看得是那么仔细认真，那么兴味盎然。我知道，任何一处败笔，哪怕是极其微小的，也绝不会逃脱徐先生这位造诣甚深的艺术大师的眼睛，因此只是不安地看着先生。没想到，徐先生竟看中了画展中的两幅重庆风景画，当即表示要订购下来。当时，徐先生还说，英国水彩画驰名世界，只因伦敦多雾适宜作水彩画，重庆也是多雾，人们常谓"雾重庆"，重庆四季都在雾中，作水彩画非常适宜……希望你还要不断地刻苦练习，争取在水彩画上能有独到之处，这是最重要的。说实话，在画那些画的过程中，我常常为胸臆无法表达而苦恼，有的画即使画出来，也只是单凭感觉。徐先生一席深邃的话语，使我茅塞顿开，大彻大悟，看清了努力的方向。为了表示感谢，我决意把徐先生看中的两幅画送给他，表示只求先生指教，决不要报酬。先生再三逊谢，最后表示，以后他举办画展时，可由我任选他的两幅作品。翌年，徐先生在重庆举办大型画展，为践前言再三要我挑选两张画留作纪念。我始终未敢接受，先生见我执意不受，当即送我一本精致册页。他沉思片刻，在标签上题了"友声集"三个字，之后，他顺手翻到中间一页，画了一匹奔马，并且说，以后我带你去请赵少昂先生画一幅。不久，徐先生又亲自同我去拜访赵少昂先生，请赵先生在册页上画了一幅飞蝉。

1945年秋，我失业了。1946年春天，我由磐溪搬到重庆住在一个小山坡上的两间简陋的竹瓦房里，生活极度拮据。万没想到，在我最困难的时候，徐先生偕同廖静文先生突然来到我的小屋。先生半开玩笑地说，好清静的地方，你这是专心修行，无忧无虑啊！见到徐先生，我如同久旱逢云霓，立刻向他陈述失业之苦，生活维系之难。徐先生讲，我这次来，一是上这里清静清静，二是来告诉你，我不久要到北平就任国立北平艺专校长，请你一同去，协助我及早筹备并任教。听了这消息，我高兴极了，真是雪里送炭啊！在这世态炎凉的社会，先生还惦记着我，我百感交集，不知说什么好。徐先生在我这简易的竹瓦屋住了一宿，吃的是我家最普通的家常饭。先生难得有闲，这天他兴致很高，与我推心相谈，从绘画到治学，使我受益匪浅，终生难忘。

三

徐先生于1946年春先赴南京，抵宁后即住医院疗养。不久，我收到先生来信（由廖静文先生代笔），信中写道："弟已接受教育部聘任国立北平艺专之职，拟请吾兄相助。如蒙允可，敬希即刻设法启程，务请于七月底以前到达北平，以便进行复校事宜。弟将偕作人先行赴平。"遵先生所嘱，我迅即赴北平，做些准备工作，专候徐先生和吴作人先生。此时，我又接到徐先生的手书，写道："我等六人将于廿四日晨乘轮至秦皇岛，廿六日夜约能抵平，至迟廿七日能到，请兄设法至王府井梯子胡同一号，询盛成先生得一暂时落脚之处。我一到秦皇岛即电兄来车站一接。"同时又介绍了先生的老友寿石工先生，要我前去联系。我找到寿石工先生，为徐先生一行安排了住处。

徐先生和吴作人先生一行六人到北平后，住在简陋的房舍。徐先生就任国立北平艺专（现中央美术学院前身）的校长，一上任马上着手复校工作。无论是教学还是教职员工的生活，他都要亲自过问。旧艺专没有教职员宿舍，为了教员教学方便，生活安定，徐先生嘱咐我一定设法廉价购置宿舍。我协助徐先生多方联系，解决了宿舍问题，先生这才放心。当时经费很紧张，徐先生又让我去东郊将陶瓷系的窑拆除，搬来材料修建了小礼堂，为师生提供文化娱乐场所。

徐先生到北平后，北平的美术协会极力拉拢先生。这个美术协会是国民党的中央文化运动委员会控制的，其拥蒋反共的立场，早为进步的艺术家所唾弃。该协会在艺术上也是墨守成规。徐先生历来疾恶如仇，非常蔑视这个所谓的美术协会，一到北平，他便联合美术界进步人士成立北平美术作家协会，与国民党的"中华全国美术协会"相对峙。

1947年春，徐先生又亲自组织北平美术作家协会与国立艺专联合在中山公园中山堂搞了一次大规模的新画展。这是美术界革新派画家们向保守派发动的一次进攻。新画以反映时代气息，反映人民真实生活为主题，一破旧俗，反对不走写生之路而专门师古的保守画风。徐先生常说：绘画要有生气，否则"文到八股，画到四王"，将病入膏肓。我当时在徐先生身边执教，目睹了这场斗争的前前后后。当时北平各家报刊纷纷发表评论，这就是轰动北平的"国画论战"。经过这场"论战"，保守派的阵地逐渐蜷缩，而以徐先生为代表的革新派影响越来越大。

四

南宋诗人杨万里的一首七绝《小池》写道："泉眼无声惜细流，树阴照水爱晴柔。小荷才露尖尖角，早有蜻蜓立上头。"这首诗常被人引用来赞美那些新事物和扶植新事物成长的境界高尚的人。徐先生当之无愧。

徐先生早在20世纪30年代就享有盛名了，但他是那样的谦虚和平易近人，谈吐文雅，风度翩翩，心地是那样的善良，只要他知道谁有急难，无不关怀备至。

有些小事我至今记忆犹新。先生在国立北平艺专任校长时的一年秋天，一个朋友从新疆带来一个哈密瓜送给他。那时北平市面上见不到这种东西，也很少有人知其名。先生将这罕见的"珍品"细心地切成几十块，然后亲自坐车把瓜逐户送到每个教师家中，大家吃在嘴上甜在心上。每年春节，大家都去给先生拜年，先生和夫人总是热情接待，谈笑风生，临别时都是冒着严寒送出很远。

在这个时期，我除教学外还兼任总务工作。因为徐先生经常抱病忙于教学和行政工作，因此我几乎每天晚上都到徐先生家里汇报工作。先生常留我共进晚餐，边吃边商谈学校的各项工作。先生从不吸烟饮酒，他知道我爱喝酒，每次都让我喝一点，但总不忘嘱咐我："酒，不是好东西，少饮有益，不要多喝。"我一边答应不多喝，一边自斟自饮，先生爽朗地笑着……每忆及这些往事，我常常抑制不住内心的激动。

徐先生常说："人不可有傲气，但不可无傲骨。"记得有多少达官显贵，附庸风雅，出重金争购徐先生的画，而先生对他们却往往"拒之门外"。但对真诚的朋友或因为学校教学工作的需要，他却慷慨相赠。

当时学校教学急需一具人体骨骼，市面上又无处可买，我便托北平第三市立医院院长徐政闻先生帮助。最后，徐政闻院长将自己私人存的一具人体骨骼送给了学校。徐悲鸿先生为之感动地说："赠我以瓜，报之以李。"挥毫泼墨画了一帧很大的奔马送给徐政闻院长。

北平解放前夕，学校面临断水的危险，经与"协和医院"联系，同意用他们的水井供学校生活用水，并提出："我们久仰徐校长之盛名，能否请先生为我们画匹马？"先生笑允，随即画马相赠。

复校后，学生画马无真马做教具，先生为此曾作奔马一帧与某部门，换得一匹高头大马作为教具之用。

1949年春末夏初时节，徐先生参加保卫世界和平大会归来时，我前往车站迎接，先生见我高兴地说："步云，这件东西最重要，千万要保护好！这是一匹马的解剖石膏模型，我回国途中辗转多少地方，都是这样抱着它，你把它送到学校教具组保管，供教学使用。"我小心翼翼地从先生手里接过用先生自己大衣包裹着的马，生怕稍有损坏。先生在千里之外的异国还时刻不忘教学，他的精神至诚为后人所敬佩。现在社会上普及供应的石膏马解剖模型，就是借助徐先生带回的这件模型制成的。这样的事例举不胜举。

唐代诗人杜甫在一首吟咏"春雨"的诗中写道："好雨知时节，当春乃发生。随风潜入夜，润物细无声。"徐先生正是这浇灌人们心灵的春雨，哺育着新一代的成长。他热情地关怀着年青一代的成长，"新松恨不高千尺"，而只要"小荷才露尖尖角"，先生便热情加以鼓励、关怀、培植。当时我在校教水彩画，班里有个学生画得不错，很有培养前途，徐先生常向我问询他的学习情况。有一次我反映："他经济很困难，常常买不起绘画用品，学校是否帮助一下？"徐先生得知后，自己出钱买下这个学生的两张水彩画。这个学生得到徐先生帮助后，学习更加刻苦努力。

我在校任副教授时，也时常拿画请先生指教，先生特别指出我的风景画中，树的造型还须注意，让我反复观察，揣摩比较，并亲手示范。先生对我的点滴进步都爱护备至。有一次先生看到我画的一幅《白皮松》很赞赏，随口说道："杰作本天成，妙手偶得之。"这对我是极大的荣誉。先生让学校买下了这幅画，作为教学资料。

先生治学态度十分严肃，对师生要求都很严格。在寒暑假期间，他要求每个学生画自画像，开学时必须能够默写自己的形象，直到十分逼真为止。先生一生反对浪费，他特别嘱咐我，每次作画后从调色板上刮下来的颜色不要扔掉，给他留着。我遵嘱办理，先生"变废为宝"，把这些杂颜色稍加其他颜色，调成各种不同的灰色，画在自己的画上，形成和谐的灰色调。我从徐先生那里学会了这种方法。

徐先生待人至诚，在学校里历来传为美谈。他对仁人志士的豁达热情是远播海外学者的。徐先生到国立北平艺专后曾结识一位日本著名风景粉画画家矢崎千代二先生，矢崎先生在战争年代游历东南亚各国，作画千幅，在日本投降前夕来到中国，后在国立北平艺专任教。他憎恨日本军国主义，日本战败后不愿回国，申请留在中国，并将其全部作品送给学校。矢崎先生当时年逾古稀，久病卧床。徐先生很爱护他，多次要我陪同前去看望，矢崎先生深受感动。矢崎先生病逝后，徐先生亲自安排了后事，并嘱我妥善安排留在中国侍奉矢崎先生的两个日本学生回国。徐先生为中日两国人民友好所做的贡献是值得大书一笔的。

徐悲鸿先生这位杰出的爱国艺术家，把一生无私地贡献给了祖国和人民。今天，党和人民给予徐先生公正的历史评价，先生的在天之灵也一定感到欣慰。

既有硬功夫　又有正义感

夏　林

我于1934年暑期考入南京中央大学艺术科，在我将毕业的前一年（即1937年）发生了"七七"事变，我即离校从事救亡工作。我在中大艺术科上学的三年中，接受徐师教诲虽然不到二年，可是他对我的影响却极为深刻。周总理曾经赞扬徐师，说他"真正有一点硬功夫而又有正义感"，这话实在是非常深刻的，分量是很重很高的。正如1965年毛主席对模特儿问题所谈到的："中国画家就我见过的只有一个徐悲鸿留下了人体素描，其余的……没有一个……"我以为，这种语气和意思绝非偶然相同，也不是信口扬此抑彼，而是带有判断性的科学语言。

有正义感，对于一个政治家或职业革命者，似乎算不得最高品质与修养，但是对于一位艺术家和学者则是十分难能可贵的。这种正义感，不仅体现于本人在思想气质上具有一种贫贱不能移、富贵不能淫、威武不能屈的风骨，而且表现了对国家和人民无限热爱、忠贞，对社会上一切邪恶疾恨如仇……

徐师出身贫寒，是从艰难困苦中奋斗出来的。我在中央大学艺术科见到他时，他刚从法、德、意、比、苏等国举办中国画展，并取得辉煌成就后归国，又执教于当时首都的最高学府，名誉地位，非同寻常。我曾几次到他家观摩中外名画，看到他家俨然阔绰贵公馆，但他却将之命名为"危巢"，表现了居安思危，包含了不忘国家危急、人民穷苦之义。他平素在校，衣着简朴，待人平等，对寒微学生，更是热忱恳挚，从来没有让人感觉出有任何架子和矫情虚意。据我所知，当时艺术科全体师生，不论年龄、出身、禀性、修养多么不同，没有不对他爱戴敬重的。这在旧社会是极难遇见的现象。在当时蒋家王朝炙手可热的势焰下，徐师对于当权者决不阿附逢迎，而对于处在危急的民族和受压迫的人民大众却怀着赤子之心与之息息相通。从《徯我后》的创作到孑身远去广西，不是留恋漓江山水，而是干犯"天威"，公然拥护"为国家雪频年屈辱之耻，为民族争一线生存之机"的广西"六一运动"，热情赞颂领导者的义举……我早就拟想过，只要徐师看到实情，一定拥护中国共产党。果然，北平解放前夕他坚留不走，迎接解放。他热爱共产党，热爱新中国……正如他在一篇文章里所写的，他是为中国共产党"首先取消对我国不平等条约"和看到工农大众翻身做主人等事实所感动。这就是他的"正义感"的表现。

谈到"硬功夫"，我的感觉尤为深切。我以为从专业角度说，这是个特别值得深入探讨的课题。当时美术学校有一种倾向，正如鲁迅先生所说："第一，是青年向来有一恶习，即厌恶科学，便做文学家，不能作文，便做美术家，留长头发，放大领结，事情便算了结。较好者则好大喜功，喜看'未来派'、'立方派'作品，而不肯作正正经经地画，刻苦用功。人面必歪，脸色多绿，然不能作一不歪之人面，……其二，则他们的先生应负责任，因为也是古里古怪的居多，并不对他们讲些什么……"（摘自1934年4月12日致姚克信）同年6月3日致杨霁云信中也有这番话，末尾还说："……真是乌烟瘴气。假使中国全是这类人，实在怕不免于糟。"

中大艺术科西画组的学生和老师，却根本不是这样。一则国立大学费用低，考试严，录取的多属勤学之士，出身寒微的不少。报名艺术科，也得先经过统考而后再进行专业考核，每年录取人数很少，如我这个班仅五名同学，三三级（1933年）才二人。再则，是徐师的学风与美术思想起了决定作用。徐师的美术思想，概括起来就是反伪求真。他曾经说过："艺术是维护真理的，它本身也须体现真理。"他反对一切伪："夫乡愿式馆阁体Academism之可鄙，以其伪也。"他既反对中国八股，也反对洋学院派，更反对"风行新派，投机艺术"即鲁迅所说的"世纪末的怪画"。徐师说："反伪宜莫若真，今也以伪易伪"，"吾居欧，亲自依傍新艺者，皆其学之不济也者，骛为新奇，肆其诈骗……""我平生反对形式主义，形式主义是泥坑，自然主义也是泥坑"；他还反对"怪癖"、"矫揉造作"、"矫情立异"、"文饰"等一切不真之风。徐师在这些基本观点上，与鲁迅不约而同。他要求学生多观摩世界名作，吸取西方写实的科学技法，强调素描基本功，重视人物……这些都是值得研究与发扬的。

我在少年时代，对艺术并没有什么特殊爱好，只是由于对当时封建官僚社会反感，特意选择一门自由职业和不必卑躬屈膝求饭吃的技能，初中尚未卒业便远出考入苏州美专。但，直到投入徐师门下，得睹他的巨大创作和中外名作精美复制品（特别是新从苏联带回的列宾、苏里科夫等人的《伏尔加纤夫》、《查波罗什人写信给苏丹王》等），加之徐师言行的启示，方才领会到绘画（主要是油画）的丰富表现力与巨大内涵力，决不限于山水花草鱼虫之美，才懂得"文以载道"的意义。我从此立志要为绘画历史性题材及反映当代生活的作品打好基础，即使再费若干年，亦在所不惜，决不急求早成。与此同时，徐师那种严肃的人生态度和追求正义的赤诚，使我深受感动，方知画家并不全属雕虫之辈，更非蓄长发、放大领结的浪漫之徒，而是对人民和国家负有重责的。这对我接受马克思主义和中国共产党的政治路线，投身抗日救亡工作，以至加入组织，走与工农相结合的道路，都具有莫大的作用。

在这种思想情况下，接受徐师那种主张与教导特别自觉，又认真画了两年人体石膏模型，画了一年人体（模特儿），至于画油画，则只是（油画笔）刚刚拿上手。这三年平均每日绘画时间约四小时（一般白昼半天，晚上一个多小时，假日室外自由写生），绝不是磨磨蹭蹭混过来的。

首先秉承徐师嘱愿："苟有以艺立身之士，吾唯以诚意请彼追寻造化，人固不足师也。"彻底甩掉从别人画面上学画的恶习，完全用自己的眼睛观察客观万象。

我以为徐师教学，确是身践其言而成效卓著。据我所见过的徐师所有学生，除了大都没有走上他所愤斥的各种"伪"的道路这一大同外，而且各人成就有所差异，简直看不到两个人的画风与技法近似的，从这点上是找不出"徐派"来的。有人以为中大艺术科是"学院派"，这是毫无事实依据的。近年来我还曾看到有人著文，竟以"西法科班"咒骂一切师法造化用功写实的人为反民族传统——"反写心"……如果这不是偏见，那么鲁迅倒是外行无知了。我认为，亏得伟大领袖毛主席、周总理博识卓见，新中国成立以来党对美术教育领导正确，因此，整个绘画水平比我们那时已高出若干倍，这是无可否认的。既没有闹得"乌烟瘴气"，也没让封建文人的"写意"、"两点是眼不知是长是圆，一画是鸟不知是鹰是燕"，统治至今，鲁迅先生如泉下有知，一定会引为欣慰。

中大画室（伯敏堂）设有多具真人大小的石膏像，在将近两年中我做了以下一些功夫：

徐师常讲"尽精微、致广大"。对于初学者来说，他强调"三宁三毋"，即宁方毋圆、宁脏毋洁、宁拙毋巧，我以为这几个矛盾都是对立统一不可分割的。

我曾对一块数米长宽的希腊祭祀浮雕下过功夫,沉下心来把浮雕上几十个博衣长襟的人头连衣褶还有他们牵的羊群及其毛块,如实地一一画下来,而避免了重复烦琐。我还对一座巨型的劳孔半身塑像下功夫,对他抗拒海蟒束缚因而全身隆起的肌块,做了一笔不苟的绘写,难得的是这张画不失整体,形象准确,透视层次井然,没有花花搭搭的现象。

我还下了另一种功夫,如对大型维纳斯像的腹部,在极为柔和光洁散光正视之下,使光影不显痕迹,感觉却丰富充实,这只有经过深刻的分析综合,才能表现出这种微妙形体,如同传说的达·芬奇画蛋,但却比画蛋复杂过之。

这就是"宁方毋圆",使之达到圆而不滑、光而不虚的效果。

徐师常喻人:经典画幅最亮点只有针尖大。我对此做了进一步观察和探索。例如画白色的石膏像,我将白纸本色留作最亮点,将炭笔的最深色作为最暗处,又将石膏像旁边窗外天色与座几的黑漆引进画面,这样整个石膏像便成为灰白物体,其中层次还要充分保留。

我还曾在黑纸上用白粉笔画石膏,变通常画阴影为画光亮,练习时调子相对准确地掌握,而且惜墨如金。

这样从"宁脏毋洁"达到洁而不光(指虚光)。若不能洁,手脸上的污迹(如"煤黑子"等)怎样表现出来呢?

我感觉最难的核心问题是徐师要求"下笔就准",准是对反映客观事物而言;徐师最忌似是而非,当然也反对那套"形而上"的舞笔弄墨功夫。他曾诠释:"惟妙惟肖,肖者像也,妙者美也。肖者未必尽美,而美者必肖。"只有准了才真像,神啊妙啊也都出来了。这恐怕是练基本功最后一道功夫了。

这些在绘画上只是基本功,如建筑打基础是往下的,但往下越深,往上起楼才能越高。到画人体(活模特儿)与作油画时,又是另一番规律,但这与基本功是相辅相成的，欲巧必先拙，欲上必先下。

徐师一切大小作品都体现了"尽精微、致广大"，只有基础功力深厚，才能做到作画宏广多样，巧妙自如。从专业观点来说，我以为他最突出的一点还是毛主席所说的人体素描。那些欺世媚俗的东西，固然不能与其相比，即使同类名作精品，与徐师作品相比，也觉得有所不逮，不是粗糙僵直，便觉虚软或失之圆滑，总之不如其纯真、充实、自然。

我的见识狭陋，这完全是主观感觉。回忆那时，我作以上种种练习时，曾得到徐师莫大的鼓励，徐师并称赞我已达到欧洲学院水平……我的大部分习作虽已留校示范，但我每每望着徐师的人体素描，便不免产生"望洋兴叹"，面临沧海难为水之感，我曾发愤埋头十年，再试作画！

我觉得徐师画人体素描，大异于石膏基础功夫，除了大体调子层次分明决无重复外，对于局部明暗处则敢大胆舍约，但致力于Indication，尤其是Demitone，于是形象鲜明、生动活泼而质感充沛（徐师经常用一些法文词语提示，这两词意思大概是明暗交界部与半调子）。

但我以为徐师作品，其轮廓线既有西洋兼具形象体质之妙，又发扬了我国勾勒传统的功夫，而毫无形不副实矫揉造作之弊。同为人体，由于皮下肌脂情况不同而异，于妇人则丰妍脓腻，于男子则虬动壮实，于少儿则稚嫩娇柔，于老汉则松弛羸瘦，但均富有生机，与衣物线条迥然不同。

我以为：徐先生的人体素描，不仅为我国之宝，亦为世界画坛之瑰珍。

我的老校长

侯一民

1946年秋天，我考入了由徐悲鸿先生刚刚接收的国立北平艺术专科学校。在当时学习绘画，毕业以后的职业是很渺茫的。在入学时填的登记表上有一栏"将来志愿"，有的同学就填"农"，有的填"商"……瞎写了一气。开学典礼上徐先生讲话，一开头就说，我看了你们的志愿，为什么没有一个人填写要成为一个中国的大画家，一个顶顶了不起的大画家呢？我当时才16岁，哪里能体会到徐先生振兴中国美术的一片苦心！以后几年中经常看到他拄着手杖，穿着带铜扣的长袍，腋下夹着一包画片到教室来，把他在国外节衣缩食，甚至借钱买来的素描原作和从欧洲文艺复兴时期直到马内、梵·高的精美绘画图片，一幅幅地放在教室的大玻璃柜子里。他也把自己的素描拿到教室分批展示给学生观摩。他还把大幅油画康普的《包厢》原作搬到教室让我们观赏和学习，这在当时的中国是难得见到的艺术珍品，那时我还注意到许多图片上印有"悲鸿生命"的印记。

在教学上他要求学生对人体各部位的形体构造要有极严格的认识，要求广大与精微的结合，每完成一幅画以后，他要求我们要默写一张。他强调解剖课，每个绘画系和雕塑系的学生都要能熟练地默写全身结构；他甚至采取全校学生在大礼堂里默写解剖的方法，不仅要求默写人，而且要求默写马。1948年春天，有一次在大礼堂全校默写马的解剖，当时很多学生对此很不理解，而且正遇上学生运动处于高潮，连连罢课罢红了眼，一听说要默解剖，而且是马的解剖，就纷纷嚷着要罢考。我当时已是地下盟的负责人，我也主张罢考。但临近考试时发现很多平时不用功的学生，特别是反动党团分子，都要一起罢考，我们才冷静下来，大家一商量，认为这样做不对头，反到徐校长的头上了，于是立即决定动员同学参加考试。事后黄警顽先生告诉我说，徐先生听说我也反对默写解剖很生气，要开除我，后来知道我参加了考试，而且考得很好，这才原谅了。

四年级一年中，徐先生担任我们班的教师，他当时很憔悴，校内外需要他做的事很多，但看到学生的画他就不肯走动了。有一次我画一个女人体，他想为我改一下，可是一坐下来就一直画了下去，从腹部一直画完了整个下半身，画得细致入微，我站在他身后看他像镶嵌一样把颜色摆上去，从暗面画到亮面，而在明暗交界的中间地带，用那样柔和清亮的色彩错综衔接，表现了最细微的形体转折和质感与空间感。半天时间过去了，整幅油画由他画完了多一半。当时老师们说，徐先生给学生改画，有时比自己画的还要好，改完以后几乎舍不得把画留给学生。当时我们买不起颜料，自己的床单都做了画布，徐先生看到我们画板上没颜色，有一天他带来了一大包油画颜料，一半送给了我，一半给了曾善庆，都是法国的颜料。徐先生用色极省，他从不用布擦掉画笔上的颜色，总是把画板上的脏颜色收集起来，把画笔上的颜色用画刀刮下来，稍稍加上一点鲜明的颜色，全部用到画面上去。

徐先生接管艺专以后，国民党特别派遣了一批党棍、特务，监视徐先生，同时镇压学生的进步活动。因此，在艺专进步的教师和同学，与国民党、特务之间的斗争十分激烈。1947年5月20日，"反饥饿反内战"示威运动之后，国民党坚持开除大批学生，同时坚持要解聘当时参加了"反饥饿反内战"的教授高庄、李宗津、冯法禩，由于徐先生的力保，除高庄先生到了解放区以外，其他老师得以继续在艺专任教。高庄是我国最优秀的工艺美术家之一，至今我还记得他在示威行列里撑着大旗的高大身影。

1946年至1948年间，地下党在学生中利用合法的组织，经常开展歌诵、演剧、营火会等活动，以团结同学，壮大革命的力量。当时我参加的社团有"综艺剧团"（演出过郭沫若的《棠棣之花》，现在的著名导演李翰祥演侠累）、"黄河剧团"、"阿O"漫画壁报、"大家唱合唱团"等。徐先生作为校长，热心支持学生的这些课外活动。1947年冬，有一次，我们举行了戏剧竞赛，演出了几个独幕剧，得奖的戏一个是《被迫害的》，描写失业工人寻求出路的话剧，现在的著名雕塑家刘小岑饰老头，著名油画家李天祥演金嘴，我演阿毛；另一个得奖的戏是音乐系的进步学生自编的嘲笑音乐系某中统特务头子的喜剧。我们请了徐先生担任评判。他在台下看得非常开心。演出结束后，由他发了奖，奖品就是徐先生亲笔写的两幅字，给前一个戏的题为"表情深刻"，给后一个戏的题为"惟妙惟肖"。

1948年的下半年，随着国民党统治的行将崩溃，白色恐怖笼罩北平，国民党特别刑事法庭成立以后，在学校公开搜查抓人。大街上宪兵队可以就地杀人。1948年7月9日，"反迫害反剿民"大示威以后，8月15日国民党又进行了大逮捕，艺专有十几个学生被开除通缉。列入通缉名单的有当时地下党的负责人冯灿华、刘树屏等。另外还有党的外围组织进步艺术青年联盟的盟员，前后有四人被捕。这时我们一方面整顿自己的组织，转移已暴露的同志，一方面设法营救被捕的同志，经过几个月的周折，最后还是由徐悲鸿先生出面，保释了在北平被捕的臧任远、余国育出狱。

大逮捕中，学生自治会的主要成员都列入了通缉名单，这样，反动党团分子就篡夺了学生自治会的领导权，学校中一切进步组织，如壁报社、剧团等全部被训导处勒令解散，我们的活动也变得更加艰难，只能从事秘密发展组织和组织秘密读书会。但是却有一个漫画刊物被保存下来，这就是"阿O"漫画壁报，它从1947年创刊，一直办到北平和平解放，而且越办越大，它曾淋漓尽致地揭露国民党屠杀人民、镇压学生运动、贪污腐败的本质，控诉了学生的困苦生活。叶浅予先生曾把其中的一些漫画选送到香港发表。1948年12月的一期上，刘小岑画了一幅蒋介石和宋美龄在飞机上用望远镜着急地向西方瞭望，下面是中国的地图，地图的北半边是燃烧着的烈火，题为"远观美援不至，下看战火南烧"。我在这一期上，画了艺专院子里各式各样大大小小的狗的肖像，共有十几只。壁报贴出以后，震动了全校师生，也激怒了准备南逃的一个反动骨干，这个反动骨干半夜里把刘小岑的漫画撕下，送到"剿匪总部"去，并扬言在他走以前"一定要干掉几个"。国民党反动分子的这一暴行，激怒了广大师生，在漫画被撕处出现了一篇痛斥反动分子的檄文，上面还画了个狗爪子。这是由当时才16岁现在美院的副教授曾善庆干的。这期刊物反映了我们在即将来临的胜利时刻的兴奋心情，但也有些头脑发热，在国民党统治下，竟直截了当地画起蒋介石的漫画来了。为此，地下党立即决定刘小岑转移到解放区去。但，就是这样一个刊物竟没有被查禁，在这一事件以后仍继续出刊，其原因就是徐悲鸿先生明确对训导处讲："办漫画壁报是学生练习画画的好办法，要让学生出，不得禁止，不准停刊。"1948年下半年出了很多期，因为有徐先生的支持，我们也就不交训导处审查。北平解放以后，徐悲鸿先生一直不忘这件事，在他出席世界和平大会经过苏联的途中，还专门买了一本库克莱尼克塞的漫画集《БРЕдОВЫЕ АНТлО-АМЕРИКАНИЗАТОРЫ》回来以后，送给我留作纪念。

1948年下半年辽沈战役之后，平津已处于人民解放军的包围之中。早在当年8月间，艺专的反动分子就派遣了代表，到南京国民党教育部请求将学校迁往南京。10月，由他们发动了一场"南迁运动"。当时，我担任中共地下党的支部书记，上级党组织要求我们一定要保住学校，我们通过地下盟员，团结了大多数同学，并广泛联系进步的教师，和反动党团展开了一场激烈的"反南迁"斗争，还在礼堂进行了公开的辩论。当时音乐系的反动势力又单独行动，企图把音乐系搬走。国民党要迁走的不仅是这个学校的学生、设备，更重要的是要把在艺专的一大批中国美术界、音乐界的中坚力量，搬到南京去。徐悲鸿先生更是他们要弄走的主要对象。在这场斗争中，徐先生和全校进步师生始终站在一起。地下党组织当时主要通过自己的党员、徐悲鸿先生早年的学生、艺专的教授冯法祀同志和徐先生保持着联系。冯法祀同志是我的老师，而我又是与他单线联系的党的负责人。他对我这个18岁的学生像对自己的上级一样做汇报、商量工作。这种又是师生，又是被领导与领导的特殊关系，在那严酷的年代中，谁也没有觉得不自然，只觉得是革命的需要。1948年底，我们了解到国民党当局想强迫徐悲鸿先生南迁，并给徐先生送去了两张飞机票。我报告了城工部我的上级联系人冯慧溢同志，之后又按照地下党组织的指示，由冯法祀同志正面转达了地下党希望徐先生留在北平的意见。徐先生毅然表示决不随国民党南迁。不久，田汉同志由党派遣，秘密来到北平，也是由冯法祀同志陪他见到了徐先生。田汉同志是徐先生的挚友，他转达了毛主席和周总理对徐先生的问候和要求徐先生在任何情况下，都不要离开北平的嘱咐。在这以后，徐先生的一系列活动是那样坚毅、果断，他亲自召集了校务会议，在这个会议上要讨论对南迁的态度。当时，国民党当局已发下了"应变费"，作为南迁的经费。我们当时已了解到徐先生的打算，又仔细地分析了校务会议的形势，并派出了地下党员李天祥以学生自治会主席的身份（反南迁中改选了学生自治会）参加了校务会议。当时有几个科的负责人要求南迁。徐先生提出：南迁实无出路，并说他已征求了许多教师的意见，大多数教师反对南迁。学生代表李天祥热烈支持徐校长的主张，并提出保证学生生活的措施。参加这次会议的吴作人、李桦、叶浅予、王临乙、冯法祀、艾中信、范志超等教师，都主张学校留在北平不走，并当场决定将国民党所发的让用于南迁的"应变费"买成小米，作为全校教职工的津贴，和供学生度过最黑暗、最艰难时的生活用粮，以迎接北平解放的到来。这件事一决定，那几个主张南迁的人只好悄悄地溜到南京去了。全校师生奔走相告无比兴奋。

在人民解放军围城的隆隆炮声中，我们日夜守护在学校，期待着战斗的一天。地下党组织发了枪支，并布置了由我们保护协和医院和占领北面汽车队的任务。但攻城的战斗迟迟没有打响。

与此同时，我们知道了徐先生在傅作义将军召集的北平社会名流参加的座谈会上，当傅作义征询对时局的意见时，在经过半小时冷场之后，他第一个站起来发言，劝傅作义为了保全北平的古老文化，为了北平人民的生命免遭涂炭，应顾全大局，顺从民意，走和平解放北平的道路。在当时徐先生能这样冒险直谏，反映了徐先生真不愧为当代最正直的艺术家，这时我才真正了解了我的老师，激起了我们对他更加崇敬的心情。

北平的和平解放终于实现了。国民党军队刚刚从德胜门撤出，艺专的师生职工第一批敲锣打鼓走上大街，向街头那些不敢相信北平已经和平解放，带着疑惑目光的群众宣布：天亮了，北平解放了！并且在全城张贴了第一批迎接解放的木刻传单。这批传单是在北平解放前由地下党秘密组织艺专的进步教师刻制的。李桦木刻选集中的"人民解放军是人民的军队"就是其中的一张。

北平解放以后，有一段时间，艺专与华大三部还没有合并，但是徐先生对解放区在艺术上所走的道路和艺术成就非常赞赏。他决定派我们那个班（当时的最高班）到鲁艺去做学生，让我们去学习解放区和工农结合的经验。1949年7月，我们到了沈阳，和鲁艺的学生编在一起学习，并分别到第一、第二、第四机床厂、冶炼厂深入生活，办墙报，搞创作。两个月以后，我们回到学校，徐先生让我们向全校报告"留学"的体会。

1949年下半年，徐先生给周总理写信，要求派艺专的师生参加当年冬季在北京郊区展开的土地改革运动。廖静文同志为了办理此事去找了冯文彬同志。周总理支持了徐先生的请求。由柴泽民同志作动员报告，我们全校同学和一部分自愿参加土改工作的教师，分四个队，分别参加了西郊和南郊的土改工作。艾中信、董希文、李桦、叶浅予、戴泽、韦启美等许多老师和同学们参加工作组，和各区土改干部一起，访贫问苦，发动群众，分地分牲畜。徐先生到区里去看我们，还激情地参加了在大红门举行的对恶霸地主的斗争。在这样的生活锻炼中，我们第一次深入接触了农村的阶级斗争，它对我们以后在艺术道路上的影响是深刻的。艾中信、董希文教授，都在这次土改中申请加入中国共产党。在师生中产生了第一批反映农民土改斗争的作品，如董希文的《开犁》、戴泽的《贫农小组会》、李桦的《斗争地主》、刘小岑的《分地》、曾善庆的《烧红契》等。

北平解放以后，徐先生创作热情极高，《毛主席在人民中》这幅油画，在解放以后不到一年就画出来了。他请学校的老师和解放区来的同志到他家去看，想听到大家的意见。他在这种场合照例请大家吃豆花。徐先生最爱吃豆花，每年招考新生结束时，他总是请大家吃豆花。

有一次徐先生把一些同志邀到他家，记得是一个夏天，人们坐在院子里的树荫中。这时徐先生双手捧着一个小东西，从房中走出来，把它放在院子正中的小桌上，原来是他从国外带回来的一件丹麦王家瓷厂制作的"山林神戏蛙"小瓷雕。徐先生非常得意，孩子似的等着大家叫好。小山林神的野性和稚气，两眼盯着小青蛙的神态，使在座的王朝闻、王式廓、罗工柳同志都拍手叫绝……徐先生真是一位有眼力的鉴赏家，他对艺术的爱是那样由衷、那样执着，而且不拘一格。据他自己说，他在填写履历表时，在"有何专长"一栏内，写的是："能分辨艺术品之高下。"

我是徐悲鸿的最后一代学生。可是在新中国成立前，由于政治的动乱，没有可能更专心致志地向他学习专业。当新中国成立以后，有可能更多的学习的时候，他又过早地逝世了。但是，也正由于在这场光明与黑暗的最后决战的年代中，通过和徐先生的接触，徐先生的为人更全面地教育了我。他的确是永远值得我们学习的伟大的艺术家、教育家，热爱人民的伟大爱国者，一个质朴、正直的人。

终生难忘的情谊

曾善庆

　　徐悲鸿先生不仅是一位划时代的、有开创性的杰出画家，也是一位为中国的美术事业立下不朽功勋的美术教育家和美术事业家。他发掘、培养、帮助、支持了无数的画家，当代我国许多著名的画家，曾受到他的培养和帮助。他爱才如命，只要发现了人才，就视如珍宝，千方百计地进行培养，他从不忌才，他推荐、扶植了许多有才能的画家，并为他们的成就真心高兴。他又视财如水，尽管自己清寒一生，对肯用功的穷学生，一向慷慨解囊。作为他的学生，至今每逢忆起这位赤诚老师的教诲和帮助，仍然热泪盈眶，无限怀念。

一

　　1946年徐悲鸿先生就任国立北平艺术专科学校校长的那一年，我正好初中毕业。当我还在师大第二附小上学的时候，教美术的汪老师说我长大以后可以去考艺专。中学的美术老师是陈志农先生（现在文学艺术研究院）和王

113

友石先生（已故去，当时是地下党员，新中国成立后在北京画院），他两位都是画中国画的，都鼓励我去报考艺专。那时初中和高中毕业都可以报考，但年龄限在16岁以上，我当时才14岁，于是虚报了两岁，报考艺专国画系，结果被录取了。

　　然而我从未正式学过素描，考试时发的木炭条还是第一次使用，连发的那一小块馒头也不知道是干什么用的。入学之后，徐先生才告诉我说："看得出你没有学过画，但是你的感觉好，有培养前途，所以录取了你。"果然，开学之后，我看到同班同学都比我大，他们许多人画得又快又好。我没有学过素描，不懂得绘画的基本方法，我只觉得摆在顶光下的石膏像很美，很有些感人的东西，就把我的直接感觉用木炭条画在纸上。当画面出现我所感到的对象时，我也自得其乐，一张一张石膏像画下去，逐渐得到直接教我的艾中信先生的肯定。那时徐先生虽然不教我们的课，但经常在艾先生的陪同下来教室看看。他不喜欢只追求画面表面效果"油腔滑调"的画，他说："画画要诚实，要脏，不要净；要方，不要圆；要笨，不要巧。"要我们每画完一个作业就默写，默完之后一定要对照写生检查哪些默得不对，这样就知道下次画的时候，要注意观察什么、记住什么。他强调，如果把默写坚持下去，一定会受益不浅。他还给我们讲了德国画家门采尔惊人的记忆作画能力的故事。他说，有一次，门采尔看到广场上的人流场面非常的动人，于是喊道：门采尔要求大家停留五分钟。之后默写了这个场面。那时我们正在课外画解剖石膏像，他说主要还应该默写。

　　徐先生还特意让学校做了玻璃平柜，每周他带来许多各种风格的绘画复制品，甚至还有原作。那些精美的作品和印刷品上盖有"悲鸿生命"的图章，都是他在巴黎勒紧裤带节省下来的钱买下的。那些康伯夫的素描原作，是用他自己的作品交换来的。这些作品让我们开阔了眼界，有了更高的努力目标。徐先生年轻的时候，曾经到一个收藏家那里想看一看画册而遭到拒绝，他痛感于此，于是在巴黎节衣缩食，买了大批印刷品，不是作为个人收藏，而是为了拿给学画的青年看。

第一学年结束的考试是画掷铁饼者的全身石膏像。石膏像的正面和侧面的位置早已被人站满了，我的个子又小，在别人后面只能看见石膏像的上半身，只好在没人去的背面找了一个只能容下画架的角落。那里光线很暗，很不好画，但是我越画越觉得这个角度看它非常之美，因之越画越入迷，没想到这张画在全校成绩展览上获特等奖。这是我第一次发现了背影的魅力。

二

徐悲鸿先生对进步学生的美术活动非常支持。大约在1946年底至1947年初这个期间，进步学生程珊（现名华夏，在文学艺术研究院美术研究所）、傅金荣（现名杨辛，任北京大学哲学系美学教研组主任）等人组织美术研究会，团结了一批进步学生。在第一次的活动中，徐先生就亲临会场观看大家的作品，热情地给予鼓励，并携来自己珍藏的美术画片用反射幻灯边放映边讲解，活动搞得十分热烈。

入学的第二学期，我就住校了，整个上午在教室里画石膏像，晚饭前后就在贡院的大垃圾场上画捡垃圾的人，我同情他们，又看到旧社会的种种腐败……自然站到进步学生一边，主张为人生而艺术，与另一些为艺术而艺术的同学经常辩论。1947年，由于我参加了反饥饿反内战的游行示威，被训导处扣发了公费，还勒令我迁出宿舍。那时我的父亲因为一场重病被国民党政府解职了，因此扣发公费就意味着我必须停学，对我来说这是致命的打击，首先就意味着伙食中断。感谢黄警顽先生（我必须提出这位老先生的名字，他一生坎坷，却为别人做了许多好事。当年徐先生在困境时，是他为徐先生在商务印书馆谋得插图的工作，以渡过困境。徐先生主持艺专后，逢年过节都要请黄先生共进年饭。并在艺专为黄先生谋了一个职务——管发学生助学金的出纳员），当刘小岑和我在宿舍外开了一块地种玉米，他还栽上一块牌子，起名"栽恨园"，但因远水解不了近渴，仍然一筹莫展的时候，黄先生悄悄地把一沓钞票塞到我手中，轻声说："他们（指训导处）不许我给你，千万不要让他们知道，知道可不得了，我的饭碗丢了不要紧，还要蹲监牢……以后我按月给你。"过了几个月，一天黄先生笑着向我走来，花白的短发，脸上露出婴儿般的红晕，对我说："你可以公开领公费了，徐先生为扣你公费的事和他们大发脾气，他们不得不给你公费了。"这是徐先生对我的最大支持，也是对进步学生运动的最大支持，这在当时他要担多大的风险啊！

这之后我并没有停止参加学生运动。那时领导我校学生运动的侯一民、刘小岑和我三人办了一个漫画壁报，取名"阿O"，壁报内容尖锐地讥讽国民党反动政府。我记得侯一民画了一张"勒紧裤带不吃美国救济粮"的漫画，表现革命知识分子的骨气。为抗议国民党血腥镇压学生运动的"七五血案"，地下党领导的进步艺术青年联盟派刘小岑和我到北大地下室参加宣传工作，我画了一张大幅的宣传画，名叫《血债要用血来还》，贴在北大民主广场上（后来解放区的《东北画报》刊登了这张画贴出的照片）。随着学生运动的高涨，国民党的镇压也越来越残酷，然而"阿O"壁报不但没有中断，却一期比一期尖锐。当刘小岑画的题为《远观美援不至，下看战火南烧》的漫画，画了蒋介石乘机南逃的一期贴出之后，在全校引起极强烈的反响，进步同学欢欣鼓舞，也有些好心的人为刘小岑捏一把汗。果然要逮捕刘小岑的消息传来了。党的地下组织决定把刘小岑输送到解放区去，不幸通过沧州哨卡的时候，被国民党特务逮捕，险些被捆在麻袋扔到河里，后来经民主教授樊弘等人的呼吁和营救，才由特刑庭释放回校。当我们从美院毕业的时候，徐先生亲自把我和刘小岑找到他的跟前，宣布把我们两人留在研究部做研究生。这时候候一民已担任政治辅导科代理科长。

三

每年开学的时候，我都盼着徐先生到教室来，好请他看看我的假期作业。而每当看到他高兴地连说"蛮好"、"蛮有味道"时，就产生再努力画的力量。

一年级结束时，他让我暑假里练习画手脚，他说画人物的人常常在画手脚上是薄弱的，因此要单独做画手脚的练习。我在假期找了一面镜子，用自己的手脚做模特画了一些素描，从此对人体中的这一难题比较顺利地把握住了，而且还发现了作为人的第二个面孔——手脚的表情。

三年级开学的时候，我把暑假里画的两张水彩画（一张是《雨后的黄昏》，另一张是《五月的庭院》）拿给徐先生看，他看过之后，当即把手伸进大襟，从兜里掏出五块钱给我，说："我收购你这两张画。"并且说明天就给我两张英国Watman水彩纸。我知道我的画远没有收购的价值，这是徐先生对我的资助和鼓励。第二天我收到两张洁白的Watman水彩纸，我从来没用过这么好的水彩画纸，舍不得随便把它糟蹋了，于是裁得很小，决心等看到最精彩的美景时才用它。后来我带着它到过天南海北，用了一些，但至今还保留着两小张。

我报考的是国画系，当时不管什么系都要先画两年素描，这中间我对油画的表现力和色彩的魅力产生浓厚的兴趣，决心转入油画系。但油画颜料之昂贵，对于一个靠公费生活的穷学生来说，如同珠宝。我逐月节省零花，从不吃任何零食，从不买任何衣物，连擦画用的馒头我买来之后都掰成十几块，晾干后，用时蘸水发开再用，买一个馒头可用许多天（那时伙食吃的是玉米面窝头）。这样才攒了一些够买到最必要的颜料钱。当时的教务长兼油画系主任是吴作人先生，他询问了我的素描分数之后，欣然同意我转入油画系。三年级开学了，当我接到从上海订购的油画颜料时，看着那一筒筒鼓鼓的锡筒颜料时，真是爱不释手。可就在第二天油画课开始的时候，颜料被盗得一支不剩了，多么残酷！我难过极了，油画课怎么上下去！难道我只能画素描！就在我一筹莫展的时刻，吴作人老师第二天就把他从国外买回来的油画颜料送给了我。当徐先生得知我丢失颜料的消息后，也把一大包法国颜料送给了我。我能画上油画，全亏两位老师的慷慨相助，他们两位当时都在画油画，而这种外国颜料是多么昂贵和难得！我谨慎而又近乎"吝啬"地使用它们，直到今天我都还保持着这种节约的习惯。

四

　　徐先生看到学生画得好的时候，会情不自禁地出自内心的高兴；当学生画得有不足之处时，他总是用信任的态度相信他能解决，并且用启发式的方法让学生领悟。我们上到四年级的时候，他亲自教我们画人体油画写生。开始时，他让我们尽力发现色彩，我就拼命在人体身上找五颜六色的颜色，一块紫一块绿一块粉。他说："你还没找到色彩，但我相信你一定抓得到，因为你素描的感觉那么好。"有一次，我到他家里，他对我说："所谓色彩好，不是五光十色，而是统一在一个光调里。"他还说最亮和最暗的颜色都不要轻易用，因为那好比最厉害的武器，非用不可时才用。在第一个课题结束前的一天，他不声不响地坐在我的画前，把我调色板上所有的脏颜色用刮刀刮在一起，调了一下，然后把一块干了的柠檬黄用调色油化开调进去，他把这块略带黄的灰色颜料用笔摆到我画的女模特儿的肩胛部，啊！这块"脏"颜色立即变成一块好看的灰色，它不但自己有了空间的深度，而且使它附近的颜色也发光了。这是他唯一的一次动手修改我的画，但却是多么有启发的一笔啊！它使我知道了色彩的相互关系，灰色的使用，颜料的利用……虽然他什么话也没说，然而却告诉了我许多许多知识。

五

经过一段人体习作之后，他对我们讲起他在巴黎留学时的一件事。有一次，他的老师在他画了一连串的人体习作之后，问他画这些究竟为什么时，这位老师告诉他最终还是要搞创作。徐先生勉励我们也要搞创作。

1949年，徐先生拒绝去台湾而迎接了解放。刚刚解放，他就安排我们暑假到沈阳的工厂去体验生活，让我们向鲁艺的同志学习。我还记得沈阳铁西区那些被破坏的高大厂房的墙壁，在那空旷的厂房里工人浇铸的情景。当时侯一民同志是领队，我们和鲁艺的同志一起办工厂墙报，画劳模，画连环画……回来后，徐先生让我们趁着记忆还清楚，赶快搞创作，他说时间久了印象就淡薄了。他主张搞创作酝酿和准备要充分，画的时候则要一气呵成。

他自己也不顾高血压病，到治淮工地体验生活，画劳动模范，然而繁忙的工作经常使他在进行创作中不得不中途停顿。

他进行创作是很有计划的，有一次，我到他那狭小的画室，墙上靠着巨幅油画《毛主席在人民中》尚未完成，他说还差四百多笔就可以完成了。

六

1949年底，徐先生积极支持我们参加土改，当时我缺乏足够的御寒衣服，侯一民同志慷慨地把他的带毛的皮夹克借给我，还有一位同学借给我一件棉大褂。这是我第一次体验到农民的生活，在土地改革中才深切地了解到农民悲惨的过去，体验到农民解放后的兴奋心情。这些体验使我在红五月创作中画了《烧红契》。

在我即将毕业的那一年，经医院检查我得了肺结核，当时我灰心极了，我想，完了，这辈子还有许多艰巨的劳动怎么办？当徐先生得知这一消息时，亲自找到我，对我说："你不要怕，我去巴黎之前照过X光，说我肺上有两个疤，可见我也得过肺结核，但是什么时候得的我都不知道。你看我现在不是活得好好的吗？也从没影响画画嘛！"最后嘱咐我要多吃大蒜。

1949年5月，徐先生参加保卫世界和平大会路过苏联回国。他没有借出国的机会为自己买任何生活用品，而是在长达几天几夜的旅途上不顾身体的疲劳和衰弱，亲手抱回一座解剖石膏像。这个石膏像模型后来经过反复翻制，无数青年通过它掌握了人体结构，成千上万学习艺术的青年受过它的恩惠。但是他们何曾想到，这是一位55岁高龄身体衰弱的老人，为了发展中国的艺术事业，在车厢里抱了几天几夜的苦心孤诣呢？

他从苏联买回许多画册，还送给我们班每人一本小画册。我记得他送给侯一民的是库克雷尼克塞画册，他们的一针见血的政治讽刺画，是很富于战斗性的。送给李天祥的是柯托夫画册，他说是根据李天祥的路子选的；柯托夫的画法是一方笔一方笔摆出来的，看来徐先生对自己学生的路子是多么熟悉啊！他还抱歉地对我说："没有找到对你的路子的画册，只是留个纪念吧！"

我们在研究部做研究生的时候，徐先生把他老师达仰画的一张人体油画挂在我们画室。他说，一定找个机会让我们亲眼看他画一张油画的全过程。在召开全国战斗英雄劳动模范代表大会期间，他把代表们请到学校给他们画像，也让我们和他一起给英雄画像。他给战斗英雄邵喜德画了一幅油画半身像，在画幅的左边还加了一个白色的马头。我画的是长期化装成男子的女战斗英雄郭俊卿素描头像。

七

徐先生为人谦逊，即使在学生面前也从不自吹自擂，总是说别人有天才，却谦逊地说自己全靠用功。他常说画画要"拳不离手，曲不离口"，勤奋好学的学生都会得到他的称赞。他还常说：人不应有傲气，但应有傲骨。在他认定的艺术道路上，他是坚定不移的，在他认为正义的行为上，他是不屈服于任何压力的。

我记得刚上艺专不久，就有一些持保守观点的国画家在报纸上攻击徐先生"毁灭"和"破坏"国画传统。徐先生毫不妥协，在报纸上展开一场笔战。徐先生写道："有了电灯为什么还要点蜡烛？"他鉴于中国画近百年的保守和停滞，主张吸收西洋绘画中的有用部分来丰富中国画的表现力。他主张师法造化，通过素描练习来培养学生写生的能力。在他主持艺专的时候，不管什么系都要先画两年素描。在素描的方法上，他吸收了西画写实的手法，又融合了中国画的方法。他主张用木炭画，一下子把握轮廓，不赞成一点一点磨来磨去：强调明暗交界线的作用，要求概括和简练，主张用线来画轮廓。当今多少有成就的画家都是受过这种素描训练的。现在没有人再否认他的画是国画了。徐悲鸿先生不愧是一代宗师，他开创了中国画的新路。他的革新精神——反对因循守旧、吸收西方艺术的可取部分，以发展民族传统，已成为中国画的主流，无可否认地影响了整个中国画坛，并将继续影响下去。

永远怀念我敬爱的悲鸿老师

杨建侯

每当我在书斋里抬头看到墙上挂的徐悲鸿老师所画的奔马、睡猫时，就会凝神追思，勾起我对往事的回忆。

记得1946年抗战胜利后，徐老师北上任北平艺专校长，我则西去桂林艺专任教，在上海汪亚尘家分手后，两地远隔，虽时通书信，却未能再次见面。

新中国成立后，我在金陵大学执教时，又通了几封信，他很关心我的工作，甚至不厌其烦地亲笔示范，促进我艺术水平的提高。

1953年，我本想专程到北京探望他，但他来信说："即将南下，可在南京叙谈。"我得到他要南来的复信，极其兴奋，没有想到这封信，竟成了老师的绝笔。他与世长辞的噩耗传来，真是晴天霹雳，使我悲痛欲绝。

徐悲鸿老师与我们长别了，他那刚毅正直、和蔼可亲的形象，却深深地烙印在我的脑际，没齿难忘。

溯自20年代，我是个蛰居穷乡，久已失学的青年。对自己的前途，茫茫然莫知所之，但我却非常喜欢艺术。一次，在李金发先生主编的《美育》上见到徐老师的素描，顿生仰慕之情、向往之心，我贸然地跑到了南京。徐老师是中大艺术系素负盛名的教授，而我是个幼稚的学生，怎么能得见？正为

"不得其门而入"而困惑彷徨，幸得艺术系一位同学顾了然的引荐，才得以见到这位我仰慕已久的艺术大师。

徐老师家在丹凤街，和汪东先生同一座楼房。我第一次上门，有点踌躇不敢进去，徐老师向我招呼说："进来吧！小伙子。"他看了我的习作，鼓励再三，并告知顾了然可以引我到画室去旁听他的课。我像漂流大海得到了救星一样，激动得热泪盈眶。这是我生命史上的一大转折，以后才有第二年投考中大的动机并努力准备条件。

徐先生是我国当代杰出的艺术大师，卓越的艺术教育家。他生平热爱祖国传统艺术。先生出身贫寒，自幼即受家学熏陶，对诗、文、书、画的学习造诣很深。以后先生又冲破逆境，克服种种困难，出国深造。先生在法国接受了大画家达仰先生严格的专业教育，并遍访德、意、比、瑞、希等国名家大师，向他们虚心叩教，刻苦学习。先生无论素描、油画、水彩、粉画都有高超的成就。先生在数十年的任教中，培养了许多学生，还有更多的学生的学生，至少有三四代，他们遍布欧、美、澳各大洲，有许多人在发展祖国和人类的绘画艺术方面做出了贡献。可以说，先生桃李遍天下，流誉满全球。

先生很重视素描，强调"素描是造型艺术的基础"，认为没有素描的坚实功夫，则绘画不可能达到精深的境地。他明确地提出描写方法"观察为先"，要求"致广大，尽精微"，就是说，从大体着眼，而后深入细致地观察细节，抓住精神特点，从而大胆取舍，概括其余；否则"谨毛而失貌"，只能落得琐碎而失整体。他说："坚实深厚的功夫来之于刻苦锻炼"，拳不离手，曲不离口，要用坚强意志和持之以恒的决心，才能达到。并经常用历代艺术大师的素描复制品给我们参考。因此，学生们没有一个不是兢兢业业，严格要求自己。现在我深深地体会到正是由于先生对我们这样严格的要求和热忱的教育，才为我们打下较好的基础，才使我们能在创作实践中一辈子受用不尽。

先生对于西方的某些自欺欺人的形式主义作品深恶痛绝，认为对青年贻害无穷，而对于中国传统绘画的看法与见解，也是独具只眼的。他认为中国绘画自明清以来，在因循抄袭、闭门造车的保守思想笼罩下，传统绘画艺术已呈衰微，对此他深感痛心。因此，他大声疾呼，要复兴中国艺术，鼓励创新，严厉批评因循守旧的"公式"和"八股"的创作方法，要求"熟中见生"，创造各自的新风格。他是真正继承了"外师造化，中得心源"的祖国优良传统，使中国绘画艺术得到了发展。他写给刘勃舒信中曾说："学画最好以造化为师，故画马以马为师，画鸡以鸡为师……不必学我，真马较我所作马更可师法。"先生以"独持偏见，一意孤行"的斗争精神，排除阻力，积极开拓中国艺术的新道路。于此，先生就许身于艺术教育事业，以其毕生的精力，致力于发掘人才，奖掖后进，并培养青年使之在艺术上得到成长。

先生平日对待学生像严父慈母一样。记得1934年他带领我们三年级同学去浙江于潜（今并入临安县）天目山写生，在杭州住了一夜，准备次日包车出发。第二天清早刚蒙蒙亮，我以为时间还早，先到清波门外去看望一位多年未见的朋友。清波门离西湖很远，又走错了路，回到旅馆时，我们的队伍已坐在车上，等候我一个半小时了。同学们几次建议先生留下条子先开车，先生没有同意。我跳上汽车，感到自己做了一件荒唐事，觉得内疚，不敢作声。在车行驶中，我受到先生从未有过的严厉指责，其最重的一句话是"要你当兵，江山必失"，给我震动很大。杭州距于潜有几百里路，我们到了山门，爬上天目山老祖殿，安排好生活，夜幕已低垂了。大家围坐在煤油灯下休息，我无精打采地思索，总觉得有一块石头压在心上似的沉重。老师此时却和颜悦色地逗我说："不舒服吧！磨墨，给你画张画吧！"当即挥笔，画了一幅《睡猫图》。我受画之余，心情有难于形容的激动。先生所以画"睡猫"是有其用意的。当我们队伍从南京出发，在途中，老师出了一个考题，要我们回答"你们所看到的我所作的画，什么最好？"同学们的回答并不一致，有说"马"，有说"雄鸡"，也有说"牛"，然而我偏说"猫"最好。先生独称我"有眼光"。这张《睡猫》既为我所喜爱且更寓有潜移默化的含义，使我深深感谢先生对我的教育。以后多年来我把它挂在我的床边，作为"处事三思而行"的座右铭。

我们这次在天目山，师生打成一片，同吃同住，大家都席地而睡。先生有一个瓷缸，内装有一些花生米，这是他饥饿时权作点心用的。同学们看后总觉嘴馋，就把他的花生米"分而食之"。等到晚上先生发现已"空空如也"，就敲着瓷缸风趣地说："楼上老鼠太多啊！"大家哄堂大笑。我们就是这样师生情同父子。

在天目山二十几天的写生生活中，师生形影相随，更深一层地了解了先生过去的苦难历程和他坚强的性格。他在艺术上的卓越成就，是在万恶的旧社会里磨炼奋斗出来的。我深深领会到"穷而后工"、"知耻必勇"的深刻含义，进而对先生更加崇敬。

先生对我的教育，像春风、甘霖似的，使我们朝着正确的艺术道路前进，对于艺术事业也增加了兴趣与信心。1932年暑假，我在家乡组织并主持了"白浪画会"，吸收了曾在其他艺术院校学习过的青年画家举办画展；以后画展逐年举行，同时在当地报纸编印专刊发表。这些活动受到了先生的赞许和鼓励。

先生善于识别人才，爱才如命。1928年先生应邀去福州创作被日寇惨杀的蔡公时历史画时，在集美中学认识了该校教师张书旂，对他的才华非常赏识，毅然决定请他来中大任助教。从此张书旂的花鸟画之名逐渐扬开了。1931年，先生去南昌游，发现了当时正处于困境之中的傅抱石，先生认为此人有思想、有才华，便主动登门，再三鼓励，并协助他赴日留学。

1933年，国民党政府组织了在柏林的中国画展。先生认为它不足以代表中国的真正艺术水平，毅然决定筹办（非官方性的）另一中国画展，考虑征借稀有的传统绘画珍品和确有代表性的现代作家的佳作。当时无锡大收藏家壮陶阁裴家收藏的珍贵名画甚多，要我去疏通商借。我和裴家本来很熟，联系比较顺利，裴老听说这是徐先生的请求更乐意支持。因藏品都保管在上海"四行"保险库中，相约在上海裴的亲家李宅（李准后代）评选。参加选画工作的还有江小鹣、郎静山、滑田友等人。最后决定征借李思训的《江山渔乐图》、王冕的《梅》等四件珍品。记得这四件的保险费高达30万银元，先生回国后曾对我讲，这四件东西为展览增色不少。在远游西方途中，他都随身携带。

这次在法国举行的中国画展，有和国民党在德国举行的中国画展览打对台的性质，自然会碰到重重阻力和障碍。当他从法国来信提到他在马赛上岸时，立刻受到国民党官僚李石曾的刁难，先生愤而斥之为"老狗"。当时先生处境之困难尽管如此，但先生这次远征办中国画展仍然取得全胜，载誉而归。

拥有珍品三百多件的中国画展，先在法国巴黎展出，盛况空前，此后，英、德、意、苏等国纷纷相继邀聘他前去办画展。当时中国还是个半殖民地国家，在欧洲很被蔑视，要是提到东方艺术，似乎只有日本。而这次画展震动了西欧各国艺坛，可算得扬眉吐气。先生凯旋归来时，在上海世界社园子里举行了有叶恭绰、张溥泉、张大千等人参加的欢迎晚会。会上，我听到有人这样说："这次中国艺术打出去，开了有力的一炮，在国际艺坛上破除了西方人轻视中国文化艺术的偏见，在世界艺坛上为祖国文化树立起威信。"这一画展也给祖国人民带来了莫大的鼓舞和自豪感。

先生在其艰辛的旅途中，不断给同学们写信，费城武、孙多慈和我屡次接到他的海外飞鸿，或寄画片，或问学习（他的信，经常用印有名画的明信片，得了信，也同时得到名画的纪念品，然而，我更高兴读他来的信）。他命我将我的油画创作《铁工》摄影放大寄去展览，可见他无时不在关心我们的艺术成长。

先生自这次回国后，思想行动都有很大变化。他的服装改了。过去，他爱穿黄铜纽扣的青色土布长衫，显得俭朴古雅，这时则常穿栗壳色的列宁装，显得精神抖擞。我想在当时敢于穿戴苏联式样的装束是出奇的，也应该说是追求进步的。他并经常兴奋地谈论苏联人民对中国人民的深厚情谊。

1936年秋，苏联版画在上海青年会举行展览，先生约我同去观看，参加座谈。在会上，继鲁迅先生发言后，先生盛赞苏联版画对中国木刻艺术的影响。抗战时期，在重庆，他又在木刻展览会上订购古元等的作品，给予进步木刻家有力的支持和鼓励。

在国民党的统治下，先生的所作所为引起了反动派的不满。当先生从苏联回国以后，周围的压力更加明显，尤其蒋碧薇受张道藩的唆使，在家庭中也百般刁难，个别学生或趋附讨好"师母"和张道藩之流，或别有用心，更增加了对先生的困扰。

1936年底的一天，先生突然找我并约陈晓南、黄养辉到北门桥中华楼吃晚餐，席间拿出一张《朝报》（当时南京的小报），上面刊载着恶意诽谤先生的文章。当时，先生很气愤，意欲反击，被大家极力劝阻。因为当时国民党报社的某些所谓"记者"常常是无所不为，或是敲诈勒索，或是无事生非，这种文章也司空见惯，大可不必与之较量。听了大家的意见，先生颔首平息。

先生的一生多半是在这样的社会和家庭的层层压抑和折磨的困境中度过的。凄凉、独身的生活，无耻、恶毒的诽谤，没有压垮先生，他不顾一切地在艺术事业上发奋图强，而在穷而后工、奋发图强的背后，掩藏着他人难知的各种隐痛。

1935年，我们班级即届毕业之际，先生计划带我们去苏联作毕业参观，苏联使馆表示欢迎，并同意队伍进入苏境后，一切费用概由苏联负担。同学们都兴高采烈地整装待发，但遭到国民党的阻挠与破坏而未果。这对先生来说，无疑又是一次精神上的沉重打击。

"七七"卢沟桥事件发生后，全国人民一致抗日。不久，淞沪沦陷，国民党不战而败，不败而退，几十万大军从前线溃退下来。我只得踉跄携眷逃至汉口。先生得知我的情况，当即汇来五十元让我奔赴重庆。先生对我这次流亡遭难，表示深切同情。特别在听到我申述他过去赠予我的若干手迹不幸被劫丧失时，宽慰我说："人能闯出死亡线，就是大幸，何必再去斤斤计较身外之物呢？"他边说边画《立马》一幅见赠，以慰我伤感之情。这幅画保存至今，成为我唯一的珍贵纪念品。每当面对遗作，便会勾起我无限的孺慕之情。

我在重庆初住于同乡中央大学建筑系主任虞炳烈先生处，继而又迁住郭有守先生家。徐先生非常喜欢吃我家的红豆稀饭，并常引黄君璧、谢稚柳、谢寿康等相过从，谈论国事或交流绘画经验，感情非常融洽。有一次，先生带来硬质柿子，我对它毫无兴趣，全不沾唇，可是他说："你还没有发现其中的滋味。"强迫我吃了一口，味道却很美。他就含笑说："由于对事物的偏见，会失去很多好机会；凡事甜酸苦辣，都必须亲口尝一尝，才能得到真理。"这一席话是说出了实践检验真理的金玉良言。

1938年先生去前线，临行时嘱我照顾在七星岩托儿所的儿女伯阳、丽丽和他的侄子徐焕如。此后，他又辗转国外，在新加坡、槟榔屿等地举行画展，为祖国募捐救灾。后来又应诗人泰戈尔之邀，到了印度。他的《泰戈尔像》、《印度牛》、《愚公移山》等作品都是在印度创作的。

1942年暑假，先生回到重庆，这时我在重庆磐溪国立艺专教书，他招我去石家花园同住。先生作画还是勤奋不懈，他每天早晨四五点钟起身作画已经成为习惯。他将抗战必胜的信念形之笔墨，完成了《群狮》等作品。先生在重庆时，身体极其虚弱，但他关心别人胜过自己。在我晚上作画时，先生常把他所用的电石灯和我所用的桐油灯对调，他始终鼓励着我。记得1934年春，我还在学生时代，我的女友从家乡来到教室看我，他得知这位女客是我的"fiancee"时，异常高兴地宣布说，"我今天请客看戏！"就叫同学杨登廷去明星京剧院订购二十张当晚麒麟童（周信芳）表现卢俊义被迫上梁山的戏票，全班同学作陪。他对于学生能找到理想的对象，喜悦万分，祝愿学生前途幸福的心情竟至于此！

1944年暑假，前国立艺专校长陈之佛先生去职，我也随之而被解聘。旧社会"一朝天子一朝臣"已是司空见惯，不足为奇。但失业对我这个子女成行、家累重重的人来说，是不堪设想的。当时，先生正卧病在床，得知我失业的消息，十分焦虑，一时无法为我另谋工作，便交给我致中央大学校长顾毓琇和美术系主任吕斯百函各一通，申请辞去他在中大的职务，并推荐我补缺。顾毓琇表示可由斯百考虑再定。结果斯百同意先生辞职，却任用了他自己的朋友顶替。事后，吕夫人亲临寒舍做了一番解释："×××的油画不能卖钱，而你还能作国画，可不急于工作，斯百会给你设法解决的，可以放心。"

先生为解决学生的生活问题而牺牲自己的生活来源，尤其在病中，这种恩深如海的崇高情谊使我铭感终生，难以忘怀。

先生的生活，俭朴节约，异乎常人，这与他的出身贫寒是有关联的。他在幼年时期，家境清寒，随父卖画为生。父殁，一身独挑家庭重担，经历坎坷，流浪到上海，食宿无所，非人所堪；所以他感到粗茶淡饭已是无上满足，不遑他求。在欧洲八年留学期间，也常不免断炊挨饥的生活。归国以后，声誉日隆，位高俸厚，仍不忘本，节衣缩食如故，经常以山芋充饥，粗衣裹身，出门旅行，行李之外，一把伞而已。他常说："人不能忘本，我们都是穷出身啊！"

先生不仅热爱祖国的传统艺术，而且热爱祖国的土地和人民，热爱和平和自由。记得抗战结束，在重庆举行全国政治协商会议期间，我们在石家花园中国美术学院闲谈时，有人提出"一个国家能否有两种军队"的问题，他表示说："现在在中国，如果延安没有军队的话，哪里有人民发言的权利？"

先生对祖国无比忠诚，而国民党统治集团却给予他政治上的种种刁难，家庭生活上的挑拨中伤，他在精神上受尽了折磨，简直迄无宁日。尽管如此，先生仍爱画如命，不仅自己创造了无数的艺术财富，而且节衣缩食搜购了不少古代珍品文物。1953年9月26日，先生累劳成疾，旧症复发，不幸离开了我们，临终遗言，愿将其所有保存的制作和收藏的古画文物珍品数千件全部奉献给祖国。先生的这一义举，表现出他一生辛勤劳动无比高尚的情操。

现在徐悲鸿纪念馆已巍然矗立于首都，先生一生的光辉业绩和他的伟大形象将永远为海内外人士所仰慕，他那崇高的精神遗产和艺术财富将永远辉映宇宙，光照人寰。

患难之交　画坛之师

蒋兆和

　　我自幼家境贫寒，从未上过学堂。16岁时，只身流浪到上海，后来终于找到了做商业美术工作的机会，才算安下身来。自此，我须自学素描、油画、水粉画和雕塑，但是无人指导，只好自己在苦海中摸索。

　　1927年，我听说徐悲鸿自海外留学归国的消息时，急切地盼望见到这位知名的青年画家。那时，悲鸿先生32岁，又在国外从名师学习了八年，是否瞧得起我这个二十刚刚出头的艺术学徒呢？我把自己的想法告诉了黄警顽先生。黄警顽是商务印书馆的职员，也是一位社会活动家，大家都称他"交际博士"，因为他爱好艺术，结交了许多画界的朋友，常常扶持那些有才学的艺术青年。他和黄震之先生曾给悲鸿很多帮助，悲鸿曾一度取名"黄扶"，借以表示他对两位黄先生的感激之情。警顽先生是个热心人，很快把我的想法告诉了悲鸿，悲鸿满口答应，并同我约好了会面的时间。

　　悲鸿初到上海，还没有房子，暂住在黄震之家；黄震之同我也很熟识，并曾多次帮助我。约定的那天上午，我把自己的一张油画自画像、几幅素描头像、几张图案设计卷成一个卷，挟在腋下，直奔黄震之家。走进黄家的小四合院，震之先生引我到西厢房悲鸿的住屋，见悲鸿正悉心收拾书、画。他自己的油画以及各种各样的印刷品，摆满了床和桌子，我也没感到有什么特殊，因为画画的人就是这样生活的。悲鸿知是我来了，对我很热情。我看他没有架子，也就渐渐地不拘束了。那天，悲鸿穿一身西服，打着黑领结，很有精神。我听说，在法国，艺术家一般都喜欢打黑领结的，显然悲鸿也有这个艺术风度。

然后，悲鸿看我的习作。那时，我画油画比较多，在此之前，曾创作了一幅《黄包车夫的家庭》，这是我的处女作，可惜不在身边，没能拿给他看。我带去的油画是一幅对开大小的半身自画像，手持画笔在画前凝思。悲鸿把这张画竖放到墙根，蹲着看了好大一会儿，他看得很仔细，并称赞我画得不错。接着又看我的素描，一边看一边很沉着、很用心地连连说好。我知道他这是在鼓励我。

记得当时他很感慨地说，时代在变化，艺术也应随着时代发展，可是许多画画的人脱离现实，不从真实的人出发，对人物观察得很不够，连形体、结构也画不准。像你这样从现实生活出发的人，在中国还少见。继而，他又很关切地询问了我的家庭及个人生活情况。我便向他叙述了自己童年时代如何喜爱艺术，如何在父亲的督导下读书、习字、作画，以及幼年丧母，父亲卧病，不得不以擦笔画像谋生，以后又如何只身沦落上海，自学美术的事，详细地告诉了他，他对我的境遇很同情。悲鸿也推心置腹地谈起了他的身世，特别是少年时代随父读书，后来热衷于绘画，自称"江南贫侠"，13岁流浪江湖，20岁到上海谋生、求艺的经过，我对此很有同感。在艰难困苦中奋斗的共同经历，把我们的心连在一起，话也说得越来越投机。

谈了许久之后，他又回过头来分析我的画，指出哪个地方画得好，哪个地方形体刻画得不够微妙，哪个地方的用色不够恰当。我觉得他说得很中肯，自我学画以来，还没有一个人对我的作品这样认真地析览过。使我终生难忘的是，他语重心长地对我说："在艺术上要走写实的路，在我们国家应该多培养这样的人才。我学西画就是为了发展国画。"在结识徐悲鸿之前，由于我的境遇，很自然地同情劳苦大众，并用写实的手法去揭示他们悲惨的命运，但还不是很自觉地走这条道路。通过悲鸿的提醒，在我思想上更加明确起来，多年来我在创作和教学中都是遵循着现实主义创作道路，并在悲鸿的鼓励和启发下，扎扎实实地把握造型的本领，从西画中汲取有益的科学因素，创造表现现代人民形象的新的写实技巧，发展中国现代水墨人物画。在这个探索过程中，悲鸿先生始终是我的良师益友和坚定的支持者。

自从结识了悲鸿之后，我就经常登门求教，请他看画，他在艺术上、生活上对我也益发关心。同时，他的艺术脚印对我也有很大的吸引力，尤其使我向往巴黎，向往卢弗尔美术宫，向往着到西方去求名师。悲鸿对有才气、有抱负的青年，他都尽力支持，对许多艺术青年都是如此，所以对我出国留学的事很是费心。他一方面安排我跟蒋碧薇女士学习法文，一方面给我联系出国的机会。他知道福建还有500元的留学官费，就想通过福建省教育厅厅长黄孟圭给我帮忙。那一阵，恰好黄孟圭来到上海，悲鸿就极力推荐我出国留学，为此，我还专门为那位黄厅长画了一张油画肖像。黄孟圭倒是答应了我，但我太穷，因为只有500元官费是远远不够的，我又无力筹措资金，眼睁睁地失掉了这次机会。日后，悲鸿先生继续为我留学的事操心，但由于种种原因，好多机会都没有成功。现在想起来，没能出国留学不能说没有损失，但不去也好，可以完全走自己的路。

1928年，南京中央大学艺术系主任李毅士，在上海的美术展览会上看到了我设计的图案之后，聘请我到中央大学艺术系教图案。那时，悲鸿也在该校任教，我们又在一起共事两年，友谊更加深厚。中央大学临街有一排最破的平房，其中有两间分别作悲鸿的画室和书房，每间有十几平方米，我就住在他的书房里，因而有机会观览了他的全部藏书。他的藏书以西方名画家的画册最为丰富，还有印刷精美的单页复制品，这都是他在国外留学时买的。我知道他爱画入骨髓，在留学经费十分有限的情况下，总是把购买书、画作为第一需要，节衣缩食而乐为之。因之在翻阅他的书籍时非常谨慎，哪怕留下了一点指痕也觉得对不住徐先生。我常常在夜阑人静之时，翻阅那些画册，可谓尽饱眼福。特别是伦勃朗、委拉斯贵兹、戈雅、米勒、库尔贝等现实主义画家的作品，成为我学习绘画技巧的借鉴，他们对平民百姓的同情心，和我的经历自然而然地引起了共鸣，他们对人物内心世界的深入刻画，给予我很多的启发。尽管我没能出国留学，但徐先生把我安排在他的书房里，日夜陪伴着这些书籍和画册，惠我者极多极深。

徐先生的画室与书房比邻，我亲眼目睹他在那间简陋的画室里完成了《田横五百士》这一力作。为了更准确地刻画手的形象，我曾多次为他作模特儿。我也看到他创作《徯我后》的情景，他对人民的深切同情心感染着我，正是在这一点上，我们是息息相通的。在此期间，他还为我画了一幅素描头像。

我在中大授课之余，常常到课堂上同学生一起作画，因此，悲鸿热诚、严格的教学态度和因材施教、循循善诱的教学方法给我的印象很深。他经常根据每个学生初具的风格特点，或针对每个学生不同的情况，拿一些与之相近的欧洲名画供其参考，引导他们深入钻研，差不多对每个同学都是那样孜孜不倦地进行教诲。他还善于观察每个学生在作画过程中的缺点，特别是那些不良的习惯，并帮助他们矫正过来，使他们走上正确的道路。而这一切，都是立足于在中国培养一批现实主义的画家，振兴中华民族的美术事业。我在从事美术教育的时候，常常想起悲鸿这种高尚的品格和高度的事业心。

1930年，因人事变动之故，李毅士不再担任中大艺术系主任之职，因为我也是李毅士先生招聘来的教员，随之被解聘了。在这种困难的情况下，又是悲鸿先生帮助了我。他对我说："根据你的能力到上海去任教没什么问题，我介绍你到上海美专。"那时，上海美专校长刘海粟先生正在法国讲学，由悲鸿在法国留学时的同学王远勃代理校长。当时我的素描又有了进步，加上悲鸿推荐，我被聘为上海美专素描教授。但好景不长，1932年"一·二八"淞沪抗战之后，因上海美专发生了人事变动，我便再度失业，在上海靠画肖像、做塑像为生。后来穷得连房租也交不起了，就住到我和悲鸿的老朋友黄震之家。当年为黄震之做的塑像至今还保存在我的身边，我面对着黄震之先生的塑像，就回想起他对我和悲鸿的帮助，就回想起曾一度取名为"黄扶"的悲鸿先生。而我在困厄之中，又总是同时得到"黄扶"和"徐助"的。

1934年，我30岁那年，为参加孙中山铜像的征稿活动，又来到了分别已两年的南京。那时，悲鸿在傅厚岗已建起了一幢两层小楼的住宅，我在他家住了一年多。初到时，他很关切我近两年在上海的生活情况，也知道我在淞沪抗战中曾为抗日将领蔡廷锴、蒋光鼐画像的事，给我以热情的鼓励。我听到了他随中国近代绘画展览在法、德、比、意、苏受到欢迎的盛况，更增强了发扬中国画的自信心。他从苏联带回的俄国批判现实主义伟大画家列宾、苏里科夫的画片，也给我补充了新的营养。我们一起用饭，一起作画，可谓情同手足。因为天天在一起，我对他的印象非常深刻，曾为他默塑过一件头像，也为他画过作画的速写，可惜后来都丢失了。

由于我的雕塑稿子落选，不能在悲鸿家久住下去，于1935年9月转徙北平，接办友人画室授徒为业，并曾回重庆为亲友画像，1937年春再返北平。抗日战争期间，我陷于日伪统治之下，思想极度苦闷。自南京与悲鸿一别，十余年音讯无通，倍感寂寥。1941年，我在画册序言中说："知我者不多，爱我者尤少"，"茫茫的前途，走不尽的沙漠"，"天空地厚，既无可登之路，又无入地之门"，都是当时在沦陷区做亡国奴的我极度痛苦的真实写照。知我者悲鸿，爱我者悲鸿，但我却和他天各一方……在困顿与痛苦之中，在中华民族危亡的日子里，我益加感到民族艺术的伟大，我不再画油画，搞工艺，几乎全力投入了中国现代水墨人物画的探索。我始终恪守着我和悲鸿共同约定的道路，吸收西画的科学成分，发展中国画，画现实的人，走现实主义的路。自1936年作《卖小吃的老人》以来，相继创作了《阿Q像》《流浪的小子不值钱》《卖子图》《甘露何时降》《流民图》等一系列作品，为我苦难的同胞献上一杯杯人生的"苦茶"，表达他们渴望胜利与和平的心声。

1946年，悲鸿应聘任北平"艺专"校长，携家来京。但由于我们8年未通音讯，他对我产生了误解，为此我也非常难过。但我相信悲鸿是了解我的，我和夫人萧琼带着我出版的画册和《流民图》的照片去拜访他，他很认真地看了这些作品，误解顿时消散，对我流露出了老朋友的信任和热情的目光。他连声赞扬，说我超过了许多人，完全脱离了古人的窠臼，这一点很不容易。他并高兴地转回内室，把十几年前为我画的素描像拿出来，送到萧琼手中。悲鸿和廖静文，我和萧琼都沉浸在友谊和欢乐之中。古人说："人生得一知己足矣"，知我者，悲鸿也。不久，我应聘仍回北平"艺专"任教，协力支持悲鸿从事艺术教育的改革。

悲鸿在艺术教育中极力主张以造化为师，表现人民生活，并在国画教学中安排必要的素描课，以吸收西法之长，解决造型难关。这无疑是一种进步的办学方针，并不可避免地遇到了一定的阻力。面对着一场"倒徐运动"，悲鸿进行了必要的回击。我也坚定地和他站在一边。1947年秋，悲鸿在一次记者招待会上发表了一篇书面谈话。他在谈话中阐述了事实，阐明了主张，对我所走的艺术道路也给予充分的肯定。他在这篇谈话中说："征诸国家之需要与学生之志愿，皆愿摹写人民生活，无一人愿意模仿古人作品为自足者。……建立新中国画既非改良，亦非中西合璧，仅直接师法造化而已。但所谓师法造化者，非一空言即能兑现；而无注重素描便会像郎世宁或日本画者，乃是一套模仿古人之成见。试看新兴作家，如鄙人及蒋兆和、叶浅予、宗其香诸人之作，便可征诸此成见之谬误，并感觉新中国画可开辟之途径甚多，有待于豪杰之士发扬光大。"徐悲鸿的这种发展精神始终对我是一种激励。在我的艺术探索过程中，不知遇到了多少挫折，受到了多少嘲讽，有时向展览会送画，被国画部推出门，被西画部拒于外，所以悲鸿对我的爱护和褒奖尤是珍贵。1949年春，悲鸿出国参加保卫世界和平大会时，还随身携带着我在1941年出版的那本画册，听说在归国途中，作为中国现代国画发展的图例，于莫斯科展示给苏联画家，那是苏联美术界首次知道我的艺术。

新中国成立后最初的几年，中央美术学院——这所新型的美术大学，在院长徐悲鸿的领导下，开始显示了新中国的美术教育的生命力。我担任基础课的教学，常常与徐先生一起研究如何提高学生的造型能力，如何为新中国培养一批高水准的国画新生力量。但是疾病终于夺去了这位艺术家和教育家的生命，中国的艺术事业蒙受了重大的损失，我为失去这位志同道合的良师益友而万分悲痛，深感孤寂。悲鸿离开我们已越卅秋，但他仿佛仍然活着，认真地指点着一名23岁的艺术青年的习作，鼓励我坚定地走现实主义的道路，鼓励我守传统之佳法，融西画之所长，创造中国人物画的新途；他仿佛正为一名失业的青年焦虑，为我出国留学的事奔波，向我介绍刚从国外带来的精美画册；他仿佛正在端详我的一幅幅新作，正在审阅我为建立中国画素描教学体系所写的教案；我们又仿佛一同在展览会上，喜看新人新作，笑言新篁拔天……

悲鸿活着，永远活着，带领我们推动着中国现代美术前进的车轮。

（羲　文　笔录）

求师学画记

卢开祥

一、慈祥的园丁

1942年春天，徐悲鸿先生的作品展览会在我的家乡昆明展出。当时我才15岁，看了展览以后，非常激动，不仅热爱他的艺术，而且对徐先生产生了由衷的崇敬。想要拜他为师的强烈愿望，驱使我找了很多人请求引见，但都被婉言拒绝了。其中一位教授劈面问我："你知道哲学吗？什么是美？美的定义是什么？"顿时把我问呆了，我确实什么也不知道。我怀疑自己还能不能学美术。后来一个偶然的机会，杜文林先生（20世纪30年代上海著名京剧花脸演员）向徐先生介绍了我的情况，徐先生约我去见他。这是真的吗？我在喜出望外之余，又有些将信将疑。到约定的时候我去了，走在路上，忽然想起了那位教授的提问，顿时在我愉快的心情上投上了一层阴影：徐先生也会提出那样的问题吗？我带着矛盾和难以说明的忐忑心情，鼓足勇气走进了徐先生的住所。我向徐先生深深地鞠了一躬，在慌乱的心情中将我的画往徐先生面前一放……徐先生好像看出了我的窘态，当他和蔼的声音传到了我的耳中，我才抬起头来，见到他正向我亲切地微笑着，完全不是我想象中那种大画家的派头。徐先生边看我的画，边给我讲初学画画应该注意的问题。然后从抽屉中找出几张照片，一张是他和印度诗圣泰戈尔的合影，写上"开祥弟存　悲鸿壬午"；其余三张是徐先生作品的照片，也都题上字送给了我。这使我喜出望外，开始时忐忑不安的心情很快地消除了。我十分珍惜这四张照片，一直保存至今。

徐先生当时对我讲："我到重庆后，要筹建中国美术学院，地址还没有确定在桂林还是在重庆，等确定后会告诉你的。"他还嘱咐我："你现在初中还没有毕业，应该把功课学好，作为一个画家，要有一定的文化知识，每天除画画外，还要认真完成作业，等毕业后你再来找我。"

次日悲鸿先生便乘飞机到重庆去了，我怀着依依惜别的心情向徐先生道了声"再见"，盼望着能早日到他身边受教。

1943年我16岁时，徐先生来信，让我到重庆去找他。亲友们知道后，争相为我祝贺，并以崇敬的口吻说："像这样的大画家，对于一个小孩子的要求，竟这样认真对待，真是言而有信，的确令人敬佩！"

我盼望已久的愿望终于实现了。1943年5月初，我到了重庆，在烈日炎炎下徐先生亲自到车站来接我。我由于激动而声音哽塞，半天只说出了一句："徐先生，我来了。"两行热泪情不自禁地流了下来，接着我深深地向他鞠了一个大躬。徐先生把我送到中国文艺社暂时休息。

中国文艺社的主持人是华林先生。他知道我是从云南来的，便问："你是给悲鸿先生送鸡枞（云南产的一种名贵蘑菇）的小孩吧？"说起鸡枞，确有一桩趣事。徐先生在昆明时，有位先生和徐先生谈话，提到了鸡枞的美味，他挽留徐先生在昆明多住一星期，便可尝到这种其他地方没有的山珍。徐先生表示很遗憾，因为他次日中午就要乘飞机去重庆了。听了他们的谈话，我多么想请徐先生品尝这一云南的特产。回家后我立即将我的好朋友们请来，研究如何能找到鸡枞。大家约定次日清早分头到昆明各个菜市去寻找购买。第二天一早，我到昆明最大的菜市去，很遗憾，晚了一步，眼巴巴地看着一篮上好鸡枞被一位厨师买走了。我一直跟着那人到了家，央求这家主人把这篮子鸡枞让给我，这家主人见我态度如此恳切，就让给我了。我拿到鸡枞，急忙奔回家中，母亲早已准备好烹调鸡枞的佐料，单等鸡枞一到就可下锅……在徐先生临出门之前，我终于把鸡枞送到他的手中。徐先生把这一云南特产带到了山城，和他的朋友们一同品尝，也把鸡枞的来由告诉了他们，其中就有华林先生。

磐溪距重庆市约20华里，和沙坪坝遥遥相对。徐先生亲自筹建的中国美术学院是一所研究院，徐先生是院长，李瑞年、张安治、陈晓南、费成武、黄养辉、冯法祀、孙宗慰、张倩英等几位先生是这所研究院的副研究员，张大千、吴作人两位先生是研究员。我在重庆时，张大千先生在成都，吴作人先生到青藏高原创作去了，冯法祀先生已去云南缅甸作画，黄养辉先生在广西。其余几位先生正忙着做去成都、灌县写生的准备工作。徐先生让我同去，我十分高兴。

从重庆到成都后，徐先生住在陈离先生家里（陈先生在全国解放后曾任农业部副部长）。徐先生准备在成都举办画展，张采芹先生和郑伯英先生是这次展览会的热心支持者和筹办者。张先生在银行界工作，也是一位画家（以花卉为主），郑先生是成都裱画店"诗婢家"的主人。徐先生把展览会的事务筹备工作交代委托张、郑两先生后，便带着他的儿子伯阳、女儿丽丽和我到灌县去了。

灌县到青城约30华里，要过竹索桥。在国民党统治时的竹索桥，破破烂烂，有些地方桥上的垫板竟没有了，相距一两米远才有一块浮放在上面，桥高流急，人走在桥上左右摆动，没有走过的人的确有一些头晕眼花、不安全的感觉。而当地抬滑竿（竹轿）的老乡，却有一种非凡的本领，他们抬滑竿过桥如履平地。徐先生不反对旁人坐滑竿，但他不准孩子们坐滑竿过桥，他带领着他的子女伯阳、丽丽和我四人乘竹筏渡过了岷江。岷江水流很急，每秒流速七八米。上竹筏前先脱掉鞋袜，竹筏的宽度正好可以让人蹲下后双手握住竹筏两边的竹竿。艄公交代：只准蹲着，不准站立。竹筏顺流而下，比汽车还快，十分有趣。过岷江后，徐先生快步如飞，把我们三人远远地落在他的后面。后来才听说徐先生在年轻时候，每天要赶30多里路去学校教书，走慢了就不能正点到达，这是他长期锻炼的结果。

9月的成都是最美好的季节，徐先生的作品展览会是在少城公园举办的。徐悲鸿先生自己，还有廖静文先生和美术学院的先生们，都投入紧张的布置工作。我听从指挥跑来跑去，十分高兴。在这个展览会上，我又看到了很多平时看不到的徐先生的作品。当我反复地欣赏《箫声》《抚猫人》以及一些人体素描精品的时候，我才体会到当年徐先生对我讲的"要把手和眼训练得十分准确，要做到照相机所不能达到的精细和微妙的程度"的道理。我面对这些作品，简直是入了迷。展览会开幕后，我每天一早就去，没有事就看画，或者听听观众对画展的评论和反映。

我到重庆后，徐先生对我十分关心，不仅教我画画，关照我的生活，甚至纠正我的说话发音。徐先生不让我说云南话，普通话我又说不好，徐先生给我编了一套顺口溜："今天去钓鱼，老天爷突然下大雨。"他说一句，让我跟着说一句，我说的是"今天'气'钓'一'，老天爷突然下大'以'"，引得大家哄堂大笑。徐先生鼓励我说："没关系，以后注意发音就会说好的。"

回重庆后，有一次徐先生画完画后，我要求徐先生让我学画一张中国画，我仿照徐先生的奔马，按他的用笔顺序，一挥而就。徐先生很高兴，马上给我题上："卢开祥画课，悲鸿为之题，三十二年十月。"后来徐先生给我写了一副对联"直上中天摘星斗，欲倾东海洗乾坤"，给我鼓励。当我使他"费神"时，又给我写了一副对联："勤思于物有济，力求吾心所安。"

他对我的批评与表扬，都是采用这样的方式，让我自己去体会。那时我很淘气，得了一个绰号"皮猴子"，为此徐先生委托吴作人、费成武两先生对我"严加管教"。徐先生知道我的毛病，遇事不动脑筋，凭一时的好恶行事，爱闹好动，但他对我始终是宽厚的。

我和伯阳、丽丽在青城山总是在一起的，大家都很愉快，但是每当丽丽提到父母时，情绪就很低落。她年纪不大，但十分懂事，她告诉我，她的父母之间的关系已没有和解的可能。我出于对伯阳、丽丽的同情，希望他们能愉快地和父母生活在一起。有一次我出于无知和天真问徐先生说："您为什么不和蒋碧薇先生和好呢？"徐先生沉吟了一会儿，痛苦地回答我说："开祥，你现在年纪还小，有很多事情你是不可能知道的，将来你慢慢自会明白。"后来徐先生给我写了一首七绝表达他当时的心情：

> 岂效骄人愚复顽，腐朽草木等闲看。
>
> 水仙兰桂梅芳洁，窃比与他死亦甘。

那时我有很多事确实不知道，当我看到一篇新加坡黄曼士先生记述1926年农历春节同徐先生在一起的回忆后，颇为感慨。黄先生写道："……当大年除夕那天，我为他解除旅愁，特地多备了一些当令水果，打算和他尽情畅饮一番。谁知菜一上桌，他竟两眼发直地望着桌面，酒仅沾唇，菜则连筷子也没有动过。我问他是不是身体突感不适。他闻此言便泪如泉涌，甚至不能自禁地号啕起来。过了很久才说：'你待我情同骨肉，又特地备了这样丰盛的年饭，我本不该如此失态，在你面前啼哭，但人非草木，我与蒋碧薇患难夫妻，一时想到她远在巴黎，此刻不但水电房租无法缴付，恐怕连买面包的钱也用尽了，我纵有铁石心肠，也实在难以下咽。'"从这里使我感到徐先生感情的深邃。由于他们之间在政治上严重对立和生活上的不同方式，裂痕太深，失去了共同生活的基础，最后，他们终于分手了。

抗日战争胜利后，1946年11月，我到达北平，徐先生问我："你愿工作还是愿学习？"我愿学习，经考试后，正式入北平艺专上学，编在艾中信先生班上。

二、艺术家的胸怀和气度

徐先生在新中国成立前，对朋友，对同行，他举贤荐能，容人共事，宽厚待人，真诚相见。他和齐白石、傅抱石先生的交往，在美术界是人所共知的佳话。徐先生和很多美术界的同行交往很深，如陈之佛、潘天寿、李可染、叶浅予、蒋兆和、谢稚柳、陈子奋、倪一德、庞薰琹、雷圭元、张大千、黄君璧、张书旂、潘玉良、赵少昂等先生都是他的好朋友，他敬重他们的独创精神、艺术道德和独到的艺术见解。年纪轻一些的画家，如董希文、李宗津、宋步云，评论家黄苗子，工艺美术家沈士庄（高庄）等先生，也是他的好朋友，他们虽不是徐先生教出来的学生，但也将徐先生当作他们自己的良师益友看待。徐先生为人热情，肝胆相照，和他有过接触的人，无不赞颂他的为人。他对年轻人的培养和爱护，也是众所周知的，他从不认为世界上有什么天才，更不说某一个青年是天才。他对青年人常说："曲不离口，拳不离手"，画画的要不停地画。他用舞台演员的话来告诫青年朋友练功的重要性："一天不练自己知道，两天不练内行知道，三天不练观众知道。"对基本功的训练，徐先生自己给我们做出了很好的榜样：他起床很早，5点钟就开始作画，有时一天作画长达十多个小时。徐先生对青年人独具慧眼，不愧为现今的伯乐。他能看出一个青少年（美术才能）的发展前途，不论是来找他的，还是人家介绍来的，认识和不认识的，他都热情关怀，如黄胄、袁晓岑、刘勃舒、齐人、刘自鸣、王学仲等，这样的学生也是很多的。他为中国美术界培养了大批人才，不愧是一代大师。

1942年在重庆展出了延安木刻，徐先生对这个展览有着特殊感情，以极大的热情写文章来介绍和赞扬这个展览，特别提到了古元同志并给予高度评价。当时的重庆在白色恐怖下，平时说话稍有不慎，便会招致迫害甚至杀身之祸，而徐先生却敢于公开颂扬解放区的美术作品，颂扬共产党的青年画家，不愧是有胆有识。

徐先生从法国举办画展归来后，曾以满腔热情建议当时的政府筹建一所国家美术馆。他认为我们偌大一个文明古国，有悠久的文化，没有一个美术馆，是国家的耻辱。他的计划和建议被置之不理，因此发誓要以自己的力量来为中国筹办一个美术馆。在重庆每年春秋季天气晴朗时，徐先生都要翻箱倒柜地将他收藏的字画、印刷品、书籍等找出来晾晒、过风；这些书平时是看不到的，在晒、晾时可以随便翻阅。字画分批挂满了所有的屋子，轮流过风。这些作品都是出自名家之手，在展览会上也难看到这样的精品。徐先生收藏的东西真多，古今中外都有，很难想象购置这么多的字画要花多少钱，要费多少精力！徐先生以惊人的毅力，一点一滴汇集起来。本来他的收入足以使他过着舒适的日子，但他为了买这些东西，一直过着布衣素食的生活。他勤俭度日，是为了要建立一个中国的美术馆，这个信念始终不渝。他对这些作品十分珍惜，告诉我们如何晾晒，怎样保存，同时也将他的愿望和苦衷告诉我们。他为中国美术事业的发展，兢兢业业，无私无畏，这种崇高思想令人敬佩。徐先生逝世后，廖静文先生深知徐先生的夙愿，将他的全部作品，包括题上"静文爱妻保存"的和他的全部收藏，捐献国家。廖静文先生的这种精神，无疑是接受了徐先生的思想。这一点也是值得称道的。

徐先生从前在南京时，因为反对蒋介石，被迫离开南京。1945年徐先生在重庆参加了以郭沫若先生为首的在文艺界发起的签名运动，呼吁取消特务组织，废除国民党的一党独裁专制，要求成立包括共产党在内的联合政府。这一声势浩大的签名运动，给国民党造成了十分狼狈的局面。为此张道藩特地到中国文艺社逼迫华林先生登报否认曾参加过签名运动。那天我正好进城，一进文艺社就听到张道藩将一盘茶壶茶碗摔在地上，声色俱厉地逼华林先生到所有签名者的家中，让他们都签名否认曾参加过郭老发起的签名运动，特别提出一定要找悲鸿先生。当时陈晓南先生在场，他见我进门，便把我拉到门外，说：“你赶快回去，告诉徐先生这里发生的事情，他们逼华林先生签字否认，也要逼徐先生否认，请徐先生有所准备。”我急忙乘公共汽车赶回磐溪中国美术学院，告诉他城里发生的事情，还没待细说，廖静文先生便告诉我：“他们已经来过了，让徐先生给顶了回去。”徐先生也十分气愤地说：“我签了名，我负责到底，我敢作敢为，决不后悔，也决不在别人的授意下否认，否则等于卑劣地自己打自己的嘴巴。”徐先生在国民党淫威面前就是这样光明磊落，正气凛然！

三、高深的艺术见解

我第一次见到徐先生时，他就给我上了第一课，他说：“你要把所看到的东西一丝不差地画出来，要把手和眼睛训练得很准确，要注意所画的东西，多看少画，看准了再下笔，手和眼要协调一致，手要能把眼看到的东西反映到画面上。有很多细微的东西，照相机是代替不了的，画家在作画时有自己的创造，有取舍，有强调，虚实处理，有画家自己的意图，有画家独到的创造……至于初学画的人为什么要多看少画，因为要首先训练画家的眼睛，要在对象上看到更多的美。往往一般人看东西和画画的人不同，他们头脑中有先入为主的东西。例如一条线在具体情况下它应该是斜的，但是这条线在人们的印象中是直的，而不是斜的。初学画者也有这样的错误认识，他没有仔细观察，凭印象也就画成直的。有经验的画家，他就注意每一条线的斜度，是直的还是斜的？是偏左还是偏右，偏多少？这样看准了，知道这条线的斜度，所以也就取得好的效果。"

在重庆第一次画石膏像时，他告诉我，如何把一个石膏像正确地"放"在画面上，要将定好的比例，不高不低，不左不右，放在定好的地位上，画下面的时候先看上面（是上突出还是下突出），画左边的时候先看右边（是左边高还是右边高），要来回比较，互相比较，大处着眼，全局在胸，就能找出最准确的轮廓来；涂光线的时候要注意最深和最亮的地方，次深和次亮的关系，中间调子的关系，重点在明暗交接线的地方，也是要善于比较。画石膏像就是要学比较，高低长短的比较，偏左偏右的比较，黑白明暗的比较。总之，会比较了，基本上就可以画好石膏像。

有一次我在一张水彩画上画了几个小人，虽然画得很不成功，但是徐先生充分地肯定了画人的重要性。他反对那种"不食人间烟火"的"八股"风景，他说：以后你画风景还应该注意人物在风景中的作用，人物可以加强画面的生气，有活力，甚至可以从画面上了解一个时期的民情风俗。古今中外人物画的作品多为不朽之作，所以应该是美术创作中的一个重要方面。

在重庆时，他经常谈道：在中国，要学西洋画就必须先把中国画学好，作为一个中国的画家，应该懂得中国画，懂得中国画的历史。中国的画家，无论是画中国画，还是画西洋画，最好能掌握中国画的意境和概括能力，同时掌握西洋画的色彩和造型能力，而这两个画种的基本功，可以在一个画家身上并存，也可以在自己的作品中起作用，取长补短，时间长了就可能形成自己的风格，走出自己的路来。至于风格的形成，不是从别人那里拿来的"现成货"，而是在自己的长期创作实践中积攒起来的经验，自然水到渠成。徐先生认为：中国画的发展，应该在传统的基础上来发展；中国画的传统有悠久历史，但不是完美无缺。他主张："古法之佳者守之，垂绝者继之，不佳者改之，未足者增之，西方绘画之可采者融之。"全国解放之后，他提出社会主义中国的美术，要吸收古今中外的、各种流派的最精华的部分，来发展中国的美术事业。中国的油画创作要吸收"古典主义的技巧，浪漫主义的构图，印象主义的色彩，社会主义现实主义的思想内容"。他的这种思想是一贯的，他的主张完全符合毛主席主张的"取其精华，弃其糟粕"，"古为今用，洋为中用"的思想。

新中国成立初期的中央美术学院油画系，在徐先生的倡议下，开了领袖像的课，徐先生亲自指导。我画的是斯大林像，他看了我的画后说：画人的皮肤要注意人种颜色的特点，注意白种人和黄种人的肤色差异。画白种人要适当地少用土黄，一些微妙的地方应有绿色和紫色的成分，这两种颜色用在皮肤上（尤其是白人）很有表现力，在一些色彩不太明确的地方用一笔偏绿、一笔偏紫的颜色来排列，也会得到很好的效果。画最暗的颜色部分，不要用厚色，不要太脏，要分析偏暖还是偏冷，鼻孔的颜色很深，在明暗交接线的地方适当用土红（尤其是画白种人），能起到色彩透明的感觉，好像血液在里面流动。画妇女的手指尖用土红，也能达到很好的效果。在画白种人的时候，不要过多用白粉，画"粉"了就没有色彩效果。要注意颜色的应用，要使色彩在画面上产生最好效果。

在我刚接触油画的时候，徐先生让我注意不要在调色板上调色过久，有时甚至可以用笔蘸上各种需要的颜色，不经调色直接落笔在画面上，任其自然调和。整个画面的颜色不要过于纯、过于干净，过于脏也不好，颜色过于纯和干净都是毛病，画面上要有整体感，要有调子。徐先生提出要有用"脏"颜色的本领，往往脏颜色是调不出来的，如应用得当，会有特殊效果；也可以用脏颜色和鲜亮颜色对比，脏颜色能衬托出明亮颜色的效果。

1950年我从学校毕业，分配到中央文化部美术处工作。徐先生对我说：

"你现在要到文化部工作，将来可能没有画画的机会，希望你每天能在调色板上调五分钟颜色。"我多年来一直在想为什么要"每天调五分钟颜色"？后来我体会出徐先生用心良苦，他是要我能保持对色彩的敏感，熟悉颜色的性能和它们之间的规律，再有画画的机会，在颜色的应用上才能得心应手，也才能调出自己需要和理想的颜色来。

勤奋出天才

卢伯衡（洛夫）

悲鸿师从印度讲学归来，回到中央大学艺术系教学时，我正在艺术系学习，课余之际，常到徐先生住处磐溪请教。有一次我去时，正巧徐先生准备作画。我一面给他磨墨，看他画画，一面向他请教，我说："徐先生，人们都说你画得好，是你有天才，画画一定要有天才吗？"徐先生说："我认为我没有天才，我认为兴趣就是天才，勤奋出天才。一个人只要他热爱绘画，对绘画有浓厚的兴趣，经常拳不离手、曲不离口地刻苦磨炼，就会有成果的，当然，成果的大小是看下功夫的大小而定的。"

1944年11月中，我度过暑假回到学校，得知悲鸿师生病还在医院治疗，我急忙跑去医院看望。当时，他还躺在病床上，精神比较安稳。他问："你回校多久了？假期画了多少画？"我说："刚回来。我画了百多张画。"徐先生微笑着说："要多下功夫，熟就能生巧。"在这样情景下，我内心十分激动，徐先生在病中对学生还这样关心，真是难得的良师啊！

我后来还听廖静文先生说，徐先生收藏的古今名画在千件以上，徐悲鸿纪念馆收藏他的作品也在一千件以上。单就这两个数字就可以看出他是多么酷爱绘画和勤奋作画了。

　　徐先生的教导和他的成就，对我鼓舞是很大的，我经常自问：徐先生对绘画十分酷爱，在经济方面勤俭节约，尽全力收藏古名画；他勤奋好学，年过半百，成就那样的大，还不倦地作画，每天工作往往在十小时以上，而自己呢，年纪这样轻，学习这样肤浅，如不加倍努力，是不可能有成就的。所以我时常注意勤奋，勤奋，每日白天黑夜抓紧时间学习。我在1946年秋"中大"毕业后，坚持了我的专业。新中国成立后参军进藏，同样坚持了我的专业。1957年工作内调，仍坚持我的专业。在十年动乱中，不怕任何冲击、干扰，还是坚持了我的专业，现在仍然继续地画画。这除了我酷爱绘画外，是和悲鸿师的教导有关系的。虽然，徐先生已逝世三十年了，但在我的心灵深处，在脑海里，还时常若隐若现地浮动着"兴趣就是天才，勤奋出天才"的声音，激励着我去克服创作和学习上的重重难关。

人不可有傲气，但不可无傲骨

潘懋勋

徐悲鸿老师平日时常以"人不可有傲气，但不可无傲骨"这两句话训诲我们。他是我国近代艺坛的大师，没见过他的人，总以为他架子极大，可是一和他接触，就感到出乎意料的谦和可亲。他对学生和晚辈特别慈祥，非常有礼貌，却没有半点傲气。他平日对男学生总是称某先生，对女学生总是称某小姐，这是当年南京中央大学艺术系同学们都知道的。每逢假日和星期都有好多学生到他家里看他作画，他经常边画边给学生讲论画理。可是他对那些达官显宦，却不当他什么一回事。抗战前，他住在南京傅厚岗六号寓所，往来宾客中外都有，国民党中央的院长部长来他家里都像一般朋友自来自去，从来没见过他"折腰"的现象。

他的画室很大，正面墙上当中挂一幅自画的大幅《古柏》中堂，左右分列一副很大的对联，上联是"独持偏见"，下联是"一意孤行"，每字约60厘米×60厘米那么大，是从泰山石经上摹下来的黑底白字，气象雄伟，十分显目。当时国民党军政要员常到他家里，都见过这副对联，但他态度自若，无所畏惧。1935年春节，即农历过年时，他写了一副红纸春联，上联是"中立不倚"，下联是"隐居放言"，写好叫我帮他贴在大门上。当时国民党中

152

央委员、宣传委员会主席叶楚伧的官邸就与他对面，出入很容易看到，但他也毫无顾忌。在当时的情况下，又在反动统治的中心南京，他画室所悬对联的句子和大门外的春联，就足够引祸，可他若无其事，处之泰然。仅从这两件事情便可看出其傲骨峥嵘。

1934年夏季，有一天在中央大学南高院伯敏堂的素描教室里，有一位湖南同学名叫林家旅，他用黑色的纸以白粉笔画素描，光的表现效果极佳，很有独创精神。徐老师一进教室看到这幅素描，便十分高兴，把林家旅紧紧拥抱着，像父亲样的疼爱儿子，如果没有浓烈的感情，一定不可能有此动人的表现。

各有灵苗各自探

刘寿增

当我不满20岁，毕业于上海中西女塾后，为了仰慕悲鸿老师，投考中央大学艺术系，幸运地考取了。由于中西女塾是一所教会学校，英语学得比较多，我在入学考试时名列前三名，悲鸿师知道后，就培养我翻译有关美术方面的材料，马上就要我翻译英国名风景画家《康司太白传》。由于老师的鼓励，我每天晚上在蜡烛下翻译，终于完成了两万字的《康司太白传》，交给了悲鸿师。

抗日战争时期，悲鸿师在桂林，并到了印度。他还记得这件事，曾经寄了一张康司太白风景画的明信片给我，后来他又让《大公报》陆续登出了《康司太白传》这个翻译稿，并请艾中信先生把稿费寄给我。这说明悲鸿师对学生的极微小的知识技能都注意观察，细心培养，谆谆教育，要我们为了祖国，尽量发挥自己的才能。

在美术专业方面，悲鸿师更是注意发现学生极微小的优点。他规定我们每星期画几张风景。有一次我画了一张小的风景画比较好一点，他就说：啊！你这张画的色彩非常好，像法国某大画家的颜色！他一贯以鼓励为主来教育学生，从不讽刺打击。他对学生非常爱护，不计较我们过火的言行。在抗战时期有一次，我们一些学生跑到汉口去参加抗战工作，写信回去不够礼貌，悲鸿师非常理解我们的幼稚心情，还是非常关心照顾我们。

美术教学方面，悲鸿师对学生要求严格，但允许学生"百花齐放"。

我们同学中，从各艺术院校转学来的非常多，悲鸿师不只是表扬他自己原来的学生，他对作风不同的同学而画得好的，都赞美不绝。有一个从杭州艺专转来的同学叫沙耆，他的画的风格是大块面的、粗犷的，悲鸿师总叫大家看他的画，说他的画非常好。还有新生中有从他校学过素描，成绩好的，如林家旅（即夏林），是苏州美专高中毕业的，悲鸿师一再称赞他，要大家向他学习。又如上海美专转来的史人宇，他也一再说她画得好。

"各有灵苗各自探"，悲鸿师不放松培养学生的基本功，但并不限制大家发挥各自的特长。我记得，当时我虽是一年级学生，也常到四年级、三年级教室去看高年级同学的画。他们画的风格都是因人而异，不是刻板照抄老师的，而是有用点彩方式的，有用大块面的，也有十分细致的。

但是对我们一年级学生的基本功，悲鸿师是严格要求的。如在一年级时，我因没有画过木炭画，就用纸卷了木炭来画。悲鸿师来教我时，马上要我去掉包在木炭上的纸，告诫我"不能怕脏"，"宁脏毋净"，"要仔细观察对象"，并指出画上某处完全无亮光，边说边示范，亲自用手把一大块暗部抹了一下。

悲鸿师非常重视培养学生视觉记忆力，要大家在画了素描后把它的明暗轮廓统统默出，以此作为创作的准备。可惜，我们都未能体会悲鸿师的指导的重要性，只能体会到写生的重要性。现在我才认识到这一点。因为，不论创作国画或其他画，都必须有视觉记忆力，这样才能做到"意在笔先"，才能做到"心物交融"；否则只能限于写生对象的形、光、色等，不能描绘出高一层的艺术境界。要创作出意境美的作品，必须有视觉记忆力，视觉记忆力是意境美的物质基础，即技巧。

"师造化"，"尽精微，致广大"，"宁脏毋净"，"宁方毋圆"……在解剖、透视、色彩等方面，悲鸿师谆谆地教导着我们，但并不是要我们只师古人，相反，他反对照样画葫芦。他让学生找自己的道路，让学生发挥个人的才智——当然，要在学了一定的基本功之后，而不是听之任之。

总之，悲鸿师特别注意培养学生视觉记忆力的发展，这一点是和其他老师不同的。我认为这点非常重要，因为这是自我发挥创作技术的必具能力。

悲鸿师热爱学生：对经济条件较差的学生，就在物质方面照顾他们，送颜色送画布等给他们。对于因种种原因，不能继续在本校学习的学生，悲鸿师尽量设法帮他们转到其他学校学习。对已毕业的学生，总想方设法替他们找到工作。并特别教导我们女学生，不要毕业后抛弃所学的去当家庭妇女就算了。所有这些，是我们这些学生永远不能、也不会忘怀的。

双猫竹石意绵绵

俞云阶　朱怀新

　　薄如蝉绡、轻似云雾的新娘头纱，随着白长裙下看不见的脚步，在琴声中飘曳。那礼帽，那燕尾礼服，凝静地站立在鲜花丛里……以后是彩色缤纷的纸屑飞扬。40年代初期，重庆市的结婚仪式，还保留着某些繁复的气氛。但由于双方仅是毕业不久的大学生，又同属知识阶层的"下江人"，这里没有挥金似土的豪华，只是进行着庄重淡雅的婚礼和喜宴。

　　突然，一个欢乐的骚动出现了，人们涌聚到显眼的一边壁面，在那里刚贴上一张水色淋漓，墨迹未干，还没来得及裱装的国画。这是一位从沙坪坝大学区赶来参加婚礼的同学，带来的徐悲鸿老师特意赶着画好的《双猫图》。画幅左边写着"云阶仁弟怀新女士佳期……悲鸿写贺"的款识，下面印着他爱用的小圆章，画幅左下角加印了"秀才人情"鲜红的印章一方。

　　《双猫图》图内下面画着磐石，后面画了深邃得好像蓝海洋似的竹林。练达人情的画家，在坚固的磐石上，绝妙地画着一对天真无邪、不谙人事的猫情侣，通过动物求爱形式简单的动作，赋双猫以拟人化相恋的神态，抒发着无限缠绵的深情……

　　婚礼中人群的骚动，说明观众对这幅比拟生动、寓意深刻的《双猫图》

的激赞，而我们对及时地收到这一件珍贵的礼品更感到无限喜悦。我们珍藏着这幅宝贵的画，也把悲鸿大师给我们的这份深情厚意，永远珍藏在心底。

岁月似水，四十个年头逝去了，艺术大师本人早已作古，但他的手泽犹新。每当我们望着这幅《双猫图》时，那图中的坚坚磐石，疏疏翠竹，猫情绵绵……往事历历在目，《双猫图》的谱写者，和谱写《双猫图》的乐章，却永记心怀。

第三辑

亲人追忆：此生只好墨韵悠长

致《徐悲鸿一生》的读者

廖静文

自从去年年底，拙作《徐悲鸿一生》出版后，我几乎每天收到热情的读者的来信，每一封信都充满了对悲鸿的尊敬和怀念，及对我的慰勉和关心。读着这些感情真挚的信，我常常激动得热泪盈眶。但是，我却未能一一给读者回信，因为，我还有许多工作。也因为我的健康情况不佳，而且信越来越多，它一摞摞地放在我的案头，望着它们，我感到内疚，并成为我的一件心事，以至晚上的睡眠也不能安宁。借着全国政协文史资料研究委员会为纪念悲鸿逝世三十周年出版此书的机会，我向亲爱的读者致以深切的感谢和歉意。

我还应当感激许多读者来信向我提供有关悲鸿的资料。例如华东师范大学的陈子善同志给我寄来著名作家郁达夫先生为悲鸿题画和饯行的诗四首，抄录于下：

（一）

题悲鸿画梅

花中巢许耐寒枝，香满罗浮小雪时。

各记兴亡家国恨，悲鸿作画我题诗。

（二）

为愧淮先生题悲鸿画

《喜马拉雅山远眺》

寰宇高寒此一举，九州无奈阵云封。

何当重踏昆仑顶，笑指蜗牛角上踪。

（三）

止园饯送徐悲鸿教授席上偶感

夜雨平添水阁寒，炎荒今始觉衣单。

叨陪孺子陈蕃席，此日清游梦一般。

（四）

题徐悲鸿赠韩愧淮《鸡竹图》

红冠白羽曳经纶，文质彬彬此一身。

云外有声天破晓，苍篁深处卧斐真。

郁达大先生在1927年冬天，经田汉同志介绍，与悲鸿相识于上海南国艺术学院。那天，田汉同志邀请郁达夫先生到他的寓所吃晚饭，当时田汉同志的家就在南国艺术学院内。因此，郁达夫先生便由田汉同志陪同，来到南国艺术学院为悲鸿所设的画室里，初次见到了悲鸿，并见到悲鸿的一些油画作品，从此有了交往。十多年以后，他与悲鸿又在新加坡相遇，成为悲鸿旅居在南洋时，过从甚密的挚友。在上述这些诗篇里，蕴蓄着郁达夫先生极其深沉的爱国爱友之情，读之不忍释手。

诗目中提到的韩愧淮先生，也是悲鸿在新加坡的好友。他是一位爱国华侨，又是对陶瓷深有研究的鉴赏家和收藏家。悲鸿曾有诗赠他，可惜我只记得其中一句："十年长忆海南韩。"韩愧淮先生于新中国成立后，大约是在20世纪60年代初，欣然回到北京定居，并担任故宫博物院陶瓷顾问。

陈子善同志还附寄了郁达夫先生在新加坡撰写的《与悲鸿的再遇》一文，文中郁达夫先生叙述了初次与悲鸿相见时："看到徐先生的几张画后，我就感到了他的笔触的沉着，色调的和谐，与夫轮廓的匀称，是我们同时代的有许多画家所不及的……"对于悲鸿当时以画在新加坡举行展览和义卖，达夫先生写道："悲鸿先生见了那些被敌机滥施轰炸后的无告的寡妇与孤儿，以及在疆场上杀身成仁的志士的遗族们，实在抱着绝大的酸楚与同情。他的欲以艺术报国的苦心，一半也就在这里，他的展览会所得义捐金全部，或将很有效地，用在这些地方去。他的名字已与世界各国的大画师共垂宇宙，他的成绩也最具体地摆在我们的面前，所以不必要的赞誉和夸张，我在这里想一概地略去，只想提一提他的国画是如何的生动与逼真，画后的思想又如何深沉而有力……"

读着郁达夫先生这篇亲切的文章，使我感到他那颗热爱祖国的心仍在强烈地跳动，也使我凄伤地想起他后来的不幸结局。1942年日军偷袭珍珠港，新加坡随之陷落。郁达夫先生未曾离开南洋，隐姓埋名地住在乡间，仍从事抗日救亡活动。正当他在十分艰难的生活中，以满腔热情，准备迎接抗日战争胜利之际，却被日军发现，惨遭杀害。悲鸿在得知这一不幸消息后，曾悲愤交加，潸然落泪。

如今，悲鸿和田汉、达夫先生都已先后去世，我执笔写作此文，回忆他们在祖国多难之际的战斗友谊，心情很不平静。他们三位都是对中国文化做出了重要贡献的人物，人民是不会忘记他们的。

除此以外，还有许多读者向我提供了可贵的资料和指导，限于篇幅，就不一一列举了。

有些读者来信，希望知道我的两个小儿女的情况。他们在幼年便爱画画，常常拿着石板跑到悲鸿面前说："爸爸，给我画只猫！"悲鸿便在石板上用石笔画只猫。有时，便说："爸爸，给我画匹马！"悲鸿便微笑着画匹马。这些画了又擦、擦了又画的石板上曾经出现过许多生动、美妙的画面。它们在我的儿女的童心中留下了多少甜蜜和欢乐呵！后来，随着悲鸿的去世，生活中这些绚丽的色彩消失了，孩子们过早地尝到了人生的苦果，他们的生活道路也是很不平坦的。小鸿在中央美术学院附中毕业后，由于美术学院多年不招生，他便在外语学院毕业，现在从事翻译工作，但仍继续作画。芳芳也因"文化大革命"的影响，未能继续学艺术，考入普通大学，现正在攻读硕士学位。他们两人都有悲鸿的遗风，学习上很刻苦、努力。

在悲鸿逝世三十周年之际，我们的国家已进入新的历史时期，自从三中全会以来和十二大号召全面开创社会主义现代化建设的新局面，在政治上和经济上都取得了丰硕的成果。我站在徐悲鸿纪念馆前面，心情激动不已，因为这一切成就正是悲鸿生前期待的。

我在经历了悲鸿逝世后漫长岁月的风雨，在无尽的挫折和哀伤中，终于在晚年得到了幸福，这幸福是我们的国家、我们的人民、我们的党和亲爱的读者给我的，我将永远珍惜它，长久地长久地留在心里。

爸爸和我

徐静斐

亲爱的爸爸已经离开我整整三十年了。每当我追忆往事，爸爸勤奋俭朴的一生，经常成为我在前进道路上克服困难的动力；爸爸在攀登艺术顶峰时的那种坚韧不拔的毅力，经常鼓舞着我向科学的广度和深度进军；爸爸热爱祖国，"横眉冷对千夫指，俯首甘为孺子牛"的民族气节，使我在遭到极"左"路线迫害时，增加了活下去继续为祖国服务的信心和勇气；爸爸忠诚朴实，刚直不阿，"人不可有傲气，但不可无傲骨"的崇高品德，也成为我终生待人处世的楷模。

这份回忆，其中大部分是我亲身经历、耳闻目睹的，有些则是爸爸的朋友、学生和家人后来向我追述的。我把它如实地整理成文，以悼念我敬爱的爸爸。

南京生活点滴

我十分清晰地记得，在我刚刚懂事的时候，父亲便像讲故事一样，向我讲起我出生前后的情景：

1929年11月20日，南京正值初冬，这天，母亲蒋碧薇陪我外祖母戴清波、舅舅蒋丹麟去明故宫游览，由于乘坐马车来回颠簸，回家吃晚饭时，她便感到肚痛（此时，母亲怀孕已七个月）。当夜爸爸便将妈妈送进鼓楼医院，整整一天，孩子生不下来。后据一位德国医生检查，说因胎儿受震动已脱离胎盘，且胎盘在前，胎儿在后，必须动手术。爸爸听了医生的话，急得脸色都变了，忙问医生："有没有危险？"医生说，动手术可保全大人，小孩靠不住，如不动手术，大人小孩都有危险。爸爸听后，只好在动手术的医疗单上签了字，不安地在手术室外等待着。晚上9时半，终于从母亲的肚子里把我取了出来，当时我的体重只有四磅，而且一声也不会哭。为了抢救我这个七个月出生的早产儿，我被四个热水袋团团围住，奶从滴管里一滴一滴地滴进我那不会吃奶的小嘴。我便这样奇迹般地活了下来。三天后，我会吃奶了，而且吃得很多，吃了就睡。爸爸开心地对我说，你生出来时，还没有家里养的猫大。爸爸为我取了个美丽的名字Lily（丽丽），在外文是百合花的意思，他希望他的女儿能像百合花那样洁白无瑕。

那时，我家住在丹凤街前中央大学的宿舍中。宿舍是一幢两层楼房，上下共八间，住着四家人，我们住楼上，隔壁住的是当时"中大"文学院院长谢寿康先生，楼下住的是一位贵州籍的父亲留法同学何兆清先生，另一家是曾昭抡先生。因为家中房子挤，中大在学校中另分给爸爸两间画室，作画都在那两间画室中。

1932年，由几个朋友资助，筹款为我家在傅厚岗6号盖了一幢楼房。于是当年年底，我们便搬进新居。楼下左边是一间阳光充足的大画室，右边是一间饭厅，一间客厅；楼上两间卧室，爸爸妈妈住一间，我和哥哥住一间；三层小阁楼上则住着我的大表姐程静子女士；房后的一排木平房是男女佣人刘妈、坤生和同弟住。画室一边的墙上悬挂着爸爸刚完成不久的油画——《田横五百士》，这幅油画宽355厘米，高198厘米，取材于

《史记·田儋列传》的一个故事。田横为齐王田荣之弟,秦末陈胜、吴广起义,田横亦为抗秦队伍之一员。汉高祖刘邦打败项羽,消灭群雄,田横同他的五百名战士逃到一个岛上。刘邦招降,并以封王相许。田横誓死不屈,带了随从二人在离京都洛阳三十里地自刎而死,两个从人亦自尽;岛上五百人闻讯均自杀而死,无一人投降。画面上田横身着红袍,拱手正在向他的战友告别。爸爸为了创作这张画,仅人物素描稿就有几十张之多,如田横的形象取自宋仲沅;其中一个妇女抱着一个女孩则是以母亲和我为模特儿。这幅画1928年在上海开始创作至1930年到南京后才完成,前后用去两年的时间。由此也可看出爸爸在艺术创作上的严肃认真,一丝不苟的精神。

搬入傅厚岗后,爸爸在家的时间较过去多了,只要不去"中大"上课,便在画室作画,一画就是几个小时,画的国画将整个画室地上都铺满了。我们经常等他吃饭,菜饭热好又凉,凉了又热,他都不出来吃。他的脾气是作画到入神时,谁也不能惊动他,一定要把那幅画画完才罢休。我等爸爸吃饭等急了,便从关着门的钥匙小孔里偷偷看爸爸是否画完了,只见爸爸微笑着,一面在聚精会神地作画,一面用他自己的诗调低吟着杜甫的《秋兴》。好不容易爸爸一张画画完了,坤生立即开门说:"先生,吃饭罢。"爸爸点点头,放下笔,走出画室。几只淘气的猫乘间而入,把爸爸摊在地上的画踩了好多梅花形脚印。爸爸见此,顾不得吃饭,又跑进画室,把几只猫轻轻抱起,摸摸它们的头,打开窗子,把猫放出窗外,这才关上门,到饭厅吃饭。大人坐在桌上吃(有爸爸、妈妈、外婆、表姐等),我和哥哥照例坐在小凳上,每人分一份菜,放在方凳上吃。爸爸没有忘记在饭前叫我把贴在墙上的法文字母念一遍,然后再吃饭。吃饭时,爸爸不许我们把饭粒撒在桌上,如掉下一粒,他立即叫我们拾起来吃掉,并且常说:"你们天天吃着雪白的大米,却不知稼穑之艰难……"

当我三岁时，爸爸就用宜兴家乡话教我唱唐诗，我便跟着唱，也不知道是什么含义，但却唱得很熟。四岁时，爸爸为我请了一位女家庭教师，每天教我认方块字，并开始描红。我小时很贪玩，对学习一点不感兴趣。5岁时我便常为爸爸磨墨，这是我最怕干的事。墨很粗，我一只手都抓不住，只好两只手抱住。砚台很大，放在一张小茶几上，磨起墨来，只许向左边转而且要转圆圈，还不许把墨汁溢出来，这对五岁的我来说是很困难的。我一面小心翼翼地磨着墨，一面不时用眼睛望着窗外枝头上欢舞并叽叽喳喳欢叫的小鸟，我是多么想飞出去玩耍啊！

五岁半我就进了南京鼓楼小学。每天清早起床便和哥哥走进爸爸妈妈的卧室，向爸爸妈妈用法语问早安，然后把脸给爸爸妈妈亲一下，出来下楼吃早饭。因我小时体弱多病，爸爸妈妈让我早上吃几滴鱼肝油，一小碗牛乳麦片。可这些东西却是我最不爱吃的，我一见到它们就恶心。但同弟（年轻女佣人，常和我玩）却一定要我吃，哄着我："妹妹乖，快点吃，吃了就快快长大，不吃长不大。"我每天总是含着眼泪，把那一汤匙带有鱼肝油的麦片包在嘴里咽了下去。

冬天爸爸常比我起得早，我进洗脸间洗脸，爸爸就把我的小手按在冰冷的水里，手被冻得通红。爸爸说："小孩应该不怕冷，冬天也要用冷水洗脸。"我的手冻得好痛，可还是点着头。

爸爸的画室里经常高朋满座。爸爸的朋友和学生吴作人、吕斯百、王临乙、杨建侯、张安治、夏同光、黄养辉、陈晓南、冯法祀、刘汝醴、顾了然、张正吟等叔叔，经常到我家来，他们或看父亲作画，或看父亲从国外带回的画片，或在画室中一齐作画。有一次爸爸和许多朋友在画室合作书法，每人写一个字，爸爸让我和哥哥也写一个字。记得我写的是一个"机"字，我心里害怕，笔也太大，拿不好，写时，把"幾"的笔画写错了，爸爸微笑着把笔拿过去，在两个"幺"处圈上四个圈为"88"，这个字总算在爸爸的帮助下完成了。

我妈妈在家十分喜爱举行露天茶会，用一把西式的大花布伞，插在露天的草地上，客人们都坐在院子里喝汽水、橘子水，吃点心。爸爸为我和哥哥买了一个聚宝瓶，我的瓶是一个猫，哥哥的瓶是一个哈代狗的头，笑着的嘴上正好有一个小裂口。每到开茶会，我和哥哥便淘气地捧着聚宝瓶到每个客人前面，我爬到吕斯百、吴作人等叔叔的身上，用小手在他们的口袋里找，找到小分币便高兴地拿出来，丢到聚宝瓶里，不一会儿我的小瓶里一摇就哗啦啦响。我高兴地摇着。有一次吴作人叔叔笑着向我招手，我抱着瓶飞快地跑过去，他笑着将瓜子从小裂缝里塞进去，还向里面倒了好多橘子水，我们都哈哈大笑起来。

有一次，我家来了一位陌生的青年人，穿得很朴素，来找爸爸，带来了他的几张素描习作。爸爸一面看，一面露出满意的微笑。这位青年人就是蒋兆和叔叔，因他在南京无亲无故，家境又贫寒，爸爸对他的处境很同情。他的来访也勾起了爸爸对十几年前自己漂泊上海的辛酸回忆。爸爸决定把他留在家中，从此我和蒋兆和叔叔就渐渐熟了，他白天去"中大"艺术系旁听，并进行孙中山头像的雕塑工作，晚上我、坤生、同弟、哥哥在院子里草地上乘凉，他便把我抱在怀中，讲着唐僧去西天取经的故事。我们大家都听得入迷。这样欢乐的夜晚在我的脑海里留下了深刻的印象，至今仍使我恋念。

家里的习惯既中又西，我们既过旧历年又过圣诞节。但过圣诞节在我脑海里留下的印象比过旧历年更深，这是因为哥哥的生日是12月26日，正好是圣诞节后一天，所以每年哥哥的生日都和圣诞节一起过。到了那天，妈妈在家中的圣诞树上挂满了五彩缤纷的小灯和闪闪的彩带，爸爸的学生扮演成圣诞老人给我们带来节日礼物，晚上又吃生日蛋糕。到我入睡前，同弟亲切地坐在我的床前："妹妹，快快睡，闭上小眼睛，圣诞老人的礼物专门送给睡着的乖孩子。"于是我赶快把眼睛闭起来。第二天早上一睁开眼，我高兴地看见一个新的洋娃娃放在我的枕头边。

爸爸在"中大"艺术系当教授，每月薪金300元，母亲在家料理家务，招待客人，生活优裕而安定。那时家中有一架钢琴，静子表姐常一面弹琴，一面唱歌，她唱的《西施》中的两个插曲——《浣溪沙》和《叫我如何能忘你》，灌成了唱片，我很爱听，也学着唱。我6岁起，去一个法国教堂学钢琴，回家后也常练琴。

在我的记忆中，童年时代南京的一段生活是很幸福的。美中不足的是，爸爸妈妈常常争吵，起因是爸爸喜爱收藏古董古字画及金石图章，一见到好画好古董，爱之如命，不惜重金加以收买；而母亲喜欢过舒适生活，又好请客，双方都要花钱，尽管父亲收入很高，仍不免常有矛盾，因此发生争吵。记得有一次，坤生从"中大"领了爸爸的工资回来，除去裱画及支付古董商人的古画款后，将剩余的钱交给妈妈。

"小姐（这是坤生、同弟对妈妈的称呼），这是先生10月份的薪水。"说着将钱交给妈妈。

"怎么！只剩120元，钱到哪里去了？"

"裱画用去36元，买古董……"坤生恭顺地说着。

"又是古董，又是古董，古董又不能当饭吃。"妈妈满脸怒气，"以后把每月300元薪水领来立即交给我，一个不能少，听见吗？"

"这……"坤生见我母亲的表情，不敢说下去，只好回答，"是、是……"

下午，爸爸像往日一样兴致勃勃地下班回来，见到妈妈非常高兴地说："碧薇，我今天太高兴了，买到一张任伯午的精品……"

"你整天就只知买这些破瓶子、烂罐子，什么破书、旧画，把钱都给那些古董商骗去了，家里吃什么、穿什么、用什么，这么大的家，叫我怎么管？"妈妈埋怨着。

爸爸顿时沉默了，紧锁着双眉，低着头，快步走进画室，关上了画室的门。

妈妈的气没有出掉，一面叫嚷着，一面打开画室的门："你倒好，整天除了画画，什么事都不管，跟了你真倒了霉，原以为法国八年受苦，回来能过好日子了，没想到你整天买古董、古画，买个没完，家里饭都快吃不上……"

"好了，好了，碧薇，别吵了，我的薪水，坤生不是领来交给你了吗？"

"就那么一点，怎么够花！"

"怎么？那么多钱还不够你花？"父亲大吃一惊，望着面前这位夫人。

爸爸忘记了还在盛怒中的妈妈，也听不见她在说些什么，显出陷入痛苦沉思的神情。当他清醒过来时，妈妈却在哭泣。

"碧薇，别哭了。"爸爸拉住妈妈的手。她毕竟是他的妻子，共同生活了十几年的妻子，而且他们已经有了两个可爱的孩子和一个像样的家。爸爸让步了："以后我们实行计划开支，钱全部由你掌管，好吧！"

妈妈脸上露出了胜利的微笑，他们双双走出画室……

一盆茶花的误会

妈妈喜欢花木，她亲手培育了两盆茶花，经过初春的阳光雨露，朵朵茶花开得分外艳丽。爸爸早上起床，见到了茶花，非常喜爱，便叫坤生将一盆盛开的茶花送到"中大"艺术系素描教室，让同学上静物写生课时用。

待妈妈起来吃完早饭，走到晒台上看她心爱的茶花时，却少了一盆，妈妈显出满心狐疑的样子，但未作声。下午艺术系的一位男同学跑到我家，在妈妈耳朵里偷偷说了几句话便悄悄走了。妈妈气得脸色发白，浑身发抖，有气无力地倒在沙发上，晚饭自然无心吃，但一直等到晚上9点还不见爸爸回来。妈妈憋了一肚子气，躺在床上，但翻来覆去怎么也睡不着。这时，她听见了一阵熟悉的上楼脚步声，她知道是谁，便故意把脸朝里。

"碧薇，睡了吗？"爸爸亲切地问。

"你还有脸回来睡觉？"妈妈从床上一跃而起，"你把我的茶花弄到哪里去了，你说，你说！"

"茶花是我叫坤生拿到画室让同学画静物写生了，明天就搬回来。"

"胡说，你是拿去送人了，送给你心爱的女学生。"妈妈气愤地说。

"你想到哪里去了，这怎么可能？"

"我好命苦，跟你在法国忍饥受饿，原以为回国后，你成了名，我们就可以过安稳日子了，没想到，生活刚好一点，你就变心了。"说罢，妈妈号啕大哭，"我不要活了，我不要活了！"她一面哭一面冲下楼去，一头倒在花园的草地上痛哭起来。

爸爸跟着妈妈跑下去，坐在草地上，用手托住妈妈的头，焦急地说："碧薇，你完全误会了，那盆花还在教室里，我明天就叫坤生搬回来。"爸爸一边说一面轻轻抚摸着妈妈的浓密的黑发。继而耐心地说："我早已对你说过，那个姓孙的女学生，她很聪明，画画很有天才，我只是爱她的才气，这完全是一种师生之间的关系，你千万不要多心。"爸爸央求说，"回去吧！你看草地上这么湿，坐久了会生病的。"爸爸的声音很温和。一边把妈妈从草地上扶起，两人回到卧室。此时已是深夜12点了。妈妈由于哭闹了几个钟头，也疲倦了，便很快地睡了。

可爸爸尽管非常疲倦，但他怎么也睡不着，他在卧室里来回走着，他大概在想着这些吵闹不完的事，而我和哥哥在隔壁房里，渐渐进入了甜蜜的梦乡。

第二天早上我和哥哥很早起床，洗完脸，像往常一样走进爸爸妈妈的卧室。

"Bonjour爸爸，Bonjour妈妈。"我们一面用法语向爸爸、妈妈问安，一边将小脸贴到爸爸妈妈的嘴上，让他们亲一下，便下楼吃饭上学。爸爸躺在床上沉思，忽然他大概想起那盆茶花，立即起身，但因昨晚的争吵可能使他整夜失眠，一走到洗脸间，便感到头昏，爸爸哪里知道，他此时已有血压偏高的症候了。爸爸用冷水将头冲了几分钟，好像感到清醒些，急忙下楼叫坤生去学校将那盆茶花搬回来，坤生应声去了。爸爸匆匆忙忙吃完早饭便离开家去"中大"上课了。

妈妈起床时，爸爸已去"中大"了。她穿着睡衣梳洗完毕，又到晒台上去看茶花，只见两盆茶花都完整无缺地放在原来的地方，她一口气松了下来，感到无比的轻松和愉快。同弟将牛乳、咖啡、鸡蛋送到楼上，妈妈今天胃口特别好，把送上来的早点全部吃完。

门口响起了汽车喇叭声，一部黑色小汽车在傅厚岗我家门口停下。张道藩走出车门，按了一下门铃，坤生去开门。

"是张次长来了。"坤生说。

妈妈换了一件紫红色旗袍，缓缓下楼。

张道藩眉开眼笑地对我妈妈说着好听的话，模样显得很殷勤。他又对妈妈说起爸爸把一盆茶花送给了一个姓孙的女同学的事，并说爸爸画《溪我后》那张大油画是不怀好意，他还悄悄附在妈妈耳边说了一些话，妈妈脸上浮起一阵红晕。

后来，妈妈站在房门口，凝望着驶去的黑色小汽车，原来已经平静的心情立刻又变得烦乱不安。

分　歧

张道藩为了打击爸爸在政治上的进步和达到占有妈妈的目的，不断采取一些隐蔽的手法，挑拨爸爸和妈妈之间的关系，谣言接二连三地传到妈妈的耳朵里，妈妈的性格变得愈来愈烦躁，脾气也越来越坏。从此，爸爸一回到家便被妈妈吵得昏头昏脑，既无法休息，也得不到一点安宁。在苦恼之余，爸爸只好躲在画室里，拼命地作画，因为只有从画画中他才能得到一点安慰，才能忘记妈妈整天吵闹给他的痛苦。

1935年初，田汉被捕的消息传来，爸爸整天焦急不安。为营救田汉，爸爸四出奔走，一无效果，而田汉在狱中病得很重。最后爸爸不得不去求张道藩。后来我才知道，张道藩装出一副同情的样子对爸爸说，"悲鸿兄，我早就让碧薇嫂转告你，不要管田汉的事，这样下去，对你的前途非常不利，可你不听，这样吧，看在老朋友的分上，我去说说情，试试看。"

几天后，张道藩又来到我家，对爸爸说："经过我说情，他们要两个有名望的人作保，才能让他出来治病，必须用身家性命作保。"

"这个我能够！"爸爸如释重负地说。

"假如田汉出狱后跑掉了，你能负得起这个责任吗？"

"能，一切都由我负责，只要你们能把他放出来。"

经过几天的努力，由宗白华教授和爸爸在保证书上签了名，终于使田汉伯伯被保释出狱，出狱后田汉伯伯全家几口人都暂住我家（包括田汉伯伯的母亲、妻子）。这样又引起了一场风波。

"你保田汉已经冒了很大风险了，现在你又把这帮穷朋友养在家里，管吃管穿，你管得起吗？我真不懂，这样做到底对我们全家有什么好处？这个家就这样被你毁掉了。你还拒绝给蒋介石画像……"妈妈又吵起来。

"你怎么能讲这种话？田汉是我多年的至交，我怎么能见死不救？我过去在上海流浪的时候，要不是黄震之等人的帮助，哪会有今天？现在我们生活稍好一点，就忘记患难中的朋友，这样做是不道德的。"

"什么道德不道德，你就不考虑我们的前途，家庭的前途。"

由于爸爸拒绝给蒋介石画像，又由于爸爸把田汉伯伯全家留住我处，加之田汉伯伯出狱后不久，继续进行抗日的进步戏剧活动，张道藩便进一步策划对父亲的陷害。学校出现了反对父亲的标语，造谣中伤的流言蜚语接踵而来。孙多慈成了无辜的受害者，被迫不能到学校上课。爸爸也无法再在南京待下去。只好于1936年6月去广西桂林。爸爸在《广西日报》上公开发表文章指责蒋介石无礼、无义、无廉、无耻。妈妈由于受到张道藩的影响，政治观点愈来愈向右转，但她仍然关心着父亲的安危，希望爸爸能放弃反对蒋介石的观点，仍旧回到南京过舒适的生活。于是妈妈在1936年8月14日赶到广西，想说服爸爸回南京，向国民党反动派让步。爸爸虽然想回家，但不愿屈服于蒋介石的压力，因而拒绝回南京，妈妈只好一人返回南京。返宁前自然免不了又是几场激烈的争吵，政治上的分歧和感情的破裂都日益表面化了。

就在妈妈回南京的第二天，张道藩又来到我家。他进了大门，走过花园，进了楼房的大门。

妈妈再也控制不住自己的感情，终于落入了张道藩的圈套……

从此以后，妈妈以"雪芬"为名，张道藩以"振宗"为名，两人情意绵绵。1936年冬，张道藩在给母亲的信中曾写道："只有在你的身边，我才会感到温暖和舒适。"

1937年春，父亲从广西回来，将他收藏的古董古画及自己的作品整理好，大部分运往广西，在家只住了两个星期。去广西前，将我和哥哥同车带到上海外祖母家，他也在外祖母家住了两天。母亲为了爸爸未给我和哥哥买二等票而是买三等票而伤心流泪，在以后的十几年里曾不止一次地在朋友面前提及此事。但我和哥哥坐在火车上，并没有因为是坐的三等车厢而不舒服。中饭时，爸爸还送了一盘火腿丁鸡蛋炒饭给我们吃，我们吃得很香。下了火车，爸爸牵着我和哥哥的手，走了一段路，坐上有轨电车，到了外祖母家。还带我们去大世界照了哈哈镜。两天很快过去，爸爸又离开我们去广西了。我们在上海玩了一星期，又由爸爸的学生陈晓南叔叔将我们带回南京。

1937年"七七"事变发生，为了安全，妈妈将我和哥哥送至宜兴，住在姨父程伯威家，并在宜兴上小学。这样一来，妈妈和张道藩便有更多的接触机会。1937年"八一三"事变后，南京遭到日本军国主义者的狂轰滥炸。爸爸在广西得知南京被炸的消息，思念着这个破碎的家和两个无辜的儿女，8月下旬，爸爸回到南京。后来我听说，妈妈对他竟是那样冷淡，连一句问候的话都没有，而我和哥哥又都在宜兴，家中没有一点温暖，只是可怕的沉默。爸爸已感觉到妈妈变了，以前虽然争吵得很厉害，但妈妈对爸爸还是有感情和关心的。这一次回来，妈妈不吵了，但却非常冷漠，好像爸爸根本不存在一样。这种奇怪的态度比吵嘴更使爸爸难以忍受。

1937年9月爸爸妈妈在南京留下了他们一生中最后一张合影。爸爸给了妈妈一笔钱，并关照坤生、同弟好好照料妈妈和我们去四川。爸爸因为不放心他留在广西桂林岩洞中的书画，不能和我们一起去四川，而不得不离开我们，又去广西。行前，爸爸和坤生、同弟将带不走的书画装在两个大铁箱中，埋在屋边那两棵大杨树下。我们去四川后，父亲的朋友请了一个人为我们看守房子，由于此人的告密，日军占领南京后，两个大铁箱被日军挖走，至今下落不明，两棵大树也被日军砍掉。

1937年10月6日，张道藩为我们买好去汉口的头等船票，亲自送我们上

176

"江靖轮"，他自己因为工作，暂时不能走。妈妈、哥哥、坤生、同弟和我便这样离开了即将沦陷的南京。与我们同行的还有爸爸的学生顾了然。

四十九天

1937年10月9日江靖轮抵汉口，10月17日我们从汉口乘民权轮向重庆驶去。10月21日抵重庆。住在渝简马路的一个小山头上一幢两层叫"光第"的楼房中。这是一幢很大的地主庄院，一个姓刘的地主将楼上偏屋两间房子租给了我们，坤生、同弟住在走廊尽头的一间小屋中，另一间小屋便是厨房。

1937年11月初，由于"中大"艺术系的聘请，父亲离开桂林来到重庆。当晚与当时"中大"的教授宗白华、张书旂、徐仲年、胡小石等人都住在青年会。次日下午2点多钟，由徐仲年先生和顾了然叔叔陪同，父亲来到了重庆的家——"光第"，来时，父亲带了两管玉屏箫和一块贵州出产的生丝衣料送给母亲，意在与母亲言归于好。谁知到晚上9时半，送客人走时，父亲向客人道别："好了，我不送了。"母亲却对父亲说："你怎么办呢？我这儿是没有地方给你住的啊！"父亲被这突如其来的举动气得面色发青，紧抿嘴唇，转身拿起外衣，冲出门外。爸爸便这样被妈妈赶出了门。

爸爸当晚到对面山坡上与吕斯百、吴作人两位叔叔同住。

后来，爸爸便住在"中大"宿舍，并将每月生活费250元由吕斯百叔叔转交给妈妈。妈妈一面用着爸爸的钱，还有坤生、同弟侍候她，过着不劳而食的享乐生活，一面又跑到"中大"宿舍找爸爸吵闹，说爸爸给钱给少了。她对爸爸说："我今天来完全是为了生活费问题，你应该了解我的个性，二十年来我没有为金钱跟你冲突过（其实妈妈经常为了钱跟父亲吵闹），我不是爱钱财的人（其实妈妈是个财迷），不过，你亲口答应每月要将一半薪水给我的诺言，你应该兑现……"她还气势汹汹地说："我并没有什么失德的地方。"（这是谎言，她早已和张道藩相爱）并且讽刺奚落了父亲一阵才离去。

可怜的爸爸，想到了哥哥和我两个天真可爱的孩子，他们是多么需要父亲的温暖和爱抚啊！因此，他一再委曲求全，有一天终于又走进了家门，坐在母亲床前，痛苦地说："我要我的家！"妈妈一面披衣起床，一面冷冷地回答："我从来没有说过这里不是你的家。"爸爸还没来得及等到明天，就在当天下午（1937年11月24日下午）把行李搬回来了。我和哥哥见到爸爸回来非常高兴，跳跳蹦蹦，同弟、坤生也迎出来，把父亲的行李拿进屋去，一面高兴地说："先生回来了！"家中顿时充满了欢乐的气氛。爸爸回来时还带回一串在四川很难买到的螃蟹。那天晚上，我们吃了一餐团圆饭，同弟、坤生特别做了几样爸爸爱吃的宜兴菜，爸爸已有很久没有吃上这样可口的热菜热饭了，所以他显得格外高兴。

中央大学当时在离重庆二十多里的沙坪坝，爸爸每星期有三天要去沙坪坝上课，但不管如何辛苦，他总是挤公共汽车往来。坤生、同弟每天都烧些可口的菜给爸爸吃。爸爸这样恋家，是过去从未有过的。这一切都表明，爸爸为了使家庭和睦和与妈妈言归于好，自己做出了多大的牺牲！可是，可怜的爸爸哪里知道，妈妈的心早已变了，妈妈瞒着爸爸，私下仍在与张道藩通信。张道藩在信上称妈妈"雪"，妈妈给他的信，称他为"宗"，这样的称呼，别人弄不清，谁也未察觉。这些天，我没有见过爸爸妈妈再吵架，而更多的却是比争吵更令人担心的沉默。

三个星期过去了，爸爸因长途奔波挤车，过于劳累，痔疮大发。从一位中医那里买到一种单方，擦时很痛。有一天，我放学回家，只见爸爸睡在床上，痛得紧皱眉头，妈妈正弯着身子给他敷药。后来，为了治病方便，父亲暂时搬到中华书局去住了几天。有一天妈妈带了些零星日用品去中华书局看望爸爸，但态度仍是那样冷若冰霜。过了三天，爸爸痔疮好了，便又回到家中。妈妈却无精打采，显得十分厌烦，很少跟爸爸说话。

四十七天沉默的空气终于冲破，1月9日坤生手中拿了一份电报交给母亲："小姐，张次长来的电报。"电报上张道藩说他已离开南京到了牯岭，不日抵渝。母亲脸上泛起一层红晕，看得出她的心激烈地跳动着。于是，争吵又开始了，表面上看是为了表哥康民的前途，其实是母亲借故生事，挑起争端，又想逼走爸爸。1月11日晚，爸爸和妈妈同躺在一张大床上，又像在南京时一样吵开了，妈妈叫嚷了两个小时。

1938年1月12日，天还没亮，爸爸便起床整理东西，住在同楼的郭有守先生早上到我家见此情景，感到不妙，忙问："你这是干什么呀？"爸爸愤愤地说："人心已变，不能再住下去了。"说着，饭也没吃，走出门去。同弟刚从走廊上走过来，我也刚起来，同弟见此，急忙牵着我的手，我一面追一面喊："爸爸、爸爸……"一起追出大门外下了好多级石阶，爸爸回过头来，深沉地看了我一眼，叹了一口气，又回头默默地走下"光第"的石阶，渐渐消失在山城茫茫的晨雾中……

爸爸只在家中住了短短的四十九天，就又怀着沉重的心情，离开了家。我抱住同弟大哭起来："爸爸走了，爸爸走了。"同弟一边流着眼泪，一边把我领回家来，到了她和坤生住的小屋里，拿了一粒糖，塞在我嘴里。

坤生坐在床上叹了一口气，说："先生是个好人，他太老实了。就是那个三角眼的张……"说到这里，他停了一下，不敢再说下去。"妹妹"，他小声对着我耳朵说，"那个张道藩最坏，是他破坏了你的家，要不然，先生是不会走的。"

我一面流着泪，一面似懂非懂地点着头。

同弟哭着说："先生前世也不知是造了什么孽，今生遭到这么大的难。

唉！好好的一个人家就这样拆散了。"

就在爸爸离家的第三天，张道藩那张瘦削的三角脸又出现在我的家中。他穿着一件黑色长披风，拿着一根手杖，十分高兴地走了进来。

两个月后，母亲随复旦大学迁往北碚对江黄桷树，她在复旦大学教法文课了。她将八岁半的我和十岁半的哥哥送到巴蜀小学住校，每星期六由吕斯百叔叔和马光璇阿姨将我们接到他们家去住。他们婚后没有小孩，对我们像亲生子女一样地关怀和照顾。爸爸此时便住在沙坪坝中央大学的单身教师的宿舍，和费成武叔叔在一间房里。我们的家从此被拆散了，永远地拆散了。

在巴蜀小学，我和九个小女孩共十人住一个宿舍里，有一个姓万的保姆照看我们。一天，因我淘气在床上翻跟斗打架，不慎脚后跟碰在床角上，碰掉一块皮，随后溃烂发炎，袜子也无法穿，只好一只脚穿袜，一只脚光着，拖着一只破鞋一跛一跛地去上课。第三天我的脚仍没有好，上完课，老师叫住我：

"徐丽丽，周校长叫你到他办公室去，有事找你。"

校长找我干什么？我默默地边走边想，莫非是我打架让他知道了？想到这里，我害怕极了，脚步一拖一拖愈走愈慢，好不容易走到办公室门口，我叫了一声："报告老师。"

门开了，一个戴眼镜的中年人出现，这是周校长。走进去一看，疑云完全消除，我惊喜地见到了爸爸。爸爸穿了一件棕色的夹克衫，打了一个大黑绸领结，微笑地望着我。我忘记了脚痛，跑过去一把抱住了爸爸，喊着："爸爸、爸爸……"

爸爸见我光着一只脚，拖着一只破鞋，皱起了眉头："你怎么弄成这样？"

我不敢说是打架，只说："我的脚烂了，好痛，不能穿袜子……"

爸爸动了动嘴，像是要说什么，但没有说出口。他把旅行袋里的十个广柑拿出来，一个个塞进我的黄短大衣的口袋，又交给我一盒龙虱，才说："这是给你哥哥治病的，叫他每天晚上睡前吃一个，你记得住吗？"那时我哥哥有遗尿的毛病。我说："记得住。"

"要好好用功，不要顽皮。"爸爸抚摸着我的头说。

我点点头，答应着。爸爸弯下身子，在我额上亲了一下，随即向周校长告辞走了。

这以后，爸爸便去南洋举行画展，决心将全部卖画的钱，捐献祖国抗战。他到桂林去取他那些存放在七星岩的画，在那里遇见了孙多慈，爸爸替她画了一张油画像。爸爸从同情孙多慈的处境，爱她的绘画天才，在她受委屈被迫离校后，出自义愤而关怀她，虽然渐渐对她有了感情，但他们始终没有改变师生关系。几年以后孙多慈在她父母的逼迫下嫁给了国民党浙江省政府教育厅厅长许绍棣。

1953年9月26日父亲不幸去世，消息传到在台湾的孙多慈处，听说孙多慈悲痛欲绝，为老师戴了三年重孝。以后她怀着忧伤的心情从台湾去美国，住在她的同学好友、知名的女物理学家吴健雄教授家，不幸被癌症夺去了生命。而我的母亲一生用着父亲的钱，至去台湾后的几十年，都一直用着父亲给她的离婚费和"子女教养费"——那一百几十幅画变卖的钱，过着十分豪华的生活，听到父亲去世的消息却无动于衷。

破镜不能重圆

在巴蜀小学读了一年，妈妈便把我们全家迁到北碚黄桷树。1939年春，我们搬到复旦大学所在地——黄桷树不久，接到父亲1月4日从香港的来信。全文是：

伯阳丽丽两爱儿同鉴：

我因为要尽到我个人对于国家之义务，所以想去南洋卖画，捐与国家，但因未曾领得护照，又多耽搁了近两个月，非常心焦，亦无别法可行。兹已定今夜（1月4日）乘荷兰船Van Heufze赴新加坡，在路上有四日，如能一切顺利，2月中定能返到重庆。国难日亟，要晓得刻苦用功。汝等外祖父母亲想安好。我虽在外，工作不懈，身体不好亦不坏，可勿念。你二人须用功算学及体操。旧邮六张，两人分之。外祖父前代我请安，母亲前代我问安。

父字

以后，父亲应邀去印度开画展。1941年6月父亲在吉隆坡、槟榔屿、怡保三城市开完筹赈画展，将全部收入捐献祖国后，又接到美国援华总会邀请去美国开办募捐救济中国难民的画展。父亲非常诚恳地写了一封信给母亲，邀她同去美国，信的大体内容是："碧鉴：三年以来，汝率两儿在轰炸之中，艰苦支持，虽强了汝之志气，却愈刺激我之悲痛，而此两孩曾亘一年无一书，想起终日遭受空袭之烦闷，无论如何，远方之人毫无恐怖，便不当以较大悠闲之心情以责备挣扎者之任何一切。逝者如斯，言之惘怅，吾今特慰于汝。妆如能与吾同赴美国……"母亲此时已完全为张道藩占有，故复信拒绝去美国。

1941年11月，正当父亲日夜努力作画，准备去美国开画展时，珍珠港事件爆发了，日军向新加坡进攻，父亲连夜匆忙经海路至缅甸，有40幅最珍贵的油画遗留在一所华侨小学内。日军占领该校，该校因为我父亲是抗日的，为了怕受连累，几个人将40幅油画沉入井底，造成无法弥补的损失。

1940年夏，母亲辞去复旦大学教授和北碚国立编译馆青年读物组副组长职务，到磁器口四川省立教育学院任图书馆主任及法语教授，我们全家也跟着搬到磁器口四川省立教育学院宿舍中，外祖父蒋梅笙也从重庆大学转来四川省立教育学院。此时我在嘉陵小学念六年级，哥哥已考入沙坪坝南开中学。

1942年夏，父亲途经云南返回重庆，住在中国文艺社。消息很快传到磁器口，吕斯百、吴作人、王临乙等叔叔，当时就住在磁器口对面的凤凰山上，杨建侯叔叔住在沙坪坝，他们都盼望父亲归来，也盼望父母重新言归于好。他们来到我家，一方面来探探母亲的态度，也想做做工作。他们几个人商量了一下，就把我和哥哥叫到一边。

"伯阳、丽丽，到这边来。"吕斯百叔叔把我们拉到里面房间，小声地说："明天你妈妈请爸爸吃饭，你们两人见到爸爸妈妈后就跪在地上不要起来，要爸爸妈妈答应和好才起来，否则就一直跪在地上，听清楚了吗？"

我和哥哥点点头，吕斯百、吴作人等叔叔以为这是一个妙计，非常得意。他们又匆忙赶到重庆中国文艺社，要爸爸多送点东西给妈妈和孩子，并挑选了一幅好画。画面上，几棵芭蕉，一畦草地，草地上疏疏落落的憩着几只麻雀。一切都准备就绪，照他们看来，这次和好完全是可能的，因为爸爸诚心诚意想和好，我和哥哥整天盼望着爸爸归来，同弟、坤生知道先生要回来，做菜特别卖力。只有母亲，这个对能否和好起关键作用的人物，显得满不在乎，谈笑风生，谁也猜不透她的心。

盼望已久的一天终于来到了，华林、陈晓南叔叔陪同父亲来到磁器口。吕斯百、吴作人、王临乙、徐仲年等叔叔也都来了，屋子里挤满了人。爸爸给妈妈、哥哥和我每人买了一块手表，给妈妈买了印度绸衣料、皮鞋，将那一幅画送给了外祖父，还送给外祖父一支派克金笔。酒宴开始，我和哥哥照例不入席，站在里屋门口望着外屋的酒席。爸爸首先端起酒杯很诚恳地说："这几年我忙于画展，对家庭照顾不够，对不起你，今天特在此向你道歉。"此时，大家都举起杯来干杯。接着母亲端起酒杯，微笑地说："今天我请你来是为了办理移交的，因为我已经把两个孩子带到这么大，他们现在离开母亲不要紧了，我自己前途黯淡，孩子们跟着你也许比较好些，因此，我希望今后由你负责教养他们。"爸爸兴冲冲地来到这里，听了母亲的一席话有如冷水浇头，顿时哑然。母亲接着说："我有三个办法，请你择一而行。第一，孩子由你带去，第二，你让我带两个孩子，但是你要负担他们的教养费用，第三，如果前两个办法你都办不到，那么，我请你明天登报声明，否认这两个孩子是你的，然后我再登报声明将孩子改姓蒋，以后就由我负责抚养。"

爸爸的脸色由红变白，由白变青，他再也忍受不了母亲的捉弄了。一转身就冲出门外，我和哥哥站在里屋还未来得及挤出来，爸爸已经走了。一席人全都站起来，闷闷不乐地走了出去。一桌酒席连吃还未吃便不欢而散。只有吕斯百没有走。

"师母，你做得太过分了。"吕斯百苦笑着对母亲说。

我和哥哥对妈妈的做法也感到气愤。当时在我的脑子里闪过一个念头："天下的女人再狠也超不过我这个妈妈了。"

妈妈尽管装出一副无所谓的样子，但却掩盖不了她内心的自责和空虚。她拿起一根香烟，拼命地抽着，以掩盖内心的不安。从那以后我和哥哥开始对妈妈不满，我们用沉默来对她表示反抗，平时我们大都躲在坤生、同弟房里，和他们说说笑笑，但一见了母亲就无话可讲。母亲曾为此而骂过我，但愈骂我就愈和她疏远。当时我还太小，不知道事情的内幕，事隔多年我才明白，原来早在父亲即将回国之时，张道藩便写信给母亲，要她"拒绝一切调解，这样你可以保留自由之身，长为我秘密的爱人"，母亲便是按照他的旨意行事。由此可看出张道藩手段之卑鄙。

1942年12月11日，外祖父蒋梅笙病故，父亲和母亲在一起守灵一夜。父亲又再一次向母亲表示和好的意愿。母亲此时与张道藩已有五年多的密切关系，父亲还蒙在鼓里。可是母亲在任何场合总是把自己的过错嫁祸于父亲。为了把她自己装饰一番，她又把在朋友面前多次讲过的话，重复了一遍："关于我们两人的事，我有一个比喻，仿佛一件很精美的瓷器，不幸打破了，尽管找到最高明的工匠把它修补好，这上面的条条裂痕是永远消除不掉的，我宁可让它破碎，也不愿有假的完整。"爸爸又一次遭到拒绝。那么这件瓷器到底是谁打破的呢？历史的事实不容歪曲，是张道藩打碎的。尽管这是尽人皆知的事实，可是在当时，不少人害怕张道藩的权势（他是国民党政府的宣传部长，又是中统特务头目），没有人敢说，生怕得罪了这个文化界的特务头子，而为他人的事砸掉了自己的饭碗。于是出现了奇怪的现象，对父亲的造谣诽谤畅行无阻地流传着，而却没有一个人敢公开站出来责备张道藩。父亲遭到一次又一次的打击，长期过着极不安定的漂流生活，这不但使他的身心遭到严重的摧残，而且也使父亲的艺术事业受到严重的影响。父亲的健康之所以那么早就被摧毁，这是与张道藩破坏我们的家庭分不开的。

愉快的假日

1943年3月21日父亲在重庆中央图书馆举行画展。在这以前，他忍受着个人家庭生活的不幸，把全部精力用到创作上。画展轰动了重庆山城，买画的人争先恐后。那天我也去看画展，爸爸高兴地拉着我的手，对我说："今天，我送给你十五幅画，由你自己挑选。"吕斯百、吴作人、张安治、陈晓南、冯法禩、杨建侯诸位叔叔一听爸爸要送画给我，高兴地拉着我的手，七嘴八舌地抢着说："我来代你挑，你看，那有红条子的非卖品都是好画，你就拣红条子的挑。"在叔叔们的帮助下我选了雄狮、鹰、懒猫、公鸡、奔马、竹子等十五幅。因我当时才13岁多，这十五幅画一直由我母亲代为保存。可惜1949年1月我只身逃离家庭，无法携带任何东西，这些画便被母亲全部带到台湾，至今下落不明。母亲多次拒绝与父亲和好，但到父亲开画展时，她又迫不及待地要子女教养费，结果父亲卖画收入的一半又给了母亲。而这些钱的90%都被母亲用掉了，我和哥哥用的极少。当时我和哥哥都在沙坪坝"中大"附中，伙食是公费，不要钱。穿的衣服都很旧，记得妈妈将哥哥穿剩的男式长蓝布袍，剪短一截便给我穿，前后中间有两条缝，穿在身上不男不女的，同学都讥笑我，使我很难堪。可妈妈自己，尽管已是40多岁的中年人，却打扮得比青年妇女还要漂亮，单各种颜色的绸缎、丝绒旗袍就有整整两箱，皮大衣有四件之多，其他五颜六色的各式时装更是不计其数。她便是这样挥霍浪费着父亲血汗换来的钱，还自鸣得意。她除了教几节课外，便一面用着父亲给她的钱，一面在客厅里高声骂父亲，有的话骂了几十遍她也不嫌烦，而我却已听烦了，每当她这样对着朋友滔滔不绝地骂父亲时，我便厌恶地走出门去。

1943年暑假来临，父亲决定带着中国美术学院筹备处的学生去灌县和青城山写生作画。我和哥哥也同去了。那次去青城山写生的画家有陈晓南、李瑞年、费成武、张倩英、孙宗慰、郁风、康寿山。还有后来成为我的继母廖静文女士和一个跟随爸爸学画的男孩卢开祥。

从灌县到青城山，除了张倩英阿姨是用滑竿抬上去以外，其余都跟着父亲走路。爸爸因从小就有走长路的习惯，所以健步如飞，很快就丢下我们不见了。我当时才13岁，哥哥15岁，卢开祥17岁，三人结伴而行。行至灌县有名的索桥，走在上面，摇摇晃晃，下面是江水急流，深不可测。我们三人手拉手一步一步慢慢前进，我眼只敢看前面，不敢环视左右，更不敢俯首向下。走了约半个小时，我们终于顺利地过了索桥。又步行了几里，来到青城山下，只见山峦起伏，密林叠翠，一条小石板路盘旋直上，已是午后3时了，夕阳的余晖，映红了山峦。此时我已是双腿酸痛，步履艰难，移动一步都要花很大力气。

"哥哥，我走不动了。"我说。哥哥拉住我的手，一声不吭，一步步向上爬。卢开祥哥哥一面爬，一面说："就要到了，我们加油爬，你看，上面那个庙就是天师洞。"天渐渐黑下来了，我抬头一望，忽然看见对面山上有无数一闪一闪的绿火。

"哥哥，你看，那是什么？一闪一闪的，真好看。"我们三人忘记了疲劳，看着对面的萤火，被这奇妙的夜景吸引。

正在此时，前面有几个人从山上下来，手里拿着照路的竹火把。我们急忙向山上跑去。渐渐走近，我才看清，那是爸爸和陈晓南、费成武叔叔来迎接我们的。

"爸爸、爸爸！"我高兴地喊着。

爸爸见到我们三人居然步行40多里山路到了目的地，他非常高兴，他牵着我的手走完最后的几十步石阶，到了天师洞。

爸爸在山上有一间临时布置的画室，在那里他完成了屈原《九歌》中的插图，及《鸡鸣》等国画的创作。在天师洞下面的石阶旁，长着一棵一千多年树龄的老银杏树，树干粗大，枝叶繁茂，三人都围不过来，据山上的道士讲，这棵树一次能收一百多斤白果。父亲非常喜爱这棵大树，专门画了一幅银杏树的大幅油画。其他的画家每天都到野外写生。爸爸也给了我一支粗铅笔，一个小画板。在青城山的一个月，我也画了十多张风景写生。有一次爸爸看我画的一幅树林及瓦屋的铅笔写生，微笑着说："这棵树蛮有点意思的，房子不行，因为墙上的砖是看不清楚的，你却画成一块块的，没有透视的知识。"说着用炭笔把那墙上的一块块方格涂掉了。当时哥哥去成都考高中，廖静文女士去成都投考金陵女大，都下山去了，考完学校，他们又回到山上。每天晚饭后，郁风阿姨常教我们唱歌，跳集体舞。她是一位多才多艺且非常活泼的女士，为我们青城山的暑假生活增添了不少乐趣。爸爸还让费成武叔叔每隔一天为我补习一次英语。

有一天晚上，卢开祥、哥哥和我三人，坐在山坡上又望见对面山上一亮一亮的朵朵绿色磷火，比萤火虫的绿光要大好多倍，当地老百姓称之为"佛光"。我们决心爬到对面山上去揭开绿火之谜。于是我们走下山谷，又抓住树藤向对面山坡上攀登，几次我都滑倒，手也被刺破了，哥哥和卢开祥，一个在上面拉，一个在下面推，终于爬到山坡上。那时，我们没有电筒，带了一盒火柴，从树林丛中找了一些枯枝落叶点了一小堆火，找到发绿光的地方，我们把旁边的杂草拨开。绿火的秘密使我们难以置信，原来是一堆（约十几条）很难看的土灰色的类似蛆一样的软体大蠕虫，虫的尾部发出萤光，因为有十几条虫聚在一起，便成了一簇绿火。我从来没有见过这样难看的虫子。对这闪闪绿火好奇的美感完全丧失了，留在脑海中的却是那些蠕虫的可怕形象。我们三人感到非常失望，回来时一点劲也没有了。

在青城山，伙食吃得很好，山上道士都吃肉，主管天师洞的老道常来饮酒，爸爸并画了许多画送给寺内的道士和厨师。

探　病

一个月飞逝而过，青城山丰富多彩的生活留给我多么美好的回忆啊！

爸爸于1944年2月9日，由于先后六次要求与母亲和好均遭拒绝，在忍无可忍的情况下，在贵阳登报与母亲脱离同居关系。2月12日正式与廖静文女士订婚。母亲大为恼火。在一个星期日，我从学校回家，见吕斯百与妈妈坐在客厅里说话，妈妈命令我立即给父亲写信，我问："写什么？"妈妈愤愤地说："我念一句，你写一句。"我顺从地拿了笔纸，记下了母亲口述的内容："爸爸，你为什么追求一个女人就要和妈妈脱离一次同居关系，假如今后你要追求十个女人，不是要和妈妈脱离十次同居关系吗？……"我记好后，拿给妈妈看，她看了很得意，因为她是借我的手记下她骂爸爸的话，而签的是我的名字，以后的责任便由我来负，她可以一点不负责任。我当时由于家庭没有温暖，思想非常消沉。我才15岁，不太领会妈妈这些刻薄话通过我去骂爸爸会给爸爸的精神带来多大刺激，也没有意识到这样做会使我和爸爸的关系产生隔阂。

妈妈当时就把信交给了吕斯百叔叔："你看看悲鸿有什么反应。"

隔不几天，吕斯百来向妈妈汇报了："徐老师没有说什么，只叫我好好安慰安慰丽丽。"

妈妈见骂没有起到什么作用，便想在离婚费上捞一大笔钱。她把我和哥哥的教养费要得很多，要一百幅画，一百万元。当时父亲的身体已渐渐衰弱，但为了还清妈妈提出的那笔数目很大的子女教养费，不得不日夜作画，一站十几个小时。爸爸的身体便这样累垮了。1944年夏，爸爸患高血压、心脏病、肾炎，病危住院。可爸爸没有钱治病。爸爸在中央大学领不到工资，工资都被吕斯百送给我母亲了，卖画的钱又被母亲拿去一部分，剩下二十多万元，几乎全被偷盗父亲的珍藏《八十七神仙卷》的大流氓，改名假冒"刘将军"的骗子骗走，此时已是两手空空。廖静文女士为了凑足住院费，真是受尽了艰辛。而母亲却心安理得地花着爸爸给她的钱，爸爸生病她不但毫不关心，而且也不许我去探望爸爸。

当我从卢开祥那里得知爸爸重病的消息后，心急如焚。就在那个星期六下午，我和同班的女同学小陈一道经小龙坎到高滩岩中央医院去探望父亲，小陈的家便住在高滩岩医院附近。我们走了十多里路，小陈指着一片房子说："那里就是中央医院。"我按她指的方向找到中央医院。当我走进病房时，只见爸爸花白的头发乱蓬蓬的，胡子也有好久未刮了，脸既黄又肿，半闭着眼。继母廖静文女士一个人守在他身边。

"爸爸，我来看您了，您好点了吗？"

爸爸睁开眼，见到我，嘴角上露出一丝微笑，低声说："你怎么不上课，老远跑到这里来？"

"今天是星期六，下午没有课。"

"是你妈妈叫你来的吗？"

"不是，是我自己来的，妈妈不知道我来。"

爸爸见我这么说，脸上露出痛苦的表情，眉头又皱起来："你应该告诉你妈一声，不然她会因为你没有回家着急的。"

"我……"

爸爸忽然感到这样来要求我太过分了，他把头转向廖静文，"静，你看看盒子里有什么好吃的。"

廖静文走到桌子边，将一个盒子拿过来，里面只剩下一块半像炒米糖一样的点心。继母叫我吃，我迟疑了一下，就拿了那半块点心，慢慢地吃着。等我吃完了，爸爸对我说：

"路太远，你赶快回去吧！以后不要常来看我，要好好用功读书……"

我点点头，望着满脸病容的父亲，眼泪忍不住夺眶而出，我一面用手擦着眼泪，一面离开了爸爸的病房。

我默默地往回走，一面走一面想。来时因为和小陈一路有伴，不知不觉就到了，现在一个人走回去，路竟是那样长，走了很久很久还没到小龙坎。我心里渐渐害怕起来，是不是走错了路？我回头望望，一个人也没有，只好硬着头皮往前走。天渐渐黑下来，我一面走着，爸爸发黄的脸又浮现在眼前：爸爸还能好起来吗？他会不会……我越想越怕。好不容易远远看到一片灯火，小龙坎快到了，可还有几里路。我就这样走呀，走呀……

由于天气炎热和饥饿，加上营养不良的贫血，使我感到头昏。我就这样高一脚、低一脚地走着，也记不清是怎样进了校门，怎样到了那间阴湿的挤满了几十个人、几十张双人架床的宿舍，再也闻不到每天上床睡觉时，那一股令人作呕的臭虫的腥臭味，便一头倒在床上和衣而睡。

"妹妹，妹妹。"我被一阵喊声叫醒，睁眼一看是同弟。我亲热地一把抱住她："同弟，同弟。"

"你怎么到现在还不回家？你妈妈说你出事了，急得饭也没有吃，正在发火呢！"

我一骨碌爬起来，但忽然觉得腿又酸又麻，怎么也抬不起来。"我……我……"

"妹妹，你怎么了，是病了？"同弟急得抱住我。此时，坤生、蒋维新（坤生的干弟弟）都已走到我床前。

"我头昏，我站不起来……"

"这样吧！我们把她背回去。"同弟一面对坤生说着，一面把我背出了宿舍，他们三人就这么轮流背着我走了五里多路，回到磁器口。

到了同弟的房里，同弟把我放在床上。我预感到大事不好，一进妈妈的房间，我就会挨骂。以前妈妈骂我，一骂一个小时。想到这里，我拉着同弟的手："我不到妈妈房里去，我不到妈妈房里去。同弟，我今天下午到高滩岩中央医院去看爸爸了，爸爸他病得……"我再也说不下去，哇的一声哭倒在同弟的怀里。我一面哭一面对同弟说："你不要跟妈妈讲，我去看爸爸了。"

同弟眼里也闪着泪花，她一面抚摸着我的头，一面用手帕给我擦眼泪：

"可怜的妹妹，你一定饿了，我去烧泡饭给你吃。"

同弟一面流着泪，一面去烧泡饭。不一会儿，同弟端来一锅热气腾腾的菜泡饭。我一口气吃了三小碗。坤生也知道我去爸爸那里了。他小声跟同弟讲了两句话便走进前面二十步路的4号门妈妈的房间。

"小姐，妹妹回来了，是生病了，现在睡在同弟房里。要不要让她进来？"坤生说。

"那就让她睡吧！"妈妈听说我已安全回家，也就没有再说什么。

磐溪生活

爸爸经过治疗，病情逐渐好转，学生们朋友们都为此而感到安慰和高兴，而妈妈想到的不是爸爸的健康而是继续榨取爸爸的血汗钱，供她享乐。

爸爸出院回磐溪去不久，妈妈便叫我和同弟去磐溪找爸爸要生活费。我惊讶地说："爸爸病还没有好……"

妈妈气愤地说："生病是一回事，抚养子女又是一回事，做父亲的养活子女是天经地义的事。"

我和同弟不敢违背妈妈的旨意，便准备去磐溪，行前妈妈教同弟如何去骂继母廖静文女士，同弟学不会，妈妈就反反复复一遍又一遍地教她，直到她学会为止。

第二天我和同弟去磐溪，同弟在母亲的挑拨下，果然找继母吵闹。我望着身体还很虚弱的父亲，实在不好意思开口要钱，但如要不到钱，回去向妈妈又交不了差，使我进退维谷。我只好开口向父亲要生活费，爸爸答应按我提出的数字加倍给我。我便高高兴兴回去了。回到家中，妈妈见到我，第一句话便是，"叫你要的钱呢？给了你多少钱，快拿出来。"

我和同弟相互望了一眼，都不敢吭声。

"你到底要到多少钱？"

我支支吾吾地说："爸爸答应每月按我实际需要加倍给我。"

"那钱呢？"妈妈又追问我。

"钱，爸爸没有给我，他说……"

我话未讲完，妈妈便生气地说："两个笨蛋，叫你们去要钱，一个也没要得，空着手回来了，你们倒好，乐得在外做好人，家里吃什么，用什么？"

我实在忍不住了，就和妈妈顶了一句："爸爸前不久开画展不是才给过你一大笔钱吗？我在学校吃饭又不要钱，哪能用掉那么多……"

"好呀！好个孝顺的女儿，我辛辛苦苦把你养那么大，你倒帮起爸爸来了，好，既然这样，你就去跟爸爸过好了，反正我没有钱养活你。"

"去就去！"我赌气从妈妈房里跑了出去。

就这样，我带了一个行李卷，由同弟送我便住到磐溪去了。我和继母廖静文晚上打地铺睡在地上。我们合盖一条被，被絮都是破的，一个洞一个洞的，有的地方只有两层布。爸爸睡在一张单人床上，盖的被也是旧的，只不过比我们盖的稍好一些。

爸爸天天起来洗脸用一个很小的面盆，水也用得很节省。父亲每拾到一个绳头就把它圈成一束放在抽屉里，这些习惯我至今仍保持着。

我们都集体吃包伙，爸爸的菜不放盐，用点酱油掺上开水，代替盐。当我见到爸爸每顿就吃这样一小碟煮青菜蘸酱油汤时，心里非常难过。我想到妈妈每天坐在被窝里吃早点，同弟将煮好的咖啡、牛乳、鸡蛋及烤好的面包加黄油或果酱送到床前，她吃好后，再睡觉，一般没有课，她要睡到上午10点钟才起来。中午、晚上无荤不餐。而且，几乎每个月都要请客。爸爸和妈妈的生活水平形成了多么鲜明的对比！

初到磐溪，由于妈妈常当着我和她朋友的面骂爸爸和继母廖静文，使我对继母廖静文抱有戒心。以后在接触中，我感到继母对爸爸的爱是真诚的，她那么年轻，却整天守着爸爸，服侍爸爸带病的身子，还要忍受着别人的讽刺和奚落，这一点是很难做到的。同时从她和爸爸的言谈中我发现继母的思想很进步，对形势和问题的看法跟妈妈和张道藩完全不同。他们痛恨国民党的贪官污吏，对民主运动积极支持。这一切对我的思想都产生了很大影响。短短的寒假，我懂得了许多道理，虽然生活很艰苦，但我觉得生活比在妈妈身边更有意思。当寒假很快过去，新学期即将开始，我要返回附中住宿时，我和继母已很谈得来。爸爸给了我一个旧的红漆箱子装衣物用品，还给了我一学期的学费和零用钱，继母廖静文还要我以后每星期六就回磐溪来，我点头答应。卢开祥哥哥帮我搬行李，一直把我送到学校。

1946年父亲去北平任北平艺专校长，卢开祥也正式进了北平艺专，毕业后一直在中国美协工作。由于长期的行政工作占去了他大部分时间，他用来画画的时间不多，但他仍利用业余时间画了不少水彩画和山水画。

签名前后

1945年2月22日，重庆《新华日报》刊登了《陪都文化界对时局进言》的全文和三百一十二人的签名，其中就有父亲和继母廖静文的名字。这是十多天前郭老亲自拿到磐溪给父亲签的。而就在同一天，国民党发动了一次"二二二"反苏反共大游行。母亲那天亲自赶到重庆去，站在上清寺街道旁为游行者助威，游行结束，母亲到中国文艺社住了一夜。第二天上午，张道藩穿着黑披风来到中国文艺社。他在前一天被蒋介石叫去训斥了一顿，一进门就到大客厅坐下，华林及钟宪民等人跟着走进去，倒了一杯茶给他，他拿起茶杯一下摔到地上，摔个粉碎，接着把茶壶、茶盘都摔个粉碎，破口大骂：

"在我办的中国文艺社里竟有人去参加共产党发表的进言的签名，简直是岂有此理！"

他指着签名人的鼻子要他们马上发表声明是受了欺骗。有些人为了保住饭碗只好妥协了。可父亲在各种各样的威胁、恫吓下始终没有屈服。父亲对来说服他退出签名的人说："我人在曹营心在汉，我签的名我负责到底。"

1945年秋，我初中毕业，并考取了"中大"附中高中一年级。我是班上十七个女同学中（除两位成绩优秀保送高中者外）唯一考取本校高中的。这是我几年来刻苦学习的结果。小时候我很贪玩，不用功读书，记得父亲写给我的信中曾很婉转地批评了我，从那以后我就渐渐用功读书了。

可我万万没有想到，用功读书竟也会被母亲用来作为向父亲索取金钱的手段。在我上高中一年级后的一个星期六，我回到家中，见到颜院长正坐在我家和妈妈聊天。见我回来，颜院长便夸奖了我几句，说我变了，长大了，也懂事了，且读书很用功等等。妈妈说："最近你爸爸又送几个学生到英国留学去了，而对你这个女儿却一点不关心，你给爸爸写封信，就说妈妈要送你出国深造，要一笔钱作为出国费用。"颜院长也答应给父亲写封信，说我在校学习努力，因为他们都深知父亲的性格，喜欢勤奋好学的人，以此作为理由，好要一笔钱。其实我当时才16岁，脑子里从来也没有想过要出国，但是，我又不敢违背母命，所以就按母亲口述的意思写了。11月中我接到父亲的回信，全文是：

丽丽爱儿鉴：你的信我收到，你能多回磁器口安慰母亲，甚好，我决不会因你少来而责怪你的。美术院此次派出四人，因为他们皆大学毕业，深有造就，在中国无进修所在，所以请派去英国。你有志向自然很好，但（1）你方读高中一年；此时虽学校设备不佳，返都后定能改善。（2）母亲有你常常见面，亦少减忧烦。（3）我的经济实在负担不了，现在希望你好好用功，将来在大学卒业后能应考出洋，或到尔时，我如有力量时，送你出去，此时不必作此企图，以扰乱心绪也。我的健康尚未复原，勉强去"中大"上课，亦为责任心所使，颜院长来信说你极为努力，我很喜欢。高中功课繁重，伙食又差，我至为你担心。此问

近好_父字

母亲见借我名义要钱不成，又让吕斯百叔叔去磐溪谈条件要离婚。父亲和母亲此时在政治上一东一西，完全分道扬镳了。

1945年12月31日，父母离婚协议书在重庆沙坪坝重庆大学宿舍张圣奘先生家签订。参加的有律师沈钧儒先生，证人是马寿征、吕斯百。我也跟着妈妈去了。

爸爸来得很早，他面色苍白，一脸病容，提着一个粗布口袋，装着满满一口袋钱，就是母亲提出非要不可的一百万元离婚费。还带了一百幅画，这都是父亲带病赶画出来的。父母在离婚协议书上正式签字，二十八年的关系从此彻底断绝。

母亲拿到了画和钱，十分高兴地去中国文艺社打了一夜的麻将。

不久，父亲和继母廖静文在重庆中苏文化协会正式结婚，由郭沫若先生和沈钧儒先生证婚。1946年秋，我被母亲带回南京，继续在"中大"附中读书。从此和爸爸分开两地生活了。

转　变

　　我在南京读高中时，常和北平的爸爸和继母通信。爸爸听说我学习成绩优秀非常高兴，鼓励我好好学习，高中毕业后到北平念大学。继母在给我的信中流露出明显的进步思想，对我有很大的帮助，加之国民党的贪污腐败，使我对国民党反动派渐渐产生不满，对张道藩的不满也与日俱增。过去由于他常给我讲故事，教我学英语，为我买书，常用汽车送我上学，并答应等我大学毕业送我出国留学等等，我一直把他当作一个慈善的长辈看待。但我又见到他与母亲的不正常关系，及我母亲在许多朋友面前老是喋喋不休地讲父亲不好，又使我对他们产生厌恶（在我和爸爸、继母接触的过程中，从来没有听见他们讲过妈妈一句坏话，相反，爸爸在给我的信中还经常让我安慰妈妈），这种矛盾的心情一直持续了很多年。

　　有几件事在我脑子里留下不可磨灭的印象，促使我思想转变。一件事是1947年的一天，我去文化运动委员会的小礼堂看电影，照例到张道藩办公室休息，我见到一位60多岁白发苍苍的老人跪在张道藩面前："我求求你，张主委，我儿子不是共产党，他没有参加学生运动，你们把他放了吧！"张道藩对他怒目而视，骂了几句，便叫人把他拖了出去。我目睹老人一面流泪苦苦哀求，一面被拖出去的惨状，非常同情他，同时对张道藩的凶狠也感到吃惊。另一件事是在我家当保姆的徐妈，她的丈夫王广益在苏北当保长时曾为新四军办过事，以后被国民党关进了监狱，徐妈为此哭过好多次，要妈妈跟张道藩讲，请他写个信给地方，把他放出来。妈妈跟张道藩讲了，可张道藩不但不答应写信，反而说妈妈不该多管闲事。以后徐妈常为此事哭。有一天我放学回家，在同弟房中，和坤生、徐妈又谈到此事，商量结果由我冒充张道藩的口气写一封信，由坤生偷盖一个张道藩的印章（张道藩的图章坤生那里有，是为代收文件、信件用的）。于是我就冒充张道藩名义写了一封给地方的信，坤生偷偷地盖了个章，就把信发出去了。真没想到，就凭这封信真把王广益放出来了。这件事我们都严守秘密，一直瞒着他们。

通过一件件的事实使我渐渐看透了张道藩的虚伪。在这种思想支配下，发生了一件我公开反对他的事件。一天，张道藩为我买了一张西式床。就在保姆把那张床往楼上抬时，我发现了，站在楼梯口大声地说："我不要张道藩的床，你们把它抬下去。"于是同弟、徐妈只好又把床抬下楼放在走廊上。正好那天晚上张道藩来到我家，妈妈说我不要他送的床。张道藩和母亲不知说了些什么，晚上在我已睡熟时，母亲忽然到我房里来了，扭开电灯，坐在我床前。我被惊醒，感到非常奇怪，因为母亲从来没有在我睡觉时来看过我。我赶快坐起来，以为发生了什么事。母亲把我按倒在床，叫我躺下。母亲痛苦地对我说：

"你今天这样做，使张伯伯非常难过，他非常爱你，他把你当他的亲生女儿看待，可你这几年愈来愈使他伤心。我一生中只爱过一个人，就是张道藩，可你对我不谅解，我现在只有你这一个女儿了，你哥哥已经到你父亲那儿去了，我是多么希望你能和我们愉快地生活在一起。可你这几年变了，你很少和我讲心里话，一回来就躲在楼上，离我们远远的，你一点也不体谅我……"

说着母亲失声痛哭。我只是吃惊地望着她，因为她从来没有在我面前流过眼泪。我一时也不知道该说什么，只是呆呆地望着她。她哭了一会儿，便说：

"你好好想想吧！"一面说，一面哭着跑了出去……

灯又关了，我此时已经清醒了，丝毫没有睡意，凝望着窗外暗淡的月光，也情不自禁地埋在枕头里痛哭起来。

转眼间到了1948年夏，我从高中毕业。我想到爸爸曾答应我去北平上大学，所以高高兴兴地报考了北平医学院、湘雅医学院。可没想到妈妈看见我报考外地的大学，非常严厉地说：

"我告诉你，只许你考南京、上海的大学，不许你考北平的大学。"

我听了非常生气，暗想："难道连考大学的自由都没有吗？"

"你是我养大的，我有权过问你上大学的事，你如考北平的大学，即使考取，我也不会让你去的。"

我痛苦而失望地望着妈妈，一口气跑到三楼我的房间，把所有的准考证撕得粉碎，倒在床上痛哭起来。以后，按照妈妈的意见，我到上海去考了上海医学院。由于心情沉重，加上第一场数学考得不好，第二场我连考也没考，就回南京了。以后的一个月，我无精打采地望着同学们一个个去考大学，而我失去了考试的机会，苦闷，彷徨……

正在这时，金陵女大第二次招生，妈妈看见报纸后主动告诉我，要我去报名，我便闷闷不乐地去报了名，糊里糊涂地去考试，不知怎么竟被录取了。我就这样开始了大学生活。考进去时，我考的医预科，可妈妈说学医要学八年，太长了，便通过一个外国朋友把我转到外语系。她是那样积极主动地为我安排一切，也不问我愿意不愿意，并且逢人就高兴地说："丽丽考上了金陵女大。"此时我才更深切地体会到妈妈爱我，她不愿我离开她是有条件的。这个条件就是我必须也爱张道藩，而且要完全按照她的意愿生活，一切都得听她安排，否则就不行。可我是一个有血有肉、有理想、有感情的人，而不是一个"木偶"，可以听任摆布。我表面上虽然很少和母亲争吵，在她说我或发表什么意见时，我很少作声，可我内心却非常痛苦。

进了金陵女大，因我学习较好，被选为一年级学生自治会的学习部长，并负责办一年级的墙报。我剪着一头短发，穿一身蓝布旗袍，这一身打扮正好与那些烫头发、抹口红、穿高跟鞋的小姐学生形成了鲜明对比。加上我有正义感，对国民党不满，对家庭状况不满，这些都引起了我们一年级的地下党员曹婉的注意。她主动接近我，关心我，常陪我一起看电影，听音乐会，渐渐地曹婉成为我最知己的朋友，我什么事都和她商量。在她的帮助下，我参加了当时金陵女大地下党的外围进步组织——读书会。我们偷偷地传阅解放区的文件，记得有任弼时同志写的土改文件等。

1948年11月，我在学校墙报上写了一篇文章骂张道藩。星期六回家时，妈妈发现了这篇稿子，这下大祸临头。妈妈的脸色气得发白，张道藩气得两手直抖，但张道藩还没有像在中国文艺社骂华林伯伯那样骂我，我可以看得出他是以最大的忍耐不使火发出来。

他严肃地说："你是受了共党分子的指使才这样做的，我念你年轻幼稚，不懂事，只要你说出来是谁指使你干的，并写保证书以后再不这样干了，我可以不再追究。"

一阵可怕的沉默……妈妈和张道藩两双眼睛直视着我，逼我说出金陵女大的进步分子的名字。我用牙咬着嘴唇，尽量控制住自己，使自己保持冷静。然后，平静地说：

"稿子是我自己写的，谁也没有指使我写，我做的事，我负责到底。"

妈妈听了这话，气愤地说："既然你这样恨张道藩，那你就没有必要再留在家里了。"

我冷静地说："我早就料到会有今天的，那我走了。"说着我便从妈妈房里出来。

妈妈见我真的要走，哭着跟了出来："你要走到哪里去？丽丽，你上当了。"

我仍很平静："你不要管我到哪里去，就是死，我也死到外面去，不死在这个家里。"

我说着便跑到自己住的小房间里，关上了门。我这时心情再也平静不下来，思想混乱到极点。我一头倒在床上痛哭起来。我想了很多很多，我想到北平找爸爸，可是身上没有钱，去不成。我离开家到哪去呢？也许我做得太过分了，这样做太伤妈妈的心了。可我文章上写的都是事实，为什么讲事实就要受折磨？我没有错，我没有写错！我就这样倒在床上，想呀，想呀……不知隔了多少时候，我听见敲门声，我没有开门。又是一阵敲门声，我还是不开门。我听见同弟的哭喊声："妹妹，妹妹，我的妹妹，你怎么啦，妹妹……"我从床上起来，把门开开。同弟一把抱住了我："妹妹，我的好妹妹，你不要哭了。"同弟一面用手抚摸着我的短发，一面安慰我。她告诉我张道藩已经走了。她把我衣服脱了，让我睡在床上，她坐在我身旁守着，我把眼睛闭上，她以为我睡着了，轻轻站起来，走了出去。

同弟走后，我又坐起来。我感到绝望，无路可走，便悄悄走进洗脸间，洗了一下脸，然后看见了妈妈经常吃的通大便的药，我顺手拿起来看了一下。只见英文说明上这样写着：每次一粒，饭后服用，如服过量有危险。我把瓶子对着亮处照了一下，发现还有半瓶，大概有几十粒。我倒了一杯水，一口气把几十粒药都吃了下去。然后我便倒在床上，到了半夜，药性发作，我感到胃里难过，恶心，于是便大吐起来，吐得床上、枕头上都是。也不知吐了多少次，我便什么也不知道了。

我醒来时，只见医生站在床前，医生说胃已洗过，没有问题了，但胃部受了点伤，要一星期才能恢复，这一段时间可以吃流质。

同弟见我醒过来了，一面擦着眼泪，一面说："这个家弄到这个地步，怎么得了啊！走的走，散的散，妹妹又被逼得寻死，不如我们都死了吧！"

坤生说："傻话，救活妹妹是大事，我们就指望妹妹长大成人，我们这副老骨头将来就靠妹妹了。"

我这时深感自己错了，望着面前两个我最亲最亲的亲人，把我从几个月抱大的比父母还亲的亲人——坤生和同弟，我觉得我不该死，我要活下去，将来挣了钱好养活他们。

当我稍好一点，我又回到了学校。后来，我才知道，我回学校后，妈妈和张道藩商量："丽丽个性很强，再逼下去，真会出问题的。"

张道藩说："不能让她再在学校里了，要把她和同学隔开来……"

我回到学校后，曹婉一方面批评我不该想死，同时告诉我，组织上已同意我去解放区的请求，到时候组织上会主动通知我的。

不料过了几天，妈妈坐了汽车到学校，直接去教务处为我办理了休学手续，又找到宿舍，把我带回家中。从此，不许我出门一步。

走向光明

从被妈妈带回家后，我再也没有跟妈妈讲过一句话。我不是躲在自己的房里，便在同弟房里，连吃饭时，一句话也不说。

1948年12月中旬，妈妈将我带到上海，住在表哥家或叔叔家。妈妈为了防备我逃跑，采取经济管制，她一个钱也不给我，而将钱交给表哥，我要什么东西，便由他们代我买回来。在上海时，张道藩曾给妈妈一封信，信上问我的态度是否有所转变。我仍旧不和妈妈讲一句话。

妈妈在上海住了一个星期左右，便回南京去整理东西了。临走前，她给了表哥五元美金作为我的零花钱。她无论如何不会想到，这就是她和我的永别。

在上海我偷偷地给曹婉写了一封信，说我处境困难，并告知我在上海的地址。

妈妈走后不久，在1949年1月初的一天清早，金陵女大中共地下党员小李找到我，她告诉了我去南京接头的地点和暗号及上海她家的地址。我到表哥家只跟小表姐程一娱讲了我要走，约她一齐走。她说姨妈病重，不能走，她把身上仅有的一点钱都给了我。我便带了这点钱，加上前两天大表哥给我的五元美金，来到同学小李家。她给了我毛巾、牙刷及一套换洗的衣服。我便匆匆忙忙坐火车告别了上海，到南京与王端一等同志会合。

不久，由地下交通包明带领，从南京中华门坐火车到了芜湖。在花街一个编竹器的人家，地下交通包明同志让我们住下，并检查每人所带证件是否齐全。检查到我时，他发现我什么证件都未带，非常生气，对我说："你怎么连个身份证也不带，这样怎么通过国民党的封锁线？"

我急得脸通红，低着头不吭声。

包明接着说："我去代你搞个证件来，你们这身打扮不成，不能穿旗袍、呢大衣，更不能戴手表，不能让国民党看出你们是大学生，大城市来的。"

于是我们几个人把旗袍下半截用剪刀剪掉，把边缝好，每人穿了一条长棉裤，头上夹上两个土里土气的花发夹。这样一来就有点像小城镇的人了。可手表怎么办？王端一、阿洪都把手表取了下来。可我想到这只瑞士手表是爸爸从南洋开画展回来送给我的礼物，是爸爸留在我身边的唯一纪念品，我舍不得丢。那时我只是一个进步青年，还不是党员，还不太懂得什么是组织观念，也没有意识到留了手表万一给国民党搜查出来将给党带来多大损失。我背着她们，把表带放松，偷偷地把表贴肉戴在膀子上。然后穿上衣服，从外面看，什么也看不出。现在回想起来，当时这样做是多么幼稚，又是多么危险呵！

第二天一清早，我们到芜湖江边，准备通过国民党的卡子口。此时，我们只见远远的国民党军队正在抓壮丁，抓一个用绳子将手臂捆住，一串串地正在往江边押。包明一见，马上通知我们立即转移，如果硬闯，几个男同志就有被抓走的危险。于是我们绕到二坝，坐大渔盆飘了一段，再从另一方向偷偷上船。终于绕过了国民党的封锁线，又步行一整天，到了一个外围点王干妈家。我的脚上被磨得全是泡，一坐下就站不起来了，但我仍咬着牙坚持。第二天又走了半天，又坐了一段船，先到含山，又转到巢县，最后到了目的地——江淮五地委联络部，找到了联络部长周群同志，在那里学习了一段时间便编入华野先遣纵队独立支队。以后又转到合肥编入二野金陵南下干部支队四大队三中队。我从此跨进了另一个世界——解放区。

到了解放区，我立即给北平的爸爸发了一封信。

我出走后，叔叔打电报给南京的妈妈。事后听说同弟、坤生哭得非常伤心。妈妈也流了泪，并以叔叔的名义在报上登了一则"寻人启事"。

最后一次见面

1949年4月，我随二野金陵南下干部支队南下接管南京。我所在的四大队的政委是徐平羽同志，三中队的负责人是郑康同志。到南京后，我立即与爸爸取得了联系。从1949年4月至1951年7月，这段时间，爸爸对我特别关心，给我写了许多信，而且开始把我当大人看了，许多事都征求我的意见。如他画了大幅画《毛主席在人民中》后，将画照成照片寄给我，让我提意见。爸爸和继母还多次要我去北京工作，并代我把工作都找好了。我当时组织观念很强，总觉得应服从组织分配而不应该考虑个人，所以我没有到北京工作，而是坚决服从组织。从1951年5月调到安徽工作后，直到现在仍在安徽。

爸爸这段时间写给我和我爱人的信很多，可惜在十年动乱中都散失了。仅存的几封中，大都是希望我能学一门专业，或关心我的学习和生活的。现摘录一段：

……弟倘能与丽丽同心，我觉得很好。丽丽性格相当坚强，须要多体会认识她一些。我惭愧未能照顾她什么，好在她能从革命中学习得到很好的教训。不过我个人的想法，她需要学得一种专门知识，因为她有根底的。此问

新年百益！

悲鸿　元月二日

写给我的信有一段是：

丽丽爱儿　许夫人周侯松女士处你可以就近写信探问她的（或则用我的口气），如能成功，我可以安慰地山先生于地下（因为他们有极聪明的一子一女须受教育）。胃病有几种，总之少喝水多吃生姜是好的。你如要学医，时间甚长，在芜湖当然不可能有好医学校，此间北大、清华皆在改造，可能成为理想的大学，你可由组织上派来。至于学习政治，最好当然是马列学院，须有五年以上工作经历。其次是华北大学、革命大学，最好由组织上介绍来，当无问题。你如能来北京，我们很高兴，但须得安排妥当。你与黎同志的感情我是相信的，要有生活计划，我在此不参加意见。你如需要我做的事，可尽量告诉我，我能办得到的，必替你办。此问新年快乐！

父字　元月二日

1951年2月4日我和黎洪模正式结婚，接到父亲和继母的来信。

洪模贤甥

丽丽爱儿

二月四日你们的婚礼，我们未能来主持，总引为憾事。希望你们在暑假期内来京一游。丽丽的骨节炎须在年轻时治好，否则颇为麻烦，只求能治愈，可不惜费用，如有必需，我可寄一部分也。你们两人工作最好请调在一起，以免两地挂念……伯阳乐片可不必寄，因津市或北京可以买到，可省寄费，且片子重而易碎，远寄殊不相宜也……此问

近好

悲鸿

静文　二月廿三日

　　新中国成立后我一直渴望着能回北京看望爸爸。可是新中国成立初期干部少，工作重，经常开夜车，甚至几个通宵不眠，所以从革命利益出发，我一直把这个愿望放在心里，克制住自己的感情，埋头工作。没想到1951年7月，正在进行"镇反"运动时，我接到北京来的电报，父亲患脑溢血病危。我焦急万分，可在运动高潮，任何人不能请假，最后还是副市长特别批准，才星夜赶到北京。每天我和吴作人、王临乙、艾中信等叔叔和哥哥都坐在病房门口，不让进去，因为病人需要绝对安静。一直等了一个星期，父亲病情稍稍好转，但还不能进食。由于我远道而来，才被允许进房十分钟。

　　我终于见到了六年不见的爸爸！他躺在病床上，一根皮管从鼻子插至胃中，把流食从皮管中灌进去，爸爸仍不断地打嗝。他见我进去，微笑着和我打招呼，我紧紧地握住爸爸的手，站在他床前。他告诉我他去山东导沭整沂水利工程现场写生的情景。记得爸爸说："工地上工人有数万之多，远远看去就像蚂蚁一样，解放前是不可能有这么大的水利工程的。"

十分钟很快就过去了，医生请我离开，好让父亲安静休息，我便只好依依不舍地离开了病房。没想到这竟是我和父亲最后一次见面。

　　1953年9月26日父亲在北京病故，而我正在医院生第二个孩子才一星期，家中怕我着急，把北京来电、信件、报纸都藏了起来，使我失去了见父亲最后一面的机会。到孩子满月，我得知父亲去世的消息，悲痛欲绝，可这一切都无法挽回了。为了纪念父亲，我为第二个孩子取名志康，因父亲原名徐寿康，希望我这个儿子能继承父志，像父亲那样勤奋。

我的叔父徐悲鸿

徐焕如

东海王孙和美术世家

在悲鸿叔的印章中，有一颗图章上面刻着"东海王孙"四个字，这颗图章常在他的国画上出现，这是怎么回事呢？我们徐姓在江苏宜兴是个大姓，邑（音计）亭桥下塘多数人家姓徐，当时过年家家门上要贴一副相同的春联，即"东海功勋第，南荆礼乐家"，横批是"东海王孙"。东海即现在的连云港一带，所谓功勋第，即有赫赫战功的门第，指的是初唐大将徐懋功封为东海郡公，而"南荆礼乐家"是指宜兴荆溪之南为徐氏宗族生息经营地区，都是礼乐之家。悲鸿叔的图章"东海王孙"是表示自己是东海徐氏的后裔。这是对宗祖门第的自豪？抑或是对礼乐之家的自赏？不，那已是远古年代的过去，这里不过是对过去高贵门第的一种自嘲罢了。起用这颗图章，表现了艺术家幽默的风趣，使他的国画增添了古朴和传奇的色彩。

江苏宜兴邑亭桥下塘，是孕育培植悲鸿叔风格的青少年时期的故乡，这里的风土人情，自然景物，他的家庭……对悲鸿叔的成长，无疑是非常重要的，因为故乡和家庭将为一个人的成长提供最宝贵的素质，给天才和创造提供基础和源泉。

呂亭桥是一个有着数十户人家的小镇，塘河把它分成上下塘两部分，一座弓形大桥把它连成一体。这座桥就叫呂亭桥，它往南到宜兴县城，往北到和桥，东面是呂山，景色非常秀丽。

抗战前，在我青少年时期，就生活在呂亭桥这个小镇上，和悲鸿叔生活在同一的生活环境里。我的父亲和悲鸿叔是堂兄弟，他们一道度过了青少年时期。我家和悲鸿叔家相距只有数十步远，每年的清明和冬至，我们这个宗族的支脉，有时在悲鸿叔家，有时在我们家，由父辈率领着，轮流主持祭祖的事宜。悲鸿叔是达章叔公的长子，沉静稳重，又是镇上屈指可数的知识分子，往往由他领着这一房的兄弟和孩子们，到镇边一个叫桃花坟的松林去祭祖。桃花坟的马尾松长得特别兴旺，江南三月柔和的春风吹拂着麦浪，松涛呼呼作响，一簇簇柠檬色的松花散发着清香。我们背着悠悠的南山（铜官山）向祖坟叩头，把酒洒在坟上，并飘上白纸，采摘了野花和雁来菌回到家里，围坐在八仙桌旁，饱餐一顿丰盛的祭饭。

这种封建宗法社会的生活关系，在清末民初的年代，还松散地维系着，青年画家徐悲鸿也在这个宗族的影响下成长起来。每到过年，他总要拿出许多时间，为乡亲们书写春联。

悲鸿叔的家是一个民间典型的美术世家。他的父亲达章叔公，既是他的慈父又是他的严师，是他传统文化的启蒙导师，又是他美术技法的奠基人。这个家庭给了他生长的乳汁，也给了他创造的基础。

悲鸿叔兄弟三人，他是长兄，在家叫寿康，二弟叫寿安，三弟叫寿凯；还有两个妹妹，一个嫁给了谢姓，一个嫁给了潘姓，长时间和他们生活在一起。在我童年的时候（抗战以前），他们的家庭还保持着悲鸿叔青少年时候的面貌，即保持着达章叔公生前的格局。这个家是一个两开间门面的房子，临街向着塘河，每天这个小镇上繁忙的生活景象，弓形大桥上的早市，塘河里来往的行船，吼叫着突突而去的小汽轮，都将摄入画家的视线，感受着时代和生活的律动。每年正月十五调马灯，耍狮子，玩龙灯，七月半放河灯，秋天迎神赛会，这些民间文艺的演出，因为岊亭桥是中心，都有突出的反映。悲鸿叔住房的南侧，有一甬道通向里面的堂屋，紧靠堂屋是一间十几平方米的书房，这里是达章叔公写字画画的地方，也是悲鸿叔学习画画的地方，是他们父子生活的中心。堂屋和书房经常挂着达章叔公的书画。记得堂屋里挂的是"和合双喜""天官赐福"等画，两边是达章公潇洒的书法；书房里挂的是中堂画"钟馗"。书房的前面是一个小天井，里面种着一棵桂圆树。再往里有几间住人的内室和一个小小的菜园，里面种着瓜菜和一株紫玉兰和玉簪花。当时悲鸿叔家有十余口人。达章叔公就在这里画画卖画，教过一个时期的私塾。他是当时民间很著名的画师，擅长人物画、绣像画、山水和花鸟画。当时在民间照相还没有普及，绣像在民间有着十分重要的地位，婚丧喜事少不了要请人画像，老年人也用绣像来留给后人作纪念。当时达章叔公主要是靠绣像画来维持生活的。这种画的特点是不用明暗，通过线条勾勒，描写精细来表现形象，画得很像很逼真。这种画和人民群众联系比较密切，为群众需要和喜爱。同时达章叔公也长于山水和花鸟画。《徐悲鸿自述》中对达章叔公有精辟的介绍：

……先君讳达章（清同治己巳生），生有异秉，穆然而敬，温然而和，观察精微，会心造物。虽居穷乡僻壤，又生寒苦之家，独喜描写所见，如鸡、犬、牛、羊、村、树、猫、花。尤好写人物，自父母姊妹（先君无兄弟）至于邻佣乞丐，皆曲意刻画，纵其拟仿。时吾宜有名画师毕臣周者，先君幼时所雅慕，不谓日后其艺突过之也。先君无所师承，一宗造物，故其所作，鲜而特有真气。守宋儒严范，取去不苟，性情恬淡，不慕功名，肆意于山水之间，宴如也。耽咏吟，榜书雄古有力，亦精篆刻，超然自立于诸家以

210

外。……先君为人至敦笃，慈祥恺悌，群遣子弟从学、习画问字者至伙。有扬州蔡先生者，业医，能画，携子赁居吾家。……

从悲鸿叔对他父亲的描写中，可以看出达章叔公在绘画上的造诣是很深的。俗话说"将门虎子"，这正是悲鸿叔继承父业赖以登上艺术高峰的基础。我青少年时期在故乡曾看到不少达章叔公的作品，当时我们家里有他的四扇屏山水和中堂画《八仙过海》；在徐氏宗祠的厅堂上方就挂着达章叔公的《岳母刺字》，这幅画画着岳飞赤膊跪在案前，一旁站着岳飞的妻子，岳母一手拿着钢针凝视着岳飞背上已经刺好了的"精忠报国"四个字，形象十分动人。当时徐氏宗祠已办了完全小学，我在学校里上学，这幅张挂在礼堂上方的画幅，在我年轻的心灵中留下了深刻的印象。

悲鸿叔热爱自己创业维艰的祖父砚耕公，热爱自己碌碌风尘富于革新精神的父亲达章公，热爱给自己无微不至关怀的母亲和弟妹，热爱给自己以乳汁，贫寒而有文化，整洁而富于礼仪的勤劳的家庭。这个家庭在物质上是贫寒清苦的，在精神上却是充实而富足的。

当我在故乡上小学的时候，和悲鸿叔的外甥谢纪生坐在一张课桌上，那时悲鸿叔在南京"中大"任教。谢纪生知道我喜欢画画，经常从他家里拿出一些白描人物画给我看，有时则拿一些山水、花鸟画册给我看，他说这是他大舅舅画的画。我看了很高兴，就照着临摹起来。我问他家里还有吗？他说有一箱子呢！现在回想起来，这些画稿正反映了悲鸿叔在年轻的时候，学习是非常刻苦的。可惜几度战乱，已荡然无存了！但我的记忆却很新鲜，有些画面至今还能背得出来。

每当我在回忆并探索悲鸿叔的生活、思想和创作时，不能不使我想到故乡的风土人情、生活习俗、自然景物和他的绘画世家，在他的创作活动中起了怎样的作用。他的浩繁的作品中有相当一部分带着故乡泥土的芳香，闪烁着江南旖旎风光的秀色，显示了江南人物俊美的形象气质。

这些作品，如《玉簪花》《白梅》《竹》《竹雀》《墨猪》《鹅》《水牛》《猫》《马》《画龙点睛》《箫声》等等，无论是早期或后期的创作，都有着江南故乡的深刻烙印。这些作品构成了悲鸿叔创作的一个方面。例如竹子这个题材，在悲鸿叔的国画创作中有着特殊而独到的表现，真正做到了独创一格。他用排笔表现挺拔的茅竹，生动而有体积感，是前人所从未表现过的；这挺拔参天的茅竹正是宜兴丁蜀山的名产。又如猫，在悲鸿叔的创作中被一再地加以描画，无论静态或动态都刻画得十分生动。而猫，在江苏宜兴有着重要的生活地位，一般农家都要养几只猫，原因是春秋两季农家都要养蚕，当蚕要做茧时，由于要占很多地方，家家都在室内地上铺了草，把蚕放养在地上，这时的猫便充当了守护者的角色，防止老鼠来糟蹋蚕。悲鸿叔家也不例外，因此悲鸿叔对猫已超出了造型的观察，而是像农民那样喜爱它了。这些题材进入悲鸿叔的创作，不仅是选材问题，而是反映了画家和故乡人民生活的联系。师承了达章叔公师法造化的创作特色，也继承了达章叔公孜孜不倦勇于艺术实践的创造精神，以及一丝不苟，严于要求的治学精神和创作作风。这些艺术上的重要规律，从达章叔公开始，在悲鸿叔这一代美术宗师身上有了突出的发展，并结出了丰硕的果实。

真挚的关怀

从20世纪40年代初起，我和悲鸿叔有了较多的接触，直到1953年9月他与世长辞。但悲鸿叔对我的影响却是多方面的，远远超过了这个时限。在我青少年的时候，徐悲鸿的声誉和名望，在江苏宜兴我的故乡，已经是家喻户晓。当我还没有和悲鸿叔接触以前，他和他的作品就已经在我的心目中产生了强烈的影响，正是他的影响使我走上从事美术的道路。每念及此，我总有一种温暖和幸福的感情。

1942年初在重庆张家花园，我见到了我多年盼望见到的悲鸿叔，他刚从南洋举行救灾画展回国。那时国立艺专由重庆青木关迁至磐溪，我准备投考该校，好几次还把我画的习作、素描和临摹的作品拿去给他看。作为投考艺专的考生，我的作品是幼稚的，大卷小卷也很繁杂，我的目的是让悲鸿叔知道我是用功的，能支持我的投考。他面对着我的大卷小卷作品，在社会事务十分忙碌的情况下，多次抽出时间认真地接待我，看我的画，指出主要的毛病，并问起故乡的情况。他谈起他同我父亲年轻时一起玩耍的事情，告诉我他比我父亲小三岁，要我不要叫他伯父而叫叔父。他平易近人的态度使我原先紧张的心情开始平静下来。他多次鼓励我投考艺专，直至我考取进入该校。

当时的国立艺专校址在重庆磐溪，悲鸿叔主持的美术学院院址则是在嘉陵江边磐溪入口处。因为两校相距较近，使我有机会经常去看望悲鸿叔，目的是去看他创作，并请他解决一些学习上的问题。例如由于敌军的封锁，家庭接济断绝，我感到绘画学习材料十分困难，曾向悲鸿叔求助。虽然悲鸿叔当时自己创作需要大量的绘画材料，但他还是帮助我解决，他一次给了我五张康生和鸡牌的木炭纸，并多次给了我数十瓶英国水彩画颜色。他告诉我这些绘画材料是托朋友从印度、缅甸辗转带回国内来的，来之不易。他语重心长地要我好好利用这些材料，努力学习。这些高级绘画材料在国内市场已绝迹多年，我得到它们，心里非常感动。当时悲鸿叔画国画用的是一种都匀皮纸，他告诉我这种产于贵州都匀的皮纸是一种价廉物美的国画用纸，本身有淡淡的米黄色，非常素朴古雅，适于画各种色调的画；他给了我几张。

悲鸿叔运用绘画工具、材料，服从于表现和艺术效果，从不迷信和保守。他画粗的竹用排笔，在都匀皮纸上创作国画，这是他革新思想在绘画用材方面的表现。

抗日战争末期，由于生活和绘画材料困难，我告诉他，我们用锌氧粉、红土、黄土做油画颜色，自己烧木炭，自己做油画布。他听了很高兴地说："对，完全可以自己做！"他问我们用什么油，我说是亚麻仁油，他点头表示赞同，并告诉我们要加适量的松节油，否则不容易干。悲鸿叔出身于穷困的家庭，他对克服困难努力前进的人总是热情支持的，对热爱美术的青年画家尤其如此。有一次我去找悲鸿叔，请求他给教育部写一封信为一位同学缓交高中毕业证件说几句话。悲鸿叔问了我这位同学的学习情况，当他得知是一位品学兼优的同学时，就慷慨地给教育部写了信。同时悲鸿叔还告诉我，在"中大"艺术系也有一个学生，画得不错，入学已四年快要毕业了，没有高中毕业证件，他准备为他解决这个问题。他说：教育是为了培养人才，在一些优秀的学生身上是可以破格的。以后我知道这个同学因为悲鸿叔的帮助，在"中大"艺术系取得了正式的毕业资格。

不倦的创作劳动

1953年，悲鸿叔逝世以后，中国美术家协会、中央美术学院联合举办了规模巨大的遗作展览会，当时我是这个展览会的责任编辑，参加了作品的整理、展览工作。面对着悲鸿叔浩繁的创作，数以千计的画卷，思绪万千，他那勤劳奋发创造的形象浮现在我的眼前，他不平凡的一生给中国美术宝库留下了多么绚丽多彩的画卷啊！

1963年10月，由文化部、中国文联、中国美术家协会、中央美术学院、徐悲鸿纪念馆联合举办了徐悲鸿逝世十周年纪念画展，当时我又是这个展览的责任编辑，有机会系统地较全面地研究他的作品，更好地在作品中学习他的创作精神，内心升起了一种巨大的幸福的感情，使我回忆起在1942年至1946年期间悲鸿叔的不倦的创作劳动。

1942年以后，我无论什么时候到重庆磐溪美术学院去看望悲鸿叔，只要他在家，几乎都在画画。他住在二楼楼上，楼下南北有两个陈列室，经常陈列着悲鸿叔的近期新作，或陈列他收藏的齐白石、任伯年等名家的作品和学院里画家的作品。美术学院环境很安静，我先在楼下陈列室欣赏陈列作品，而后便上楼看望悲鸿叔和静文婶，和他们打招呼以后，便到悲鸿叔的画案前，看他作画。悲鸿叔的国画创作，经常是同一题材画若干张，比较之后选出自己最满意的保存下来。他站在画案前，左手捏着一块叠好的都匀皮纸（作吸水用），一般的写意画创作，从不打画稿，较复杂的画稿则用木炭条略略勾画一下，便用两支画笔（中锋和侧锋）交替勾画轮廓，渲染淡墨和颜色，碰到水分大了便用手中的小块皮纸按下去吸。他的写意画绝大部分是一气呵成。

我站在他的画案前，看着他画过不少国画创作，如奔马、饮马、鸡、猫、喜鹊、鹅、白梅、竹子、木棉等等。他微弯着腰，胸有成竹，挥洒自如，入神以后，似乎忘记了我在一旁。他把画到半成的画放在地上，取一张渲染淡墨或色彩，画好也放在地上，仔细端详，画成后立刻就题字签名盖章。画、字、图章浑然一体，画面统一而调和。

悲鸿叔画油画和国画人物画，都有精确的素描画稿，如泰戈尔像，有多种变体画稿，那些素描画稿（草图）也是炯炯有神，韵味十足，本身就是一些构图严谨，疏密有致，主题鲜明，经过了巧妙安排的精心之作。

悲鸿叔的字为人们所喜爱和欣赏；尽管他很少以书法艺术的创作单独出现，但作为他国画创作的组成部分，有着特殊的功效，给人以豪放洒脱之感。这是他从青少年时候起就刻苦磨炼，几十年国画创作笔墨功夫的自然结果，反映了他国画和书法的美学结构，达到了相互得益，浑然一体，承传统于奔放，寓洒脱于工细，笔墨苍润，意境清新，形成了自己的艺术风格。

在重庆磐溪这段时间，是悲鸿叔创作的盛年，有相当数量的精心之作是在这个时候完成的。在这期间他瞻仰峨眉，数履青城，深受蜀中山水气韵的感染，而山城的人物风貌也给他提供了创作素材。特别是1943、1944年，他的创作题材广泛，数量较多，并且开始由油画创作全部转向了国画创作。如果把悲鸿叔的创作，画一个示意图，则是：国画——油画、国画——国画。后期他在积极参加爱国民主运动和完成艺术教育任务之后，仍孜孜不倦地创作。他的以重墨渲染，形神生动，富于中国气派、民族风格，具有悲鸿特色的国画创作，震响着我国画坛，为国画反映祖国河山和现实生活开拓了新的道路。

人物画创作

徐悲鸿在国画和油画上都有很高的造诣。在他的创作中，人物画是一个突出的方面。尽管他也擅长于动物、花鸟和风景画，但人物画却是他整个创作的基石，以人物画的功力促进了其他创作。

徐悲鸿的人物画创作，前期主要表现在肖像画和历史、神话题材方面，后期则转向了现实题材。他的肖像画为人物画巨构创造了很好的前提。从画种说，徐悲鸿的人物画又表现在素描、国画、油画三个方面。他的国画人物画表现传神，手法简朴，具有浓厚的民族色彩，在吸收西方绘画技巧上也有显著的成就。素描、国画、油画在徐悲鸿的艺术生活中有着紧密的联系。这三者互为因果，互相促进，构成了他创作的特色。

徐悲鸿从青少年时代起就从他父亲徐达章那里得到了传统人物画的很好训练。他从9岁学画，17岁就有了相当的写生能力。1914年，徐悲鸿19岁，在上海和北平受到了西洋艺术的感染，同时又广泛地接触到了我国艺术的丰富传统。当时他接触到同辈、前辈和古代许多艺术家的摹品和原作，大大地开阔了眼界，确立了他国画人物画的基础。

1919年，他怀着壮志出国，在法、德等国前后八年的时间学习素描和油画，特别在素描上，他深入而广泛地吸收了西方古典绘画中的现实主义技巧，受到了欧洲历代许多大师的作品的影响，从而为他的油画人物画打下了坚实的基础。

徐悲鸿的人物画创作，早在他在欧洲学习的时候就开始了。他的油画《老妇像》《箫声》，素描《洗马》《画龙点睛》等都是在这个时期创作的。那时他的油画受到欧洲古典主义的影响较深，风格严谨细致，如《箫声》中所表现的民国初年那种资产阶级女知识分子的形象气质，十分真实生动。徐悲鸿的人物画创作起先还局限在肖像画的范围内，而后逐渐转向了表现我国神话和历史画的题材。例如1922年，他创作的素描《画龙点睛》，是以名画记中张僧繇于金陵安东寺画龙点睛的故事为题的。徐悲鸿描绘张僧繇在画龙点睛之后，仰面握笔，看着龙在雷电中破壁而去，看画的人吓得目瞪口呆，东奔西跑。这幅画富有情趣，虚实有致，主次分明。《画龙点睛》表现了绘画创作中一个最平凡也是最重要的真理，说明他很早就理解到人物画创作中"画龙点睛"的意义，并且根据同一原理形成了他"致广大，尽精微"的艺术格言。"致广大，尽精微"在艺术创作中是一个辩证关系，是矛盾统一的两个方面。在绘画技法上，也就是局部与整体的关系问题。局部要服从整体，整体应照顾到局部，二者不可偏废。他主张作画应有重点地提炼取舍，描写对象须分别其主要的、次要的和更次要的，在主要的重点的地方，给以突出的表现，使之鲜明、生动、强烈、饱满，极尽精微之能事；对于次要的或更次要的，则给以减弱或舍弃，使之保持画面总的气氛，达到广和大的艺术效果。这是"致广大，尽精微"的深刻含义，这和《画龙点睛》

是一脉相承的现实主义创作方法，对人物画的创作有着不可忽视的意义。

徐悲鸿在国画人物画方面具有代表意义的作品有《九方皋》《愚公移山》《巴人汲水》等巨作，也有如《泰戈尔像》《荆十三娘》《山鬼》等画面不太大的精心之作。其中《愚公移山》是画面最大的作品。徐悲鸿为这幅画作过三十多幅画稿，使之既有生活实感又有神奇幻想的神话境界。同时运用夸张手法塑造人物，对画中抡锄挖土的壮汉的造型和肌肉的刻画，亢奋的动作的处理，健壮的体魄和憨直的神态的描绘等等，使人感到这些勇猛的人群，满怀信心地向荒山野岭开战的形象，顶天立地地出现在画面的主要部位，形成磅礴气势和无往不胜无坚不摧的形象力量。徐悲鸿为这个神话的主题精神创造了动人的艺术形象。如果我们把徐悲鸿1935年至1942年前后所作的《巴人汲水》《贫妇》《洗衣》《牧童和牛》等画联系起来，可以看出他注意到了人民生活，像背柴、挑水、洗衣、放牛等一些平凡的劳动题材，这也表现了一个现实主义画家在创作中渐渐地走向了和劳动群众相接近的道路。

徐悲鸿的国画人物画创作，具体地表明了他对传统绘画艺术的态度，即："古法之佳者守之，垂绝者继之，不佳者改之，未足者增之，西方绘画之可采入者融之。"在这种思想指导下的国画创作，是在尊重传统的基础上，对传统中的糟粕敢于批判，精华则勇于接受和发展，对于外来的有用的技术敢于吸收融化，成为自己的东西。我们看他的国画《泰戈尔》即是以传统中的"没骨法""描法""染法"和西法中的"明暗法"相融合的创造。拿徐悲鸿的国画《泰戈尔》与素描《泰戈尔像》相比，可以看出素描《泰戈尔像》是写生的直接结果，而国画《泰戈尔》是精心创作的成果。由于徐悲鸿在传统绘画和西洋绘画上都有很高的造诣，又有丰富的实践经验，经过再创造出来的《泰戈尔》不仅神态饱满，气宇轩昂，成功地表现了印度大诗人的风度气质，同时在用笔、用色、勾描、渲染上能做到单纯洗练，疏密有致，烘染自如，染而不浮，工而不板，线条刚劲挺拔，使人物的描绘达到形神兼备而又具有浓厚的民族色彩。

徐悲鸿在油画人物画创作上也有着突出的成就。油画《田横五百士》和《溪我后》是他1928至1933年之间所作，是他一生中具有代表意义的创作。前者是取材于《史记·田儋列传》中的故事。这是一个悲壮的历史故事，田横和岛上五百人表现了我国古代人民坚强不屈的精神。徐悲鸿正是为故事的高风亮节所感动而选择了它。

画面所描写的是田横离开海岛和战友们告别的情景。围绕这个情节，徐悲鸿刻画了三十个以上的人物。从这些刻画出来的各色人物形象上，可以看出他们不同的年龄、性别、性格和生活经历，他们和田横的深厚感情，这些又都统一在悲壮别离的气氛之中。田横仰首作揖，内心百感交集，大家并不同意他去，但又无可奈何。徐悲鸿以生别时的具有概括力的画面揭示了这个故事的悲剧性质。

油画《溪我后》的题材出于《书经》，原句是"溪我后，后来其苏"，意思是"等待我们的带路人（领导者）来了，我们就得救了"。它描写商代末年劳苦群众在悲痛生活中盼望周武王发兵前来解救他们的痛苦的情景。徐悲鸿在这幅画上表现了一群穷苦的老百姓，抬头期待着有人来解救他们。大地在烈日下干裂了，婴儿在吮吸着母亲干瘪的乳房，老人翘首期望着天边……被描绘出来的人物、景物，生动地揭示了人们祈求解放的心情。

这两幅历史画是表现了历史人物的坚贞不屈和人民群众的渴求解放。徐悲鸿创作这两幅画时，正是反动统治集团几次进攻苏区，加紧镇压人民革命，对人民群众肆意压榨搜刮的时候；另一方面日本帝国主义侵略中国，东北大片土地沦亡了，日本帝国主义正在计划进一步侵略华北以至全中国，而反动统治集团却在实行所谓"安内攘外"的卖国政策，广大人民群众在内外反动势力的压迫下陷入水深火热之中。徐悲鸿就在这个时候选择了这样的历史题材，以隐喻和象征的手法表现历史事件，这是具有一定的教育作用的。这正是他热爱群众热爱祖国的表现。正如他在题孟子的格言"富贵不能淫，贫贱不能移，威武不能屈"和题鲁迅的"横眉冷对千夫指，俯首甘为孺子牛"等所表现的思想那样，他崇尚中国人民的高风亮节，乐于用艺术的形象表现他们。

徐悲鸿这两幅油画创作，是我国早期油画的优秀之作。它是在一定的主题思想下创作了数十个人物的巨作，是已经具有了一些中国风貌的油画创作；它为我国油画历史画跨出了可贵的一步；它是我国20世纪30年代人物画创作十分衰微的历史条件下的产物；是油画由西欧大规模传到中国，在中国生根以后所结出的最早的果实。

新中国成立以后，崭新的政治形势使徐悲鸿的人物画创作有了新的发展。急风暴雨的民主改革，意气风发的群众运动，中国人民高昂的革命热情，使徐悲鸿产生了新的创作激情。他带着学生参加土改，到山东导沐整沂工地深入生活，给解放军战斗英雄画肖像，给劳动模范和各种先进人物写生，参加保卫世界和平的斗争，为抗美援朝画宣传画等；他开始构思和创作新的人物画作品；他力图表现工农兵的生活，表现革命的主题。他的《在世界和平大会上听到南京解放的消息》，未完成的作品《毛主席在人民中》《鲁迅与瞿秋白》等，都表现了他的革命热情。

徐悲鸿是一个很有成就的花鸟、动物画家，为什么他突然紧缩了他这方面的创作，而人物画的创作却占了压倒的优势？这是因为他的眼界为光辉的革命现实所开启，进一步认识了人——创造历史的劳动群众，把他们作为历史的创造者来加以描写了。他曾感慨地写道"吾虽提倡写实主义廿余年，但未能接近大众"，这是一个诚实艺术家的深切检查，是一个前辈艺术家的新的觉醒。他开始热情地投入到生活中去，要求和群众发生联系，他的画笔也为新的人民群众造像。新中国成立以后他创作了不少肖像画，如子弟兵的母亲《戎冠秀像》《战斗英雄李长林、苟富荣像》《劳动模范贺敬德、吕芳彬像》等，都是形象开朗，用笔简朴，富于表现力的肖像画。诚然他的创作题材的变化还只是开始，对过去比较疏远的人民群众也还刚刚开始接触，需要有一个熟悉的过程；人们期望这位热爱党和国家的有经验的前辈画家，会更好地为人民创作，但1953年9月他不幸与世长辞了！

一个忠于艺术实践的现实主义画家，最后走上了表现革命生活，为人民服务的艺术道路。应该看到，他最后的一部分人物画创作，是在新中国成立以后的三四年内，健康状况不好的情况下所作的。在纪念徐悲鸿逝世三十周年的今天，我们看到了许多人物画的优秀之作，正是与徐悲鸿所倡导的人物画的道路分不开的，这也是这位优秀的艺术家为我国人物画创作所作的可贵的贡献。

附 录

悲鸿自述

悲鸿生性拙劣，而爱画入骨髓。奔走四方，略窥门径，聊以自娱，乃资谋食，终愿学焉，非曰能之。而处境困厄，窘态之变化日殊。梁先生得所，坚命述所阅历。辞之不获，伏思怀素有自叙之帖，卢梭传忏悔之文，皆抒胸臆，慨生平，借其人格，遂有千古。悲鸿之愚，诚无足纪，唯昔日落拓之史，颇足用以壮今日穷途中同志者之志。吾乐吾道，忧患奚恤，不惮词费，追记如左。文辞之拙，弗遑计已。

距太湖之西三十里，荆溪之北，有乡可五六十家。凭河两岸，一桥跨之，桥曰计亭。吾先人世居业农之所也。吾王父砚耕公，以洪杨之役，所居荡为灰烬。避难归来，几不能自给，力作十年，方得葺一椽为庐于桥之侧，以蔽风雨，而生先君。室虽陋，吾先君方自幸南山为屏，塘河为带，日月照临，霜雪益景，渔樵为侣，鸡犬唱答，造化赋予之丰美无尽也。

先君讳达章（清同治己巳生），生有异秉，穆然而敬，温然而和，观察精微，会心造物。虽居穷乡僻壤，又生寒苦之家，独喜描写所见，如鸡、犬、牛、羊、村、树、猫、花。尤为好写人物，自父母、姊妹（先君无兄弟），至于邻佣、乞丐，皆曲意刻画，纵其拟仿。时吾宜兴有名画师毕臣周者，先君幼时所雅慕，不谓日后其艺突过之也。先君无所师承，一宗造物。故其所作，鲜convention（俗套）而特多真气。守宋儒严范，取去不苟，性情恬淡，不慕功名，肆忘于山水之间，宴如也。耽咏吟，榜书雄占有力，亦精篆刻，超然自立于诸家以外。

先君为人敦笃，慈祥恺悌，群遣子弟从学，习画问字者至伙。有扬州蔡先生者，业医、能画，携子赁居吾家。其子曰邦庆，生于中日战败之年，属马，长吾一岁，终日嬉戏为吾童时伴，好涂抹。吾时受先君严督读书，深羡其自由作画也。

吾六岁习读，日数行如常儿。七岁执笔学书，便思学画，请诸先君，不可。及读卞庄子之勇，问："卞庄子何勇？"先君曰："卞庄子刺虎，夫子以是称之。"欲穷虎状，不得，乃潜以方纸求蔡先生作一虎，归而描之。久，为先君搜得吾所描虎，问曰："是何物？"吾曰："虎也。"先君曰："狗耳，焉云虎者。"卒曰："汝宜勤读，俟读完《左传》，乃学画矣。"余默然。

九岁既毕四子书，及《诗》《书》《易》《礼》，乃及《左氏传》。先君乃命午饭后，日摹吴友如界画人物一幅，渐习设色。十岁，先君所作，恒遣吾敷无关重要处之色。及年关，又为乡人写春联，如"时和世泰，人寿年丰"者。

余生一年而丧祖母，六年而丧大父，先君悲戚，直终其身。余年十三四，吾乡连大水，人齿日繁，家益窘。先君遂奔走江湖，余亦始为落拓生涯。

时强盗牌卷烟中有动物片，辄喜罗聘藏之。又得东洋博物标本，乃渐识猛兽真形，心摹手追，怡然自乐。年十七，始游上海，欲习西画，未得其途，数月而归。为教授图画于和桥之彭城中学。

方吾年十三四时，乡之富人皆遣子弟入学校，余慕之。有周先生者，劝吾父亦遣吾入学校尤笃，先君以力之不继为言。周先生曰："画师乃吃空心饭也，乌足恃。"顾此时实无奈，仅得埋首读死书，谋食江湖。

年十九，先君去世，家无担石。弟妹众多，负债累累，念食指之浩繁，纵毁身其何济。爰就近彭城中学、女子学校，及宜兴女子学校三校教授图画。心烦虑乱，景迫神伤，遑遑焉逐韶华之逝，更无暇念及前途，览爱父之遗容，只有啜泣。

时落落未与人交游。而独蒙女子学校国文教授张先生祖芬者之青视，顾亦无杯酒之欢。年余，终觉碌碌为教，无复生趣，乃思以工游沪，而学而食。辞张先生，张先生手韩文全函，殷勤道珍重，曰："吾等为赡家计，以舌耕求升斗，至老死，亦既定矣。君盛年英锐，岂宜居此？曩察君负荷綦重，不能勖君行，而乱君意。今君毅然去，他日所跻，正未可量也。"又曰："人不可无傲骨，但不可有傲气。愿受鄙言，敬与君别。"呜呼张君者，悲鸿人世第一次所遇之知己也。

友人徐君子明者，时教授于吴淞中国公学，习闽人李登辉，挟余画叩李求一小职，李允为力。徐因招赴沪，为介绍。既相见，李大诧吾年轻，私谓子明："若人者，孩子耳，何能做事？"子明曰："人负才艺，讵问其年。且人原不甘其境，思谋工以继其读，君何谦焉？"李乃无言。徐君是年暑期后，赴北京大学教授职，吾数函叩李，终无答。顾李君纳吾画，初未尝置意，信乎慷慨之士也。

吾于是流落于沪，秋风起，继以淫雨连日，苦寒而粮垂绝。黄君警顽，令余坐于商务印书馆，日读说部杂记排闷，而忧日深。一时资罄，乃脱布褙赴典质，得四百文，略足支三日之饥。

一日，得徐君书，为介绍恽君铁樵，恽君时主商务印书馆《小说月报》，因赴宝山路访之。恽留吾画，为吾游扬于其中有力者，求一月二三十金小事。嘱守一二日，以俟佳音。时届国庆，吾失业已三月。天雨，吾以排日，不持洋伞，冒雨往探消息。恽君曰："事谐，不日可迁居于此，食于此，所费殊省。君夜间习德文，亦大佳事，吾为君庆矣。"余喜极，归至梁溪旅馆，作数书告友人获业。讵书甫发，而恽君急足至，手一纸包，亟启视，则道所谋绝望，附一常州人庄俞者致恽君一批札，谓某之画不合而用，请退还。尔时神经颤震，愤怒悲哀，念欲自杀。继思水穷山尽，而能自拔，方不为懦，遂腼颜向一不应启齿、言通财之友人告贷，以济燃眉之急。故乡法先生德生者，为集一会，征数十金助余。乃归和桥，携此款，将作北京之行，以依故旧。于是偕唐君者，仍赴沪居逆旅候船。又作一画报史君，盖法君之友助吾者也。为装框，将托唐君携归致之。唐君者，设茧行，时初冬，来沪接洽丝商，谋翌年收茧事，而商于吴兴黄先生震之。黄先生来访，适值唐出，余在检行装。盖定翌日午后行矣。黄先生有烟癖，乃卧吸烟，而守唐君返。目睹对墙吾所赠史君画，极称赏。与余道此画之佳，余唯唯。又询知何人作否，余言实系拙作，黄肃然起敬，谓："察君少年，乃负绝技，肯割爱否？"余言此画已赠人。黄因请另作一幅赠史，余乃言："明日行。"黄先生问："何往？"曰："去北京。"问："何谋？"余言："固无目的，特不愿居此，欲一见宫阙耳。"黄先生言："此时北方已雪，君之所御，且无以却寒，留此徐图良策何如？"余不可。因默然。

无何，唐君归，余因出购零星。入夜，唐君归，述黄先生意，拟为介绍诸朋侪，以绘画事相委，不难生活。又言黄君巨商，广交游，当能为君助。余感其意，因止北行。时有暇余总会者，赌窟也，位于今新世界地。有一小室，黄先生烟室也。赌自四五时起，每彻夜。黄先生午后来，赌倦而吸烟，十一时许乃归。吾则据其烟室睡。自晨至午后三时，据一隅作画。赌者至，余乃出，就一夜馆读法文，或赴审美书馆观画，食则与群博者俱。盖黄君与设总会者极稔，余故得其惠，馔之丰，无与比。

伏腊，总会中粪除殆遍，积极准备新年大赌。余乃迁出，之西门，就黄君警顽同居。而是年黄震之先生大失败，余又茕茕无所告，乃谋诸高君奇峰。初，吾慕高剑父兄弟，乃以画马质剑父。剑父大称赏，投书于吾，谓虽古之韩干，无以过也，而以小作在其处出版，实少年人最快意之举，因得与其昆季相稔。至是境迫，因告之奇峰，奇峰命作美人四幅，余亟归构思。时桃符万户，锣鼓喧天，方度年关，人有喜色。余赴震旦入学之试而归，知已录取。计四作之竟，可一星期。高君倘有所报，则得安读矣。顾囊中仅存小洋两毫，乃于清晨买粢饭一团食之，直工作至日入。及第五日而粮绝，终不能向警顽告贷，知其穷也，遂不食。画适竟，亟往棋盘街审美书馆觅奇峰。会天雪，腹中饥，倍觉风冷。至肆中，人言今日天雪，奇峰未来。余询明日当来否？肆人言："明日星期，彼例不来。"余嗒然不知所可，遂以画托留致奇峰而归。信乎其凄苦也。

入学须纳费，费将何出？腹馁亦不能再支，因访阮君翟光。既见，余直告："欲借二十金。又知君非富有，而事实急。"阮君曰："可。"顿觉温饱，遂与畅谈。索观近作，留与同食。归睡亦安。明日入学，缴学费。时震旦学院院长法人恩理教士，欲新生一一见。召黄扶，吾因入。询吾学历，枨触往事，不觉悲从中来，泪如雨下，不能置一辞。恩理教士见吾丧服，询服何人之丧，余曰："父丧。"泪益不止。恩理再问，不能答。恩理因温言劝弗恸，吾宿费不足，但可缓纳。勤学耳，自可忘所悲。

吾因真得读矣。顾吾志只在法文，他非所措意也。既居校，乃据窗而居。于星期四下午，仍捉笔作画。乃得一书，审为奇峰笔迹，乃大喜。启视则称誉于吾画外，并告以报吾五十金。遂急舍笔出，又赴阮君处偿所负。阮又集数友令吾课画，月有所入，益以笔墨，略无后顾之忧矣。吾同室之学友，为朱君国宾，最勤学。今日负盛誉，当年固早卜之矣。但是时朱君体弱，名医恒先为病夫，亦奇事也。

是年三月，哈同花园征人写仓颉像，余亦以一幅往。不数日，周君剑云以姬觉弥君之命，邀偕往哈同花园晤姬。既相见，甚道其推重之意，欲吾居于园中，为之作画。余言求学之急，如蒙不弃，拟暑期内迁于此，当为先生作两月之画。姬君欣然诺，并言此后可随时来此。匆匆数月，烈日蒸腾，余再蒙恩理教士慰勉，乃以行李就哈同居之。可一星期，写成一大仓颉像。姬君时来谈，既而曰："君来此，工作无间晨夕。盛暑而君劬劳如此，心滋不安，且不知将何以酬君者。"

余曰："笔敷文采，吾之业也，初未尝觉其劳。吾后沪，隐匿姓名，以艺自给，为苦学生，初亦未尝向人求助。比蒙青睐，益知奋勉。顾吾欲以艺见重于君，非冀区区之报。君观吾学于教会学校者，讵将为他日计利而易吾业耶？果尔，则吾之营营为无谓。吾固冀遇有机缘，将学于法国，而探索艺之津源。若先生所以称誉者，只吾过程中借达吾愿学焉者之具而已。若不自量，以先生之誉而遂自信，悲鸿之愚，诚自知其非也。果蒙先生见知，于欧战止时，令吾赴法，加以资助，而冀他日万一之成，悲鸿没齿不忘先生之惠。若居此两月间之工作，悲鸿以贫困之人，得枕席名园，闻鸟鸣，看花放，更有仆役，为给寝食者，其为酬报，固以多矣，敢存奢望乎？"

姬君曰："君之志，殊可敬。弟不敏，敢力谋以从君愿。顾君日用所需色纸之费，亦必当有所出。此后君果有所需，径向账房中索之，勿事客气。"姬君者，芒砀间人，有豪气，自是相得甚欢。时姬君方设仓圣明智大学，又设"广仓学会"，邀名流宿学，如王国维、邹安等，出资于日本刊印会中著述。今日坊间，尚有此类稽古之作。又集合上海收藏家，如李平书、哈少甫等，时以书画金石在园中展览。外间不察，以为哈同雅好斯文。致有维扬人某者，以今日有正书局所印之陈希夷联"开张天岸马，奇逸人中龙"，向之求售。此时尚无曾髯大跋，觉更仙姿出世，逸气逼人，索价两千金。此联信乎书中大奇，人间剧迹。若问哈同，虽索彼两金求易，亦弗欲也。吾见此，惊喜欲舞，尽三小时之力，双勾一过而还之。

此时姬为介绍诗人廉南湖先生，及南海康先生。南海先生雍容阔达，率直敏锐，老杜所谓真气惊户牖者，乍见之觉其不凡。谈锋既启，如倒倾三峡之水，而其奖掖后进，实具热肠。余乃执弟子礼居门下，得纵观其所藏。如书画碑版之属，殊有佳者，相与论画，尤具卓见，如其卑薄四王，推崇宋法，务精深华妙，不尚士大夫浅率平易之作，信乎世界归来论调。南海命写其亡姬何旃理像，及其全家，并介绍其过从最密诸友，如瞿子玖、沈寐叟等诸先生。吾因学书，若《经石峪》《爨龙毅》《张猛龙》《石门铭》等名碑，皆数过。曹君铁生者，江阴人，健谈，任侠，为人自喜。在溧阳，与吾友善，长吾廿岁。蒙赠欧洲画片多种。曹号"无棒"。余询其旨，曰："穷人无棒被狗欺也。"其肮脏多类此。一日，哈校中少一舍监，吾以曹君荐，即延入。讵哈校组织特殊，禁生徒与家族来往，校医亦不善，学生苦之，而曹君心滋愤。一日，曹君因例假出，夜大醉归，适遇余与姬君等谈。曹指姬君大骂，历数学校误害人子弟。姬君泰然，言曹先生醉，令数人扶之往校。余大窘。是夜，姬君左右即以曹行李出，余只得资曹君行汉皋。顾姬君后此相视，初未易态度，其量亦不可及也。

岁丁巳，欧战未已，姬君资吾千六百金游日本。既抵东京，乃镇日觅藏画处观览。顿觉日本作家，渐能脱去拘守积习，而会心于造物，多为博丽繁郁之境，故花鸟尤擅胜场，盖欲追踪徐、黄、赵、易，而夺吾席矣，是沈南苹之功也。唯华而薄，实而少韵，太求夺目，无蕴藉朴茂之风。是时寺峙广业尚在，颇爱其作，而未见其人也。识中村不折，彼因托以所译南海《广艺舟双楫》，更名曰《汉魏书道论》者致南海。

六月而归，复辟之乱已平。吾因走北京，识诗人罗瘿公、林畏庐、樊樊山、易实甫等诸名士。即以蔡子民先生之邀，为北京大学画法研究会导师。识陈师曾，时师曾正进步时也。瘿公好与诸伶人狭，因尽识都中名伶，又以杨穆生之发现，瘿公出程玉霜于水火。罗夫人梁佩珊最贤，与碧微相善，初见瘿公之汲引艳秋，颇心龃之。而瘿公为人彻底，至罄其所有以复艳秋之自由，并为绸缪未来地位，几倾其蓄。夫人乃大怒反目，诉于南海。翌年冬，瘿公至沪谒南海，遭大骂。至为梅兰芳求书，不敢启齿。顾南海亦未尝不直瘿公所为也。

吾后日本，尽以资购书及印刷品。抵都，又贫甚，与华林赁方巾巷一椽而居。既滞留，又有小职于北京大学，礼不能向人告贷。是时显者甚多相识，顾皆不知吾有升斗之忧也。

识佝五、刘三、沈尹默、马叔平诸君。李石曾先生初创中法事业，先设孔德学校，余与碧微皆被邀尽义务。时长是校者，为蔡子民故夫人黄夫人。

既居京师，观故宫及私家所藏，交当时名彦，益增求学之渴念。时蜀人傅增湘先生沅叔长教育，余以瘿公介绍谒之部中。其人恂恂儒者，无官场交际之伪。余道所愿，傅先生言："闻先生善画，盍令观一二大作。"余于翌日挟所作以付教部阍人。越数日复见之，颇蒙青视，言："此时惜欧战未平。先生可少待，有机缘必不遗先生。"余谢之出，心略平，唯默祝天佑法国，此战勿败而已。黄尘障天，日炎热，所居湫隘，北京有微虫白蛉子者，有毒，灰色，吮人血，作奇痒，余苦不堪。石曾先生因令居西山碧云寺。其地层台高耸，古栝参天，清泉寒冽，巨松盘郁。俯视尘天秽恶之北京，不啻地狱之于上界。既抵，而与顾梦余邻。顾此时病肺，步履且艰，镇日卧曝日中，殆不移动。吾去年归，乃知其为共产党巨头，心大奇之。

旋闻教育部派遣赴欧留学生仅朱家骅、刘半农两人。余乃函责傅沅叔食言，语甚尖利，意既无望，骂之泄愤而已。而中心滋戚，盖又绝望。数月复见瘿公，公言沅叔殊怒余之无状，余曰："彼既不重视，固不必当日甘言饵我。因此语出诸寻常应酬，他固不计较，傅读书人，何用敷衍？"讵十七年十一月，欧战停。消息传来，欢腾大地。而段内阁不倒，傅长教育屹然，无法转圜。幸蔡先生为致函傅先生，先生答曰："可。"余往谢，既相见，觉局促无以自容，而傅先生恂恂然如常态，不介意，唯表示不失信而已。余飘零十载，转走千里，求学之难，难至如此。吾于黄震之、傅沅叔两先生，皆终身感戴其德不忘者也。

欧战将终，旅华欧人皆欲西归一视，于是船位预定先后之次第，在六月之间已无位置。幸华法教育会之勤工俭学会，赁日本之伦敦货船下层全部，载八十九人往。余与碧微在沪加入，顾前途之希望焕烂，此惊涛骇浪，恶食陋居，初未措诸怀。行次，以抵非洲西中海岸之波赛为最乐。以自新加坡行至此，凡三星期未见地面，而觉欧洲又在咫尺间也。时当吾华三月，登岸寻览。地产大橘，略如广州蜜橘与橙合种，而硕大尤过之，大几如碗，甘美无伦。乐极，尽以余资购食之。继行三日，过西班牙南部，英炮台奇勃腊答峡，乍见欧土，热狂万端。遂入大西洋。于将及英伦之前一日，各整备行装，割须理发，拭鞋帽，平衣服，喜形于面。有青者，如初苏之树，其歌者，声益扬。倭之侍奉，此日良殷，以江瑶柱炒鸡鸭蛋飨众，于是饭乃不足。侍者道歉，人亦不计。又各搜所有之资，悉付之为酬劳。食毕起立舢板，西望郁郁葱葱者，盖英之南境矣。一行五十日，不觉春深，微雨和风，令忘离索。

抵伦敦，欢天喜地之情，难以毕述。余所探索，将以此为开始。陈君通伯，即伴游大英博物院，遂沉醉赞叹颠倒迷离于巴尔堆农残刊之前。呜呼？曷不令吾渐得见此，而使吾此时惊恐无地耶？遂观国家画院，欣赏委拉斯凯兹、康斯太布尔、透纳等杰构及其皇家画会展览会，得见沙金、西姆史等佳作。

留一星期，于一九一九年五月十日而抵巴黎。汽车经凯旋门左近，及协和广场，大宫小宫等，似曾相识。对之如醉如痴，不知所可。舍馆既定，即往卢浮宫博物院顶礼，大失所望。其中重要诸室，悉闭置。盖其著名杰作，悉在战时运往波尔多城安放，备有万一之失，而尚未运回也。唯辟一室，陈列达·芬奇作《蒙娜丽莎》、拉斐尔之《美园妇》《圣母》等十余幅，以止游客之啖而已。唯大卫之室未动，因得纵览。觉其纯正严重，笃守典型，殊堪崇尚。时Carolus Durand（迪朗）初逝，卢森堡博物院特为开追悼展览会，悉陈其作，凡数百幅，殊易人也。乃观沙龙，得见薄纳、罗郎史、达仰、弗拉孟、倍难尔、莱尔米特、高尔蒙等诸前辈作物，其人今悉次第物故矣。

　　吾居国内，以画谋生，非遂能画也。且时作中国画，体物不精，而手放逸，动不中绳，如无缰之马，难以控制。于是悉心研究，观古人所作，绝不作画者数月，然后渐渐习描。入朱利安画院，初甚困。两月余，手方就范，遂往试巴黎国立高等美术学校。录取后，乃以弗拉孟先生为师。是时识梁启超、蒋百里、杨仲子、谢寿康、刘厚。各博物院渐复旧游观，吾课余辄往，研求各派之异同，与各家之精诣。爱提香之富丽，及里贝拉之坚卓。于近人则好库尔贝、薄纳、罗郎史。虽夏凡纳之大，斯时尚不识也。时学费不足，节用甚，而罗致印刷物，翻览比较为乐。因于欧陆作家，类能举指。

　　一九二〇年之初冬，赴法名雕家唐泼忒（Dampt）先生夫妇招待茶会，座中俱一时先辈硕彦。而唐夫人则为吾介绍达仰先生，曰："此吾法国最大画师也。"又安茫象先生。吾时不好安画，因就达仰先生谈。达仰先生身如中人，目光精锐，辞令高雅，态度安详。引掖后进，诲人不倦，负艺界众望，而绝无骄矜之容。吾请游其门，先生曰："甚善。"因与吾谢吉路六十五号其画室地址，命吾星期日晨往。吾于是每星期持所作就教于先生，直及一九二七年东归。吾至诚一志，乃蒙帝佑，足跻大邦，获亲名师，念此身于吾爱父之外，宁有启导吾若先生者耶？

　　先生初见吾，诲之曰："吾年十七游柯罗（Corot，大风景画家）之门，柯罗曰Conscience（诚），曰Confidence（自信），毋舍己徇人。吾终身服膺勿失。君既学于吾邦，宜以嘉言为赠。"又询东人了解西方之艺如何，余惭无以应，只答以在东方不获见西方之艺，而在此者，类习法律、政治，不甚留心美术。先生乃言："艺事至不易，勿慕时尚，毋甘小就。"令吾于每一精究之课竟，默背一次，记其特征，然后再与对象相较，而正其差，则所得愈坚实矣。弗拉孟先生乃历史画名家，富于国家思想。其作流丽自然，不尚刻画，尤工写像。吾入校之始，即蒙青视，旋累命吾写油画，未之应。因此时殊穷，有所待也。时同学中有一罗马尼亚人菩拉达者，用色极佳，尤为弗拉孟先生重视。吾第一次作油绘人体，甚蒙称誉，继乃绝无进步。后在校竞试数次，虽列前茅，亦未得意。而因受寒成胃病。

一九二一年夏间，胃病甚剧，痛不支，而自是学费不至。乃赴德国，居柏林，问学于康普（IKampf）先生，过从颇密。先生善薄纳先生，吾校之长也，年八十八，亦康普前辈。时德滥发纸币，币价日落，社会惶惶，仇视外人，盖外人之来，胥为讨便宜。固不知黄帝子孙，情形不同，而吾则因避难而至，尤不相同，顾不能求其谅解也。识宗白华、陈寅恪、俞大维诸君。时权德使事者，为张君季才。张夫人籍江阴，善碧微。张君伉俪性慈祥，甚重吾好学，又矜余病，乃得姜令吾日食之，又为介绍名医，吾苦渐减。其情至可感也。

既居德，乃得观门采尔作，又见塞冈第尼作及特兽斯柯依之塑像，颇觉居法虽云见多识广，而尚囿也。又觉德人治艺，夸尚怪诞，少华贵雅逸之风，乃叩诸康普先生曰："先生为艺界耆宿，长柏林艺院，其无责乎？"先生曰："彼自疯狂，吾其奈之何？"实则其时若李卜曼，若科林德等，亦以前辈资格，作荒率凌乱之画，以投机取利。康普之精卓雄劲，且不为人所喜。康普先生曰："人能善描，则绘时色自能如其处。"其为当世最善描者之一，秀劲坚强，卓然大家；其于绘，凝重宏丽，又阔大简练。其在德累斯顿之《同仇》《铸工》及柏林大学壁画，皆精卓绝伦。他作则略少秀气，盖其为最能表现日耳曼民族作风者也。

吾居德，作画日几十小时，寒暑无间，于描尤笃，所守不一，而不得其和，心窃忧之。时最爱伦勃朗画，乃往弗烈德里博物院临摹其作。于其《第二夫人像》，尤致力焉，略有所得，顾不能应用之于己作，愈用功，而毫无进步，心滋惑。时德物价日随外币之价增高，美术印刷，尤为德人绝技，种类綦丰，亦尽量购之。及美术典籍，居室上下皆塞满，坐卧于其上，实吾生平最得意之秋也。吾性又嗜闻乐，观歌剧，恒与谢次彭偕，只择节目人选，因所耗固不巨也。时吾虽负债，虽贫困，而享用可拟王公，唯居室两橼，又为画塞满，终属穷画师故态耳。

一日在一大画肆，见康普、史吐克、区个尔、开赖等名作甚多，价合外金殊廉，野心勃勃，谋欲致之。而吾学费，积欠十余月，前途渺茫，负债已及千金。再欲举债，计将安出？时新任德使为魏宸组，曾蒙延食之雅。不揣冒昧，拟往商之。惧其无济，又恐失机，中心忐忑，辗转竟夜，不能成寐。终宵不合眼，生平第一次也。

翌日，鼓起勇气至中国使馆。余眉散维尼广场之左，与之密迩。步行往，叩见公使。魏使既出，余因道来意，盛称如何其画之佳妙，如何画者大名之著，其价如何之廉，请假资购下，以陈诸使署客堂。因敝居已无隙可置，特不愿失去机会，待吾学费一至，即偿。吾意欲坚其信，故以画质使馆，当无我虞也。魏使唯唯，曰："将请蒋先生向银行查款，不知尚有余否。下午待回音如何？"魏使所操为湖北语，最好官话也。

无奈，更商之宗白华、孟心如两君及其他友好，为集腋成裘之策。卒致康普两作，他作则绝非力之所及矣。因致书国内如康南海等，谋四万金，而成一美术馆。盖美术品，如雕刻、绘画、铜镌等物，此时廉于原值二十倍。当时果能成功，则抵今日百万之资。惜乎听我藐藐，而宗白华又非军阀，手无巨资相假也。

柏林之动物园，最利于美术家。猛兽之槛恒作半圆形，可三面而观。余性爱画狮，因值天气晴明，或上午无游人时，辄往写之。积稿颇多，乃尊巴里，史皇为艺人之杰。

一九二二年，吾师弗拉孟先生逝世，旋薄纳先生亦逝，学府以倍难尔先生继长美校，延西蒙代弗拉孟。是年年底闻学费有着，乃亟整装。一九二三年春初，复归巴黎，再谒达仰先生，述工作虽未懈，而进步毫无，及所疑惧。先生曰："人须有受苦习惯，非寻常处境为然，为学亦然。"因述穆落（Aimé 6 Morot），法十九世纪名画家，天才之敏古今所稀，凭其禀赋，不难成大地最大艺师之一。但彼所诣，未足与达·芬奇、米开朗琪罗、拉斐尔、提香等相提并论者，以其于艺未历苦境也。未历苦境之人恒乏宏愿。最大之作家，多愿力最强之人，故能立至德，造大奇，为人类申诉。乃命吾精描，油绘人体分部研究，务能体会其微，勿事爽利夺目之施（国人所谓笔触）。余谨受教，归遵其法，行之良有验，于是致力益勇。是年，余以《老妇》一幅陈于法国国家美术展览会（所谓沙龙）。学费又不继，境日益窘，乃赁居Friedland之六层一小室，利其值低也。顾其处为富人之区，各物较五区为贵。吾有时在美校工作，有时在蒙巴纳斯各画院自由作画及速写。有时往卢浮宫临画。归时恒购日用所需，如米油菜肉之类。劳顿甚，胃病又时作。

翌年春三月，忽一日傍晚大雨雹，欧洲所稀有也。吾与碧微才夜饭，谈欲谋向友人李璜借资，而窗顶霹雳之声大作，急起避。旋水滴下，继下如注，心中震恐，历一时方止。而玻璃碎片乒乓下坠，不知所措。翌晨以告房主，房主言须赔偿。吾言此天灾，何与我事？房主言不信可观合同。余急归，取阅合同，则房屋之损毁，不问任何理由，其责皆在赁居者，昭然注明。嗟夫，时运不济，命途多乖，如吾此时所遭，信叹造化小儿之施术巧也。吾于是百面张罗。李君之资，如所期更，适足配补大玻璃十五片，仍未有济乎穷。巴黎赵总领事颂南，江苏宝山人，曾未谋面。一日蒙致书，并附五百元支票十纸，雪中送炭、大旱霖雨，不足过也。因以感激之私，于是七月为赵夫人写像。而吾抵欧洲五年以来勤奋之功，克告小成。吾学博杂，至是渐无成见，既好安格尔之贵，又喜左恩之健，而己所作，欲因地制宜，遂无一致之体。前此之失，胥因太贪，如烹小鲜，既已红烧，便不当图其清蒸之味，若欲尽有，必致无味。吾于赵夫人像，乃始能于作画前决定一画之旨趣，力约色像，赴于所期。既成，遂得大和，有从容暇逸之乐。吾行年二十八矣，以驽骀之资，历困厄之境，学十余年不间，至是方得几微。回视昔作，皆能立于客观之点而知其谬。此自智者，或悟道之早者视之，得之未尝或觉。若吾千虑之得，困乃知之者，自觉为一生之大关键也。

吾生与穷相终始，命也；未与幸福为缘，亦命也。事不胜记，记亦乏味。一九二五年秋间，忽偕张君梅孙游巴黎画肆，见达仰先生之Ophelia，爱其华妙，因思致之。会闽中黄孟圭先生倦游欲返，素与友善，因劝吾同赴新加坡。时又得蔡孑民先生介绍函两封，因决行。黄君故善坡巨商陈君嘉庚及黄君天恩，遂为介绍作画，盖又江湖生活矣。陈君豪士，沉毅有为，投资教育与公益，以数百万计，因劝之建一美术馆。惜语言不通，而吾又艺浅，未能为陈君所重。比吾去新加坡，陈君以二千五百金谢吾劳。

归国三月，南海先生老矣，为之写一像。又写黄先生震之像，以黄先生而识吴君仲熊。时国中西画颇较发展，而受法画商宣传影响，混沌殆不可救。春垂尽，仍去法。是年夏，偕谢次彭赴比京，居学校路。日间之博物院，临约尔丹斯《丰盛》一图，傍晚返寓。寓沿街，时修水管，掘街地深四五尺，臭甚。行过此，须掩鼻。入夜又出，又归，则不甚觉其臭。明之试之亦然，因悟腹饥则感觉强，既饱则冥然钝。然则古人云"穷而工诗者"，以此矣。吾人倘思有所作，又欲安居温饱，是矛盾律也。在比深好史拖白齿之作，惜不甚多。十月返法。是岁丙寅，吾作最多，且时有精诣。

吾学于欧凡八年，借官费为生，至是无形取消，计前后用国家五千余金，盖必所以谋报之者也。

丁卯之春，乃作意大利之游。先及瑞士，吾旧游地也。往巴塞尔观荷尔拜因及勃克林之作，荷作极精深。至苏黎世观霍德勒画，亦顽强，亦娴雅，易人处殊多，被称为莱茵河左岸之印象派作者。其艺盖视马奈、雷诺阿辈高多矣。彼其老练经营之笔，非如雷诺阿之浮伪莫衷一是也。

夜抵米兰，清晨即往谒达·芬奇耶稣像稿，观圣餐残图，令人低回感慨无已。拜达·芬奇石像，遂及大教寺，竭群山之玉，造七百年而未竟之大奇也。

徘徊于拉斐尔雅典派稿及雷尼圣母、达·芬奇侧面女像之大者，两半日，而去天朗气清之岛城威尼斯。既入海，抵车站，下车即阻于河。遂沿河觅逆旅，一浴，即参拜提香之《圣母升天》，吾最尊崇者之一也。奈天雾，威古建筑受光极弱，藏升天幅主教堂尤甚，览滋不畅。于是过里亚而笃桥，行至圣马可广场。噫嘻，其地无尘埃，无声响，不知有机械，不识轮之为物。周围数千丈之广场往来者，皆以足。海鸥翔集，杖藜行歌，别有天地，非人间矣。乃登塔瞭望此二十万人家之水国，港汊互回，桥梁横直，静寂如黄包车未发明时之苏州。其街头巷角小市所陈食用之属，亦鲜近世华妙光泽之器。其古朴直率之风，犹令人想见委罗奈斯、丁托列托之时也。其美术院藏如贝利尼、丁托列托之杰作无论矣。吾尤爱提埃坡罗之壁饰横幅，长几十丈。惜从他处取下移置美术馆院时，不谨慎，多褶断损坏。提之画，壁饰居多，人物动态展扬飘逸，诚出世之仙姿。信乎十八世纪第一人也。古迹至多，舍公宫之委罗奈斯之威尼斯城加冕外，教寺中尤多杰作，卡巴乔、老班尔迈、提埃坡罗等作，触目皆是。念吾五千年文明大邦，唯余数万里荒烟蔓草，家无长物，室如悬磬。威尼斯人以大奇用香烟熏黑，高垣扃闭，视之亦不甚惜，真令人羡煞，又恨煞也。

意近人之作，吾爱丁托列托。又见西班牙大家索罗兰、英人勃郎群多种，皆前此愿见之物也。

美哉威尼斯，吾愿死于斯土矣！游波伦亚，无甚趣味。至佛罗伦萨，中意之名都，但丁、乔托及文艺复兴诸大师之故土。

吾游时，意兴不佳，唯见米开朗琪罗之大卫像及未竟之四奴，则神往。余虽极负盛名之乌菲齐美术馆，梵蒂冈。

吾所恋者尚在希腊雕刻也，负曼特尼亚、波提切利多矣。购一摩赛克

（镶嵌画），其工甚精，惜其稿不佳。吾意倘能以吾国宋人花鸟作范，或以英人勃郎群画作范，皆能成妙品，彼等未思及此也。一桌面之精者，当时只合华金五百元耳。游罗马，信乎吾理想中之都市矣。Porum之坏殿颓垣，何易入之深耶？行于其中，如置身二千年之前。走过市，目不暇接。至国家美术院及卡皮托利尼博物馆，如他乡之遇故知，倾吐思慕之殷且笃者。尤于无首、臂之Cilene女神，为所蛊惑，不能自已。新兴之意大利，于阐发古物，不遗余力，有无数残刊，皆新出土，昔所未及知也。既抵圣保罗大教堂，入教皇之境，美术之威力益见其宏大。遂欲言清都紫微，钧天广乐，帝之所居。于是浏览亘数里埃及以来名雕及于西斯廷大教堂，览米开朗琪罗毕身之工作，又拉斐尔、波提切利庄整之壁画，无论其美妙至若何程度，即其面积亦当以里计。以观吾国咬文嚼字者，掇拾两笔元明人唾余之残墨，以为山水，信乎不成体统。又有尊之而谤骂西画者，其坐井观天，随意瞎说，亦大可哀矣。第三日乃参谒摩西，大雄外腓，真气远出，信乎世界之大奇也。游国家美术院，多陈近世美术，得见彼斯笃菲椎凿，高雅曼妙。尤以塞冈第尼《墓人》为沉深雅逸之作，以视法负盛名之布德尔，超迈盖远过之。又见萨多略之两巨帧，证其缥缈壮健敏锐之思与德之史土克异趣。蔡内理教授为爱迈虞像刻浮雕数丈，虚和灵妙，亦今日之杰，皆非东人所知。东人所知，仅法人所弃之鄙夫，自知商人操术之精，而盲从者之聩聩也。

既及庞贝古城而返法，恋恋不忍遍去，而又无法多留几日也。

境垂绝，只有东归，遂走辞达仰先生。先生卧病，吾觉此往殆永别，中心酸楚，惧长者不怿，强为言笑，而不知所措辞。唯言今年法国艺人会（所谓沙龙）征人每幅陈列费八十法郎，是牟利矣。先生喟然长叹曰："然。"余曰："余今年送往国家美术会，凡陈九幅。"先生曰："亦佳。顾耗精力以求悦于众，古之大师所不为也。"余赧然。先生曰："闻汝又欲东归，吾滋戚，愿汝始终不懈，成一大中国人也。"余因请览画室中先生未竟之作，先生曰："可。"余之苟有机缘，当再来法国。先生又勉勖数语，遂与长辞。先生去年七月三日逝世，年七十八。

余居法，凡与达仰先生稔者，皆得为友，如Muenier、Amic、Worth等，俱卓绝之人也。所谈多关掌故，故星期日之晨甚乐，今唯Muenier存矣。倍难尔先生，一世之杰也，曾誉吾于达仰先生，今年已八十余，不识尚能相见否。吾魂梦日往复于阿尔卑斯山南北之间，感逝情伤，依依无尽也。

吾归也，于艺欲为求真之运动，唱智之艺术，思以写实主义启其端，而抨击投机之商人牟利主义，如资章甫而适诸越，无何等影响，不若流行者之流行顺适，然吾亦终无悔也。吾言中国四乏式之山水属于Conventionnsl（形式）美术，无真感。石涛、八大有奇情而已，未能应造物之变，其似健笔纵横者，荒率也，并非franchise（真率）。人亦不解，唯骛形式，特舍旧型而模新型而已。夫既他人之型，新旧又何所别？人之贵，贵独立耳，不解也。中国之天才为懒，故尚无为主治。学则贵生而知之者，而喜守一劳永逸之型。

中国画师，吾最尊者，为周文矩、吴道玄、徐熙、赵昌、赵孟頫、钱舜举、周东邮（以其作《北溟图》，鄙意认为大奇，他作未能称是）、仇十洲、陈老莲、恽南田、任伯年诸人，书则尊钟繇、王羲之、羊欣、爨道庆、王远、郑道昭、李邕、颜真卿、怀素、范的、八大山人、王觉斯、邓石如。

吾欲设一法大雕刊家罗丹博物院于中国，取庚款一部分购买其作，以娱国人，亦未尝有回响。盖求诸人者，固难以逞，吾求诸己者，欲精意成画百十幅，亦以心烦虑乱，境迫地窄，无以伸其志。虽吾所聚，及已往之作，亦将为风雨虫鼠伤啮尽。念道旁有饿死之殍，吾诚不当贵人以不急之务。而于己，又似不必亟亟作此不经摧毁之物，以徒耗精力也。而又无已。

吾性最好希腊美术，尤心醉巴尔堆农残刊，故欲以惝恍之菲狄亚斯为上帝，以附其名之遗作，皆有至德也。是曰大奇，至善尽美。若史坷帕斯、李西泼、伯拉克西特列斯，又如四百年来达·芬奇、米开朗琪罗、拉斐尔、提香、伦勃朗、委拉斯凯兹、鲁本斯，近人如康斯太布尔、吕德、夏凡纳、罗丹、达仰、左恩、索罗兰，并世如倍难尔、彼斯笃菲、勃郎群皆具一德，造极诣，为吾所尊其德之至者。若华贵，若静穆，再则若壮丽，若雄强，若沉郁，至于淡逸冲和、清微曼妙，皆以其精灵体察造物之妙，而宣其情，不能外于象与色也。不唯一德，才亦难期，大奇之出，恒如其遇。而圣人亦卒无全能，故万物无全用，虽天地亦无全功。吾国古哲所云尊德性，崇文学，致广大，尽精微，极高明，道中庸者，其百世艺人之准则乎？

若乃同情之爱，及于庶物，人类无怨，以跻大同。或瞎七答八，以求至美；或不立语言，以喻大道，凡所谓无声无臭，色即是空者，固非吾缥缈之思之所寄。抑吾之愚，亦解不及此。苟西班牙之末于斯干葡萄能更巨结四两之实，或广东之荔枝可以植于北平西山，或汤山温泉得从南京获穴，或传形无线电可以起视古人，或真有平面麻之粉，或发明白黑人之膏，或痨虫可以杀尽，或辟谷之有方，或老鼠可供驱使，或蚊蝇有益卫生，或遗失永无臭气，或过目便可不忘，此世乃大足乐，而吾愿亦毕矣。

一九三〇年四月

徐悲鸿年表

1895年（光绪二十一年　乙未）1岁

7月19日出生于江苏省宜兴县屺（qǐ）亭桥镇。父亲徐达章是私塾先生，能诗文，善书画。母亲鲁氏从事家务。徐悲鸿为家中长子，原名寿康。

1901年（光绪二十七年　辛丑）6岁

从父识文断句。

1902年（光绪二十八年　壬寅）7岁

开始执笔学书，每日挥毫涂写，兴趣盎然。

1904年（光绪三十年　甲辰）9岁

已读完《诗》《书》《易》《礼》和《左氏传》等书目。正式从父习画，每日临摹晚清名家吴友如的画作一幅，并开始学习调色、设色等绘画技能。

1905年（光绪三十一年　乙巳）10岁

帮父亲在不重要的画面上填彩敷色。岁末时，能够帮乡里人写春联。

1908年（光绪三十四年　戊申）13岁

随父辗转于邻近的乡村镇里，卖画为生。

1912年（民国元年　壬子）17岁

独自到上海卖画，并想借机学习西画，以提高自身的绘画水平。

1914年（民国三年　甲寅）19岁

父亲病故。为养家糊口，返回故乡并开始在彭城中学担任图画教员，同时在始齐女子学校及宜兴女子学校教习图画。

1915年（民国四年　乙卯）20岁

再次到上海。在黄警顽、黄震之的扶助下研习法、德文。结识画家周湘、高奇峰、高剑父等人。

1916年（民国五年　丙辰）21岁

考入法国天主教会主办的震旦大学。为犹太人哈同的"哈同花园"创作仓颉像，获得高额报酬。结识维新派领袖康有为，并在书画上深受康氏影响。

1917年（民国六年　丁巳）22岁

赴日本东京研究美术。回国后应蔡元培之邀受聘为北京大学"画法研究会"导师。结识著名文人陈师曾。

1918年（民国七年　戊午）23岁

争取到公派赴法留学的机会。与鲁迅会晤。

1919年（民国八年　己未）24岁

3月，携夫人蒋碧薇赴法留学。5月抵巴黎，入徐梁画院进修。后考入巴黎美术学校，受教于弗拉芒格先生，接受正规的西画教育。

1920年（民国九年　庚申）25岁

拜法国著名画家达仰为师。

1921年（民国十年　辛酉）26岁

离开巴黎，转至经济萧条的德国柏林，问学于画家康普。

1922年（民国十一年　壬戌）27岁

从学于康普的同时，到博物馆临摹著名画家伦勃朗的画作，并常去动物园画各种动物，以提高写生能力。

1923年（民国十二年　癸亥）28岁

返回法国巴黎继续学习。5月，作品《老妇》入选法国国家美术展览会（沙龙）。

1924年（民国十三年　甲子）29岁

未接到北洋政府发放的学费，生活窘迫，胃病复发。绘画技法日臻成熟。

1925年（民国十四年　乙丑）30岁

与游历法国的黄孟圭结伴，途经新加坡回国。田汉在上海举行"消寒会"，向文化界人士介绍和举荐徐氏及其作品。

1926年（民国十五年　丙寅）31岁

春日，返回法国。夏季，至比利时首都布鲁塞尔并在此临摹艺术大师约斯坦的《丰盛》，受益匪浅。自感这一年是创作最多的一年，其中不乏得意之作，如油画《萧声》《睡》等。

1927年（民国十六年　丁卯）32岁

先后游历了瑞士及意大利的米兰、佛罗伦萨、罗马等地，观赏到众多名家画作。5月，法国国家美术展览会展出其作品9件。秋，抵达上海，任国立第四中山大学（后改称中央大学）艺术系教授。

1928年（民国十七年　戊辰）33岁

1月，与田汉、欧阳予倩组织"南国社"。在上海成立南国艺术学院，担任绘画科主任。2月，应南京中央大学的聘请任艺术系教授。10月，任北平大学艺术学院院长，年底辞职。

1929年（民国十八年　己巳）34岁

专职在南京中央大学任教。在第一届全国美术展览会《美展汇刊》上连续发表《惑》《惑之不解》等文章，批判了欧洲美术界的现代形式主义艺术流派及其对中国的影响。提倡绘画的写实性、创新性。

1930年（民国十九年　庚午）35岁

完成油画《田横五百士》。夏，在江西南昌走访民间木雕艺人范振华。

1931年（民国二十年　辛未）36岁

春，在比利时首都布鲁塞尔举办个人画展。完成《九方皋》第七稿。

1932年（民国二十一年　壬申）37岁

在参照南齐谢赫提出的中国画"六法"论的基础上，根据西洋绘画的艺术法则提出了在素描创作上应遵循的"七法"。

1933年（民国二十二年　癸酉）38岁

完成油画《傒我后》。应法国国立美术馆之邀前往巴黎举办中国近代绘画展。

1934年（民国二十三年　甲戌）39岁

游历意大利威尼斯、佛罗伦萨、罗马等历史文化名城。至德国柏林、苏联莫斯科和列宁格勒等地举办中国近代画展，宣传中国传统绘画。此次欧洲之行，在法、比、德、意、苏共举办展览7次，在各大博物馆、大学中成立四处"中国近代美术展览室"。这次中国近代绘画的欧洲巡礼引起了各国的普遍重视，宣传了中国绘画艺术。8月，返回南京。

1935年（民国二十四年　乙亥）40岁

捐献作品及收藏，拟在广西桂林独秀峰下建一美术馆，由于全国抗战爆发，未能实现。

1936年（民国二十五年　丙子）41岁

与汪亚尘、颜文梁等人组织画会"默社"。创作《逆风》《沉吟》《柳鹊》等画作。

1937年（民国二十六年　丁丑）42岁

在香港、广州、长沙等地举办画展。在香港购得视为自己生命的吴道子画《八十七神仙图》卷。10月，随中央大学内迁赴重庆。创作《巴人汲水》。

1938年（民国二十七年　戊寅）43岁

继续在中央大学艺术系任教。接受印度著名诗人泰戈尔的邀请筹备赴印办展览。10月，携大批作品离开重庆。

1939年（民国二十八年　己卯）44岁

在新加坡举办筹赈画展。在印度国际大学举办中国近代画展。

1940年（民国二十九年　庚辰）45岁

继续在印度逗留，与泰戈尔结下深厚的友谊。在加尔各答举行作品展。完成中国画《愚公移山》。

1941年（民国三十年　辛巳）46岁

由印度回国，途经槟城、怡保、吉隆坡等地，举办画展，并将几年来卖画所得近10万美金全部捐出用于抗战救灾。

1942年（民国三十一年　壬午）47岁

在云南保山、昆明举办画展。至重庆，继续在中央大学艺术系任教。在重庆磐溪筹备成立中国美术学院。

1943年（民国三十二年　癸未）48岁

继续主持筹办中国美术学院。在重庆举办画展。

1944年（民国三十三年　甲申）49岁

因长期过度疲劳，患严重的高血压及慢性肾炎，在中央医院治疗7个月，作品锐减。

1945年（民国三十四年　乙酉）50岁

与蒋碧薇女士离婚。大病未愈，仍坚持在中央大学艺术系任教。在郭沫若起草的《文化界对时局进言》上签名，主张废除国民党的一党专政。

1946年（民国三十五年　丙戌）51岁

1月，与廖静文女士结婚。担任北平艺术专科学校校长，招纳吴作人、李桦、叶浅予、冯法禩等一批有才华的进步美术家执教。担任北平美术工作者协会名誉会长。

1947年（民国三十六年　丁亥）52岁

发表《新国画建立之步骤》《当前中国之艺术问题》等重要文章。

1948年（民国三十七年　戊子）53岁

与夫人廖静文拒绝随国民党南迁，团结北平艺术专科学校全体师生、员工保护学校。与吴作人、艾中信、董希文、冯法禩等人成立综合性艺术团体"一二七艺术学会"。

1949年（民国三十八年　己丑）54岁

出席在捷克斯洛伐克共和国首都布拉格举行的第一届保卫世界和平大会、中华全国文学艺术工作者代表大会。当选为全国文联的全国委员、文联全国委员会常务委员、第一届全国政协代表和北京市人民政协委员。任中央美术学院院长。

1950年（庚寅）55岁

在全国战斗英雄、劳动模范代表大会上为战斗英雄画像。为创作《毛主席在人民中》画了大量速写和构图。

1951年（辛卯）56岁

抱病到山东导沭整沂水利工程工地体验生活，为劳模、民工画像，搜集反映新中国建设的素材。7月，患脑溢血，半身不遂。

1952年（壬辰）57岁

抱病卧床一年有余，脑溢血病症尚未完全消除。自9月起，加强身体锻炼。

1953年（癸巳）58岁

抱病指导中央美术学院教学工作，为结业班的学生讲课，为教员油画和素描进修小组上课。为抗美援朝的志愿军画《奔马》。9月23日，担任第二次文代会执行主席，脑溢血症复发。26日晨，逝世于北京医院。周恩来总理前往吊唁。入葬北京八宝山革命烈士公墓。

图书在版编目（C I P）数据

活着，就要一意孤行：回忆徐悲鸿/李苦禅等著. —北京：中国文史
出版社，2018.5

（百年中国记忆·文化大家）

ISBN 978 - 7 - 5205 - 0347 - 1

Ⅰ. ①活…　Ⅱ. ①李…　Ⅲ. ①徐悲鸿（1895—1953）—回忆录
Ⅳ. ①K825.72

中国版本图书馆 CIP 数据核字（2018）第 131636 号

责任编辑：卜伟欣

出版发行：**中国文史出版社**

社　　址：北京市西城区太平桥大街 23 号　　邮编：100811

电　　话：010 - 66173572　66168268　66192736（发行部）

传　　真：010 - 66192703

印　　装：北京新华印刷有限公司

经　　销：全国新华书店

开　　本：787×1092　1/16

印　　张：17　　　　　　　　　　　字数：227 千字

版　　次：2018 年 8 月北京第 1 版

印　　次：2018 年 8 月第 1 次印刷

定　　价：56.80 元